数字教材与电子书包发展研究项目组

组长：王志刚

成员：钱冬明　沙　沙　余　平
冯　翔　钟岑岑　吴慧云
李如意　吴战杰　冷　静

顾问：祝智庭　吴永和　刘翠航

中国基础教育数字教材与电子书包发展研究报告

数字教材与电子书包发展研究项目组 编著

人民教育出版社
·北京·

图书在版编目（CIP）数据

中国基础教育数字教材与电子书包发展研究报告 / 数字教材与电子书包发展研究项目组编著. —北京：人民教育出版社，2017.2

ISBN 978-7-107-31670-8

Ⅰ. ①中… Ⅱ. ①数… Ⅲ. ①电化教育—研究报告—中国 Ⅳ. ①G43

中国版本图书馆CIP数据核字（2017）第031794号

人民教育出版社 出版发行

网址： http：//www.pep.com.cn

保定市中画美凯印刷有限公司印装 全国新华书店经销

2017年2月第1版 2017年3月第1次印刷

开本：787毫米×1 092毫米 1/16 印张：21. 25

字数：289千字 印数：0 001~1 500册

定价：41.10元

（联系地址：北京市海淀区中关村南大街17号院1号楼 邮编：100081）

电话：010-58759215 电子邮箱：yzzlfk@pep.com.cn

序

近年来，随着平板电脑的兴起，从事教育信息化研究与实践的业内人士普遍认为，以平板电脑为代表的手持智能终端会给基础教育信息化应用带来一场变革。平板电脑作为个人阅读和学习终端，引发了人们对数字教材和电子书包的关注。2011年后，数字教材和电子书包成为教育信息化的热点之一，许多学校、企业和研究机构都开始进行相关的尝试，各级教育行政机构也开始鼓励有条件的地区、学校就此开展实验。然而，实践中的数字教材与电子书包在产品设计开发和教学应用等方面并非一帆风顺，各种不同的观点和实践中遇到的问题一直伴随着数字教材与电子书包的发展。在这种情况下，我们一方面始终相信数字教材和电子书包是未来教育信息化的主流解决方案，另一方面也亟须冷静下来做一些扎实的基础工作。

人民教育出版社一直是我国课程教材领域研究与实践的领军者。人教数字出版有限公司作为人民教育出版社在数字出版和教育信息化方面的落实和执行单位，不仅传承了人民教育出版社固有的科研优势，并且将其在教育信息化领域进一步发挥。本次由人教数字出版有限公司组织编著的《中国基础教育数字教材与电子书包发展研究报告》是迄今为止业内关于数字教材和电子书包最为全面、综合的一份研究成果。

《中国基础教育数字教材与电子书包发展研究报告》以数字教材和电子书包为重点，

对基础教育阶段的数字教材、数字资源、电子书包终端、电子书包学习服务及产业概况、相关的数字教育新技术等方面进行了较为全面的梳理和总结，并得出了具有指导性作用的客观研究结论。此书的出版也填补了国内数字教材与电子书包基础性研究的空白，充分体现了人教数字出版有限公司在这一领域中领先的研究水平和对教育信息化发展的责任担当。

相信《中国基础教育数字教材与电子书包发展研究报告》对于目前及未来的数字教材与电子书包理论研究、产品设计开发、教学应用和产业发展均有一定的指导意义。

2016年12月

前言

信息技术的高速发展及其对人类生产、生活的深刻影响正在改变着整个社会。进入21世纪以来，教育如何适应社会的信息化发展，如何更好地完成未来社会建设的人才培养任务，一直是基础教育领域关注的重点问题。同时，考虑到我国基础教育拥有庞大的学生、教师、家长群体，以及以往普及性的教育产品所产生的巨大社会效益和经济效益，无论是信息技术行业还是出版行业，都在思考着如何应对教育领域的实际需求，研发出能够推动基础教育信息化发展的产品和服务。

数字教材与电子书包作为支持基础教育信息化的实验性产品，在21世纪初就已经出现在人们的视野里。近几年来，随着技术的进步与互联网的普及，数字教材与电子书包逐渐成为教育信息化的热点之一，参与数字教材与电子书包的研究、产品设计开发、教学应用实验的机构和企业也越来越多。但随着各种产品的面市和众多教学实验的开展，数字教材与电子书包也逐渐暴露出一些问题，比如，尚未真正体现教育教学与信息技术的深度融合，没有实现普及和有效应用，未能对教育的深化改革形成强力支持等。这些问题最终表现为，数字教材与电子书包在产品设计和应用模式方面仍处在实验状态，能够得到教育领域普遍认可的产品形态与应用效果依然欠缺。

2012年，人民教育出版社成立了专业从事数字教育出版和教育信息化业务的人教数字出版有限公司，并启动了数字教材、电子书包，以及数字化产品和服务等方面的研发项目。经过一些初步的调研与研发尝试后，人教数字出版有限公司的相关领导和研发人员都感觉到当前数字教材与电子书包缺乏系统性研究作为产品设计、开发和教学应用实验的指导。这种研究层面的缺失导致了产品设计与应用存在许多盲目性，进而致使数字教材与电子书包产品研发效率和教学实用效率较低。

2014 年，人教数字出版有限公司与华东师范大学教育信息化系统工程研究中心联合成立了数字教材与电子书包发展研究项目组，并启动了关于数字教材与电子书包的系统研究。经过历时两年的研究工作，项目组最终完成了《中国基础教育数字教材与电子书包发展研究报告》。该报告对近十五年的相关文献、产品、应用案例，以及人教数字出版有限公司和华东师范大学自主研究、开发的成果进行了梳理，是国内首个对基础教育数字教材与电子书包进行全面研究的成果。在研究过程中，大家深刻认识到了数字教材与电子书包的复杂性。数字教材与电子书包涉及教育、出版、信息技术三个领域的深度融合问题，当前已有研究、产品研发和教学应用实验显然都还存在许多不足，并且远未达到三个领域深度融合的要求。基础教育数字教材与电子书包目前在许多方面仍需深入研究，要达到人们期望的目标，特别是在促进教育质量和教学水平的提升中发挥更大的价值，仍任重而道远。

在本报告完成时，项目组成员很清楚地意识到，《中国基础教育数字教材与电子书包发展研究报告》尽管较以往的研究更具全面性和系统性，但由于项目组的自身能力所限，对数字教材和电子书包的产业调研未能覆盖国内所有相关企业，一些调研获得的资料由于保密原因而无法在本报告中详述。在数字教材与电子书包的教学应用相关调研中，因难以开展实证性研究，报告中所论述的一些现状或结论可能显得不够十分严谨。此外，由于时间原因，本报告中所调研的文献及其他研究、实践成果均截至2015年年底，2016年后的一些新动向和新成果未能纳入报告内容。这些都是本报告值得改进之处。总之，这样一份研究成果不敢说是基础教育数字教材与电子书包研究之滥觞，或许更应视为项目组本着自身的责任认知，为相关领域过往的发展补上一些缺失的沉淀。

在报告的研究、编写过程中，人民教育出版社、人教数字出版有限公司和华东师范大学的领导及相关部门给予了多方面的支持，刘明卓教授、余宏亮教授为本项研究提供了许多有益的建议，朱思奇、张媛媛、李一昭等同志提供了部分重要的研究资料，刘立德、冯卫斌、杨惠龙等同志做了大量组织协调工作。此外，本项目的顺利开展，得益于教育部基础二司、科技司、中央电化教育馆、国家新闻出版广电总局数字出版司的领导、专家给予的各类业务指导。特别是教育部原副部长、中国教育国际交流协会会长刘利民对本研究项目的开展给予指导和支持，并在百忙中为本书出版作序。在此，谨向上述单位、领导、专家和业内同仁表示最诚挚的感谢。

数字教材与电子书包发展研究项目组

二〇一六年十二月

目录

第一章 研究概述

第一节 研究目标

一、引言

新世纪以来，信息技术、数字技术与媒体技术的发展日新月异，移动网络、智能终端与媒体融合的发展势不可挡，人们的思维方式、生产方式与生活方式正在发生数字化转型。近年来，党和国家高度重视信息化工作，特别是党的十八大提出“四化”同步发展，信息化已上升为国家战略。中央领导强调“没有网络安全就没有国家安全，没有信息化就没有现代化”①。在出版领域，信息化正在引发一场革命。一方面，以数字出版、复合出版为代表的新兴出版形式取得了辉煌的产业成就，另一方面，传统出版的数字化转型升级已成为一个亟待解决的重要课题。与之相对应，在教育领域，传统的认知方式、教学方式与学习方式也在发生连锁式变革。因应信息技术对教育的革命性影响，数字化已成为加快我国教育现代化建设的战略抉择。

在基础教育领域，教科书一直是最基础、最核心的学习资源，是师生进行教学活动的基本依据。而在信息化环境中，从课程、教学的实际需求层次上看，数

① 中国共产党新闻网．习近平主持召开中央网络安全和信息化领导小组第一次会议[EB/OL]．[2015-07-05]．http://cpc.people.com.cn/n/2014/0227/c64094-24486402.html．

字教材同样应当具有按教学规律和知识逻辑引导学习的作用，并在数字教育资源体系中处于核心位置。尽管数字教材在未来教育信息化和数字出版发展中的地位非常重要，但目前与数字教材相关的各方面研究工作还存有不足。数字教材不同于一般电子图书，除了阅读性外，教学性是其最为突出的特点。数字教材内容的呈现与教学应用需要基于一定的载体和支持服务的平台，而随着以移动终端为代表的电子产品和基于云计算的教育教学服务平台的日新月异的发展，作为教学资源和教学服务的集成体，电子书包将可能逐渐成为促进基础教育信息化的重要抓手。

鉴于国内外当前的社会信息化发展情况、教育信息化发展阶段和出版数字化发展趋势，聚焦于我国数字教材与电子书包的发展现状并对其展开研究是十分必要的。《中国基础教育数字教材与电子书包发展研究报告》是对中国基础教育数字教材与电子书包在近年来发展情况的一次全面梳理，旨在为政府、企业、学校以及相关研究单位提供数字教材与电子书包的发展现况和未来发展趋势分析报告，以便其决策咨询，并希望能够借此促进数字教材与电子书包的发展研究和应用实践。

二、研究目标

数字教材与电子书包是我国基础教育数字出版和教育信息化发展的交叉点，具有影响范围大、涉及专业领域复杂的特点。以往关于数字教材与电子书包的研究，多数是从教育、出版、信息技术三个视角之一进行，因此，获得的研究成果或多或少有偏颇之处。本报告希望通过更为全面的视角，从教育、出版、信息技术三个领域融合的角度共同对数字教材与电子书包进行系统的研究。

本报告的主要研究目标分为宏观和微观两个层次。

宏观目标将关注数字教材与电子书包所涉及的学术、产品、产业领域的发展现状。通过调查、研究，对数字教材与电子书包近期的研究文献、相关产品和实践应用情况进行梳理和总结，对数字教材与电子书包的产业现状做初步分析，并对未来可能形成的应用及产业趋势进行预测。

从当前教育信息化产品研发和实际应用的角度看，宏观目标中的两个主体——数字教材与电子书包——两者相对独立而又有密切的联系。数字教材从内容层面提供了信息化环境下实施教学的基本参考样本和内容基础，能够与其他数字教学资源共同构成一个类似传统课程资源体系结构的数字教学资源新体系。电子书包则是建立在数字教学资源内容基础上的综合性教育信息化解决方案。尽管电子书包的典型特征是学生人手一台电子书包终端，但电子书包在实际应用中的核心却是以数字教材为核心的数字教学资源体系，电子书包终端与数字教学资源通过电子书包学习服务进行整合。

因此，为实现上述宏观目标，在具体操作环节，本报告将研究对象细分为数字教材、数字资源、电子书包终端、电子书包学习服务与电子书包产业以及与数字教材和电子书包相关的数字教育新技术五个部分，并将在每个部分的研究中设定具体的微观目标。这些微观目标主要包括以下内容。

（1）**数字教材。**全面把握数字教材在理论研究、标准研究、产品研发与应用等方面的现状。通过案例分析，比较出各类数字教材产品的优劣势，并提出对未来产品研发有益的建议。

（2）**数字资源。**通过文献研究，总结基础教育数字资源的相关概念、分类、标准与发展历程；通过实际调研，梳理现阶段数字资源建设与应用的基本情况，掌握当前数字资源建设的热点类型与基本应用方式，汇总典型的数字资源建设项目和应用情况，对各级各类数字资源平台进行简要分析。

（3）**电子书包终端。**基于对相关文献的分析和实际产品的调研，掌握电子书包终端的理论与标准研究现状，总结电子书包终端的发展过程，并对电子书包终端的典型产品案例进行梳理。

（4）**电子书包学习服务与电子书包产业。**通过文献研究，总结归纳电子书包学习服务在理论、标准等方面的已有成果；通过对各类电子书包教学系统和区域学习服务平台产品的调研，尝试形成电子书包学习服务的基本框架模式，并对各类具体的电子书包学习服务进行初步分析；通过对部分数字教材与电子书包相关企业的走访调研，对电子书包（包括数字内容）的产业发展现状做简单概括。

（5）**与数字教材和电子书包相关的数字教育新技术。**站在数字教材与电子书包未来发展的视角，对学习分析和大数据技术、学习经验数据采集技术、知识图谱技术、感知技术等数字教育新技术的相关文献进行梳理；结合其他领域的实践经验以及数字教材与电子书包的研究与实践应用现状，分析这些新技术未来在数字教材与电子书包产品中可能的应用方式及实用效果。

第二节 研究背景

一、信息化社会的发展现状

在教育和出版领域，数字教材与电子书包的提出是基于我国当前所处的信息化高速发展的时代背景。进入 21 世纪以来，我国社会信息化发展迅猛，以互联网为代表的信息技术已进入到人们日常生活中的方方面面。2006 年 3 月 19 日，中共中央办公厅、国务院办公厅印发了《2006—2020 年国家信息化发展战略》①，明确提出："信息化是当今世界发展的大趋势，是推动经济社会变革的重要力量。大力推进信息化，是覆盖我国现代化建设全局的战略举措，是贯彻落实科学发展观、全面建设小康社会、构建社会主义和谐社会和建设创新型国家的迫切需要和必然选择。"并将"增强政府公共服务能力、社会主义先进文化传播能力"以及"人民群众受教育水平和信息技术应用技能显著提高，为建设学习型社会奠定基

① 中共中央办公厅，国务院办公厅．2006—2020 年国家信息化发展战略[EB/OL]．[2015-07-22]．http://www.gov.cn/gongbao/content/2006/content_315999.htm．

础”定为具体的战略目标。

中国互联网络信息中心（China Internet Network Information Center，CNNIC）发布的《第36次中国互联网发展状况统计报告》[①]显示，截至2015年6月，中国网民规模达6.68亿，较2014年年底共计新增网民1 894万人，互联网普及率为48.8%。青少年是受互联网发展影响最大的群体之一。互联网增加了青少年的信息获取途径，丰富了青少年的娱乐生活，是青少年交流沟通的重要平台。青少年对互联网信任度高，依赖性强，评论和分享的参与度也非常高。[②]

本报告主要研究中小学阶段的信息化学习方式，即主要研究对象是18岁以下未成年人。《第36次中国互联网发展状况统计报告》显示，目前我国6~9岁人群中城镇和农村地区的互联网普及率分别达到42.1%、19.0%，10～19岁人群中城镇和农村地区的互联网普及率分别达到85.1%、65.6%。不难看出，我国当前中小学年龄段的网民人数比例，特别是城镇中的比例，还是非常高的，而在农村，10～19岁的网民比例也已接近2/3，互联网普及率达到了较高水平。

可以认为，随着我国互联网的高速发展，普通人群的信息获取方式、信息使用方式，乃至整个生活方式，正在发生变化，而青少年人群对这种变化的响应则更为积极。CNNIC发布的《2014年中国青少年上网行为研究报告》[③]显示，未成年人对于很多外界事物都充满了好奇心，自我约束力和管理能力差，他们在互联网的使用上和处于高等教育阶段的大学生存在着较大的差别，特别是在网络游戏的参与比例上要高于青少年（25岁以下）总体水平，更高于全部网民整体水平。该报告同时认为，一直以来网络游戏在未成年网民中都拥有高使用率，未成年网民自控力低，如何防止未成年人沉迷网络游戏、保护青少年身心健康、引导青少年正确使用互联网，是一个非常重要的课题。

① 中国互联网络信息中心．第36次中国互联网发展状况统计报告[R/OL]．[2015-12-28]．http://www.cnnic.net.cn/hlwfzyj/hlwxzbg/hlwtjbg/201507/P020150723549500667087.pdf.

②③ 中国互联网络信息中心．2014年中国青少年上网行为研究报告[R/OL]．[2015-12-28]．http://www.cnnic.net.cn/hlwfzyj/hlwxzbg/qsnbg/201506/P020150603434893070975.pdf.

可以看到，面对信息技术在我国社会生活中的不断普及，以及中小学生对互联网的高使用率等现实，教育和出版行业不可能置身事外。数字教材与电子书包实际就是教育、出版领域针对当前社会发展阶段的需求而提出的面向基础教育的教育信息化与数字教育出版解决方案。

二、国际发展趋势

从国际发展趋势来看，美国、韩国、德国、日本等国家都在积极探索数字教材与电子书包的开发模式和应用方式。由于一些概念定义的差异，各国发起的数字教材、电子教材、电子书包等项目所涉及的范围也有所不同，有些与我国当前的通用说法或定义有所区别。但毫无疑问的是，数字教材与电子书包已在全世界主要发达国家中被视为教育信息化的主攻发展方向之一。

（一）美国

2009 年 5 月 6 日，美国加利福尼亚州时任州长阿诺德·施瓦辛格发起“免费数字教材计划”（Free Digital Textbook Initiative）。通过该计划，加州成为全美第一个由州政府推动，为全州学生提供免费数字教材的州。2009 年 10 月 11 日，州长签署法案保障数字教材计划的实施。这些法案包括参议员伊莱恩·阿奇实提出的加州 SB247 条法案，规定允许 K–12 公立学区为学生提供数字教材。①

2012 年 1 月，苹果公司推出了新一代的 iPad 应用程序 iBooks 2，率先为高中学生提供廉价的数字教材。随后，非营利性的 CK–12 基金会以及 Kno、Discovery Education 等企业也都推出了各自的数字教材。

2012 年 10 月 2 日，美国教育部部长阿恩·邓肯呼吁全国的学校应尽快采用

① 刘翠航. 美中小学电子教科书的使用现状及分析——加利福尼亚州电子教科书政策引发的争议[J]. 课程·教材·教法，2011，31(4)：104–106.

数字教材，指出“未来几年中，纸质印刷的教科书必将被淘汰”。至此，一直不冷不热的美国数字教科书行业宣告进入兴奋期，目标直指2017年——美国全部学校实现教科书数字化。[①] 同年，美国教育部和联邦通讯委员会联合发布《数字教材指导手册》(Digital Textbook Playbook)。在该手册中，数字教材的建设被视为一种系统化工程，数字教材概念本身也与我们日常说的数字教材有一定差异，相对来说更接近国内“电子书包”的概念。

（二）韩国

韩国是近年来推进数字教材开发与应用速度最快的国家之一。目前韩国已将小学社会等学科的数字教材正式列入国家课程教科书体系，通常使用“数字教科书”一词来代指国家课程数字教材。

2011年，韩国教育科学技术部和国家信息化战略委员会发布了《智能教育推进战略》文件，其中提出要在2014年至2015年在韩国全面普及应用数字教科书[②]。实际上，数字教科书的开发及应用难度远超韩国相关部门当初的估计。截至2014年年底，韩国的数字教科书计划并未能像预期中那样推进。2014年，韩国在社会与科学两个学科上进行相关开发与应用实验，学段包括了小学和中学，实验学校共计163所。

韩国的数字教科书计划是由政府主导的研究、开发、应用一体化方案，数字教科书的整体规划、编写开发、审定、应用实验与推行都是由政府进行主导。韩国目前研发的数字教科书在结构上依托互联网，内容包括了主体部分、组件部分及与云端内容的交互部分。在韩国数字教科书系统中（见图1-1），数字教科书的内容部分首先包括传统教科书基本内容，此外还拓展了“补充数字内容”，其中包括多媒体资料、补充与深化学习资料、词典、测试与评价等；功能部分主要

① 刘春林．美国数字教科书出版概览（上）——数字教科书挑战美国K12学校[J]．中小学信息技术教育，2013(5)：81-83.

② 屈志君．智慧教育现状分析[J]．电脑知识与技术，2014，10(32)：7674-7676+7685.

是基于互动电子白板，包括数字教科书的浏览功能、教学支持功能和连接资料功能等；同时，数字教科书还可以通过“数字教科书运行支持系统”与服务端（云端）的各种支持内容进行交互。

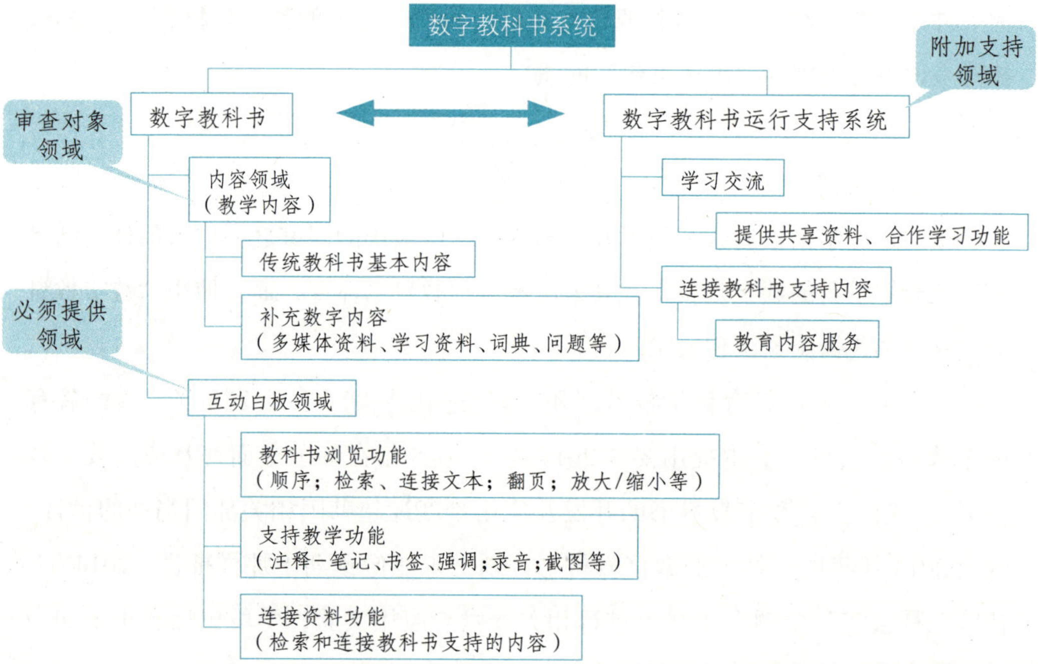

图 1-1　韩国数字教科书的构成要素

随着相关研究和实践工作的不断深入，韩国政府和相关学者逐渐发现数字教材的设计、研发、应用中存在各种超出预期的困难。在 2015 年，韩国原定全面普及国家课程数字教材的计划未能完成，相关工作仍处于“部分学科在部分学校实验”的状态。

（三）德国

2011 年年底，德国教育出版商协会发出倡议，商讨出台一个行业内的共同解决方案，建立共同的数字教材平台。2012 年 2 月 14 日，德国教育出版商联盟在汉诺威的德国国际教育展上正式发布了统一的数字教材平台。该平台是德国官方唯一的数字教材平台，目前占德国教科书市场80%份额的27家教材出版社参加了这一平台项目，把图书产品的PDF版（部分带交互功能）上传到这个平台上。该平台在启动时提供了500余种数字教材，覆盖40门课程，涉及全德3 000多个教学计划。教师和学生可以在数字教材上做笔记、插入阅读书签、标记课文等。数字教材5年之内免费提供给使用纸质教科书的用户。①

德国著名的康乃馨出版集团（Cornelsen Verlag GmbH & Co. OHG），不仅开发了数字教材，还在一些学校试点建立数字化课堂。针对数字化课堂的需求，康乃馨出版集团研发了用于训练词汇的“单词卡”软件和电子练习册，内容包括教科书中的所有单词、句型和配套发音，以及各种电子化习题、电子化学习档案记录、自我评估功能等。康乃馨出版集团还针对教师、学生和家长开发了一个在线教学平台，其设计理念是从课堂学习扩展到课外学习，最终将实现跨电子白板、个人电脑、移动终端等多平台接入。②

德国的另一著名教育出版企业——克莱特出版集团（Klett Group），则开发了与纸质教科书配套的在线视频讲解、在线练习、在线测试等资源，并在纸质教科书或教辅中添加相关链接，使学生能够同步查看到网上或多媒体介质中有关的延伸学习内容，从而将教科书与数字化课程资源紧密结合起来③。

（四）日本

日本是开数字教材先河的国家之一。早在1993年4月，日本第一本数字教材就问世了，它是一本中学英语教材，通过一张磁盘，能够便捷地传输声音、文字、图像等内容。2009年，时任总务大臣的原口一博提倡在全国试行数字教材，并预计利用15年的时间在全国中小学进行普及。2010年日本政府审定出台了

① 毛小红．德国中小学教材出版业现状与发展困境[J]．中国出版，2014(3)：59-63.

②③ 王安琳，毕海滨．德国教育出版及数字化管窥[J]．现代出版，2012(2)：67-69.

"新信息技术成长战略"计划，明确提出"利用电子教科书充实教学内容"并将其作为政策之一，预计在20年内实现"适合21世纪的学校教育"，面向全体学生每人配备一台信息接收终端。日本政府预计在2020年之前在全国中小学全部导入数字教材。为了进行数字教材试行与推广的实验，日本文部科学省两个事业部在10所公立小学校、8所公立初中和2所特别支持学校进行了数字教材的应用实验。①

三、国内相关政策

在我国，进入"十二五"时期后，数字教材的研究成为行业热点。数字教材的研究和发展，符合国家文化和教育的发展战略要求。从2010年开始，国家出台一系列政策文件，从教育、文化、科技等多个层面强调信息化在教育中的应用。长期以来，教育与出版两个领域关系密切，一方面教育领域中的传统学习资源绝大部分是由出版行业提供，另一方面教育出版的产值在传统出版行业中占有最大比例。教科书在教育资源体系和教育出版体系中都处于核心地位，因此，教科书的数字化升级形态——数字教材，无论对教育信息化推进还是数字出版产业发展，都具有重要意义。

在教育领域，《国家中长期教育改革和发展规划纲要（2010—2020年）》②肯定了信息技术对教育发展的革命性影响，要求加强优质教育资源开发与应用，加强教学资源库建设，为每个学生提供适合的教育，培养造就高素质劳动者。2012年3月，教育部颁布的《教育信息化十年发展规划（2011—2020年）》要求，推

① 孙立会，李芒．日本电子教科书研究的现状及启示[J]．课程·教材·教法，2013，33（8）：111-117.

② 中华人民共和国教育部．国家中长期教育改革和发展规划纲要（2010—2020年）[EB/OL]．[2015-07-05]．http://www.moe.edu.cn/publicfiles/business/htmlfiles/moe/moe_838/201008/93704.html.

进信息技术与教育教学深度融合，实现教育思想、理念、方法和手段全方位创新：建设智能化教学环境，提供优质数字教育资源和软件工具；整合师生需要的生成性资源，建成与各学科门类相配套、动态更新的数字教育资源体系。《教育信息化十年发展规划（2011—2020年）》同时提出，要“以优质教育资源和信息化学习环境建设为基础，以学习方式和教育模式创新为核心”，“努力为每一名学生和学习者提供个性化学习、终身学习的信息化环境和服务”。[①] 2012年9月，教育部副部长杜占元在全国教育信息化工作电视电话会议的讲话中将“三通两平台”的建设作为近两年教育信息化的重点工作[②]。《2013年教育信息化工作要点》[③]首次将数字教材列为教育信息化工作的一项重点任务，提出“全面启动第二代‘人教数字教材’等数字产品的研发，2013年秋季推出部分学科试用性产品”。《2014年教育信息化工作要点》[④]再次强调了教科书在教育信息化资源建设中的重要地位，提出“鼓励企业以符合新课标的义务教育阶段教材为重点，系统开发配套的基础性数字教育资源，逐步实现基础性数字教育资源的全覆盖”的工作任务。2015年9月1日，教育部发布的《关于“十三五”期间全面深入推进教育信息化工作的指导意见（征求意见稿）》[⑤]提出“全面深化‘三通两平台’建设，提升教育信息化应用水平”“坚持融合创新，拓展教育信息化应用广度与深度”等主要工作任务，并首次提出“鼓励具备条件的学校配备师生用教学终端”。

① 规划编制专家组．《教育信息化十年发展规划（2011—2020年）》解读[M]．北京：人民教育出版社，2012：77-80.

② 杜占元．今明两年教育信息化重点工作的说明——杜占元副部长在全国教育信息化工作电视电话会议上的讲话[J]．中国教育信息化，2012(22)：3-4.

③ 中华人民共和国教育部．2013年教育信息化工作要点[EB/OL]．[2015-07-05]．http://www.ict.edu.cn/news/n2/n20130424_4165.shtml.

④ 中华人民共和国教育部．2014年教育信息化工作要点[EB/OL]．[2015-07-05]．http://www.moe.gov.cn/srcsite/A16/s7062/201403/t20140314_165870.html.

⑤ 中华人民共和国教育部．教育部办公厅征求对《关于“十三五”期间全面深入推进教育信息化工作的指导意见（征求意见稿）》意见[EB/OL]．[2015-12-28]．http://www.moe.gov.cn/srcsite/A16/s3342/201509/t20150907_206045.html.

在文化和出版领域，《国家“十二五”时期文化改革发展规划纲要》[①]提出：“发挥文化和科技相互促进作用，深入实施科技带动战略，增强自主创新能力。”“研发制定文化产业技术标准，加快建立文化产品和服务质量管理体系。实施文化数字化建设工程，改造提升传统文化产业，培育发展新兴文化产业。”2010年，原新闻出版总署发布的《关于加快我国数字出版产业发展的若干意见》[②]进一步明确指出，数字内容出版已成为出版业的战略性新兴产业与发展的主要方向。2012年，原新闻出版总署发布的《数字出版“十二五”时期发展规划》提出“通过对电子书包及配套资源的研究和开发，形成内容丰富、互动性强、易于学生使用、符合青少年阅读习惯的数字教学出版体系”，这是“十二五”期间教育出版实现数字化转型的重要方向。2014年，国家新闻出版广电总局和财政部联合发布的《关于推动新闻出版业数字化转型升级的指导意见》[③]提出“支持教育出版转型升级模式探索”，包括：“以课程标准和完整的教材教辅内容框架为基础，整合内容资源，开发富媒体、网络化数字教材，开展立体化的教育出版内容资源数字化开发，打造数字资源库，为电子书包试验的顺利推进奠定内容基础”；“研发包括下载与推送、使用统计等功能的教育出版内容资源服务系统”。2014年8月18日，中央全面深化改革领导小组第四次会议审议通过了《关于推动传统媒体和新兴媒体融合发展的指导意见》，习近平总书记在会上强调，“推动传统媒体和新兴媒体融合发展，要遵循新闻传播规律和新兴媒体发展规律，强化互联网思维，坚持传统媒体和新兴媒体优势互补、一体发展，坚持先进技术为支撑、内容建设为根本，推动传统媒体和新兴媒体在内容、渠道、平台、经营、管理等方面的深度融合，着力打造一批形态多样、手段先进、具有竞争力的新型

① 新华网．授权发布：国家“十二五”时期文化改革发展规划纲要[EB/OL]. [2015-07-05]. http://news.xinhuanet.com/politics/2012-02/16/c_111529579.htm.

② 中华人民共和国新闻出版总署．关于加快我国数字出版产业发展的若干意见[EB/OL]. [2015-07-05]. http://www.gapp.gov.cn/contents/1832/113636.html.

③ 国家新闻出版广电总局，财政部．关于推动新闻出版业数字化转型升级的指导意见[EB/OL]. [2015-07-09]. http://www.gov.cn/xinwen/2014-04-30/content_2669106.htm.

主流媒体”[①]。

在科技领域，《国家中长期科学和技术发展规划纲要（2006—2020年）》[②]指出，信息产业及现代服务业、现代服务业信息支撑技术及大型应用软件、数字媒体内容平台是重点发展项目。2015年，国务院先后发布的《国务院关于积极推进“互联网+”行动的指导意见》[③]和《促进大数据发展行动纲要》[④]提出，加强将互联网、大数据等信息技术与经济社会各领域的深度融合，并促进技术进步、效率提升，提高创新力和生产力。

从已颁布的政策文件中不难发现，数字教材和电子书包是当前教育信息化、出版数字化发展战略的重要组成部分，也与我国科学技术发展应用密切相关。

四、产业与应用背景

本报告选择数字教材与电子书包作为研究对象，同时也是基于当前数字出版产业的发展背景。近年来，我国新闻出版业整体上稳步发展，其中数字出版领域的发展在出版行业中最为迅速。同时，在教育出版领域，基于信息技术的教科书立体化出版已初具规模，基于便携移动终端的电子书包也在全国多个省份开始了实验。教育信息化和出版数字化的发展大趋势，为数字教材与电子书包的产业发展奠定了基础，同时也对数字教材与电子书包的全面、深入研究提出了要求。

① 人民网．习近平：推动媒体融合发展要遵循新闻传播规律[EB/OL]．[2015-07-09]．http://media.people.com.cn/n/2014/0818/c120837-25489622.html.

② 中华人民共和国国务院．国家中长期科学和技术发展规划纲要（2006—2020年）[EB/OL]．[2015-07-09]．http://www.most.gov.cn/mostinfo/xinxifenlei/gjkjgh/200811/t20081129_65774.htm.

③ 中华人民共和国国务院．国务院关于积极推进“互联网+”行动的指导意见[EB/OL]．[2015-12-28]．http://www.gov.cn/zhengce/content/2015-07/04/content_10002.htm.

④ 中华人民共和国国务院．国务院关于印发促进大数据发展行动纲要的通知[EB/OL]．[2015-12-28]．http://www.gov.cn/zhengce/content/2015-09/05/content_10137.htm.

（一）数字出版产业快速发展

当前，出版业正在进行数字化转型，数字出版近年来正以惊人的速度不断发展。中国新闻出版研究院2009—2013年连续发布的《新闻出版产业分析报告》显示：数字出版的营业收入从2009年的799.4亿元上升到2013年的2 540.4亿元，五年时间内增长了217.8%；同时，数字出版在新闻出版产业总体产值中的占比也在不断提高，已由2009年的7.7%上升至2013年的13.9%。

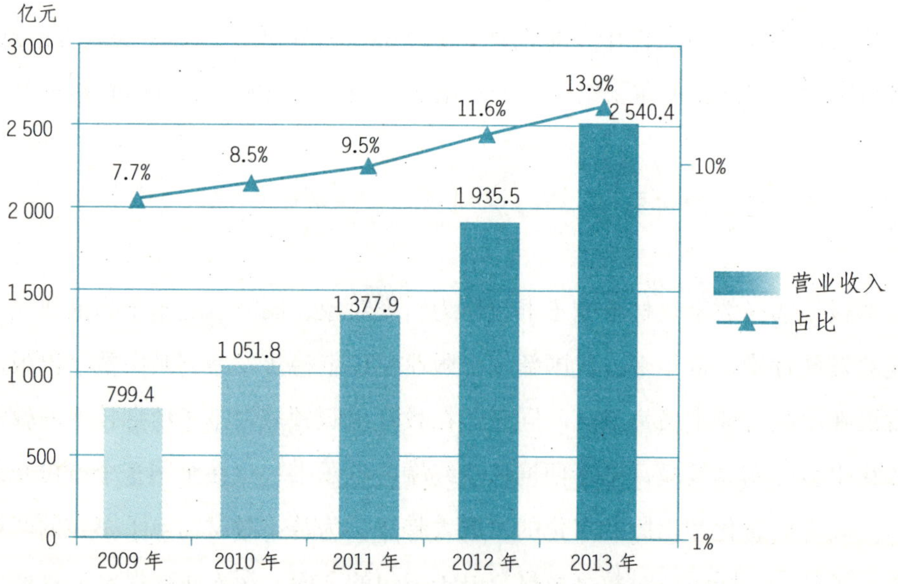

图1-2 2009—2013年国内数字出版营业收入发展情况

然而在数字出版产业快速发展的同时，我们也应该看到，当前数字出版的产值主要是来自网络游戏、互联网广告、手机出版等方面，而基于传统出版的数字化转型所形成的产值比例很低。在传统出版领域，教育出版一直是产值比例最大的板块。传统出版在面对数字化浪潮时能否实现转型升级，很大程度上取决于教育出版的数字化发展。

2012年原新闻出版总署发布的《数字出版“十二五”时期发展规划》提出，电子书包及配套资源数字化工程是“十二五”时期数字出版业发展的重点项目。

通过对电子书包及配套资源的研究和开发，形成内容丰富、互动性强、易于学生使用、符合青少年阅读习惯的数字教学出版体系，是“十二五”期间教育出版实现数字化转型的重要方向。可见，数字教材与电子书包是当前产业发展背景下的重点领域。

（二）立体化教材出版初具规模

随着计算机的普及，我国基础教育的课程资源体系已发生了巨大变化。传统的基础教育课程资源主要是以教科书为核心，还包括围绕教科书编写开发的音像教材、纸质教参和教辅。近年来，这一情况发生较大变化，基于教科书立体化的思路建设课程资源体系已成为课程资源开发的主要方向。

2009 年和 2011 年，在教育部颁布的《2009 年基础教育课程标准实验教学用书目录》和《2011 年中小学教学用书目录（变动部分）》中开始出现了配套 CD-ROM 光盘。人民教育出版社（以下简称为人教社）、教育科学出版社、江苏凤凰出版传媒集团等教材出版单位陆续开发了与教科书内容配套的光盘版电子教材，其中江苏凤凰出版传媒集团的数字课堂光盘在 2010 年至 2012 年三年间累计发行 2 800 万张，形成了巨大的市场效益[①]。

2009 年，由人教社研发的“初中英语（新目标）网络教材”落户湖南，开启了国内基础教育领域应用网络的先河[②]。除人教社外，外语教学与研究出版社（以下简称为外研社）也在 2011 年前后推出了“英语（新标准）网络教材”，并在黑龙江等地推广应用[③]。据当时调查，我国中、东部地区的中等水平初中校几乎都为教室配备了多媒体设备，60% 的教师经常利用网络辅助设备授课。硬件条

① 姚红．凤凰集团的幸福转型——《出版商务周报》专访凤凰出版传媒集团、凤凰出版传媒股份公司董事长陈海燕[EB/OL]．[2015-07-22]．http://www.ppm.cn/Html/Article/1227/.

② 新华网．首部网络教材登陆湖南[J]．科技与出版，2009(9)：71.

③ 期刊编辑部．外研社网络教材捐赠仪式在黑龙江省隆重举行[J]．山东师范大学外国语学院学报（基础英语教育），2011(2)：117.

件和教师、学生日常应用互联网的行为都已为数字教材的应用奠定了基础。①

无论是教科书配套光盘还是网络教材，它们的出现都标志着自进入信息化时代以来我国基础教育课程资源体系正在发生着转变，教育领域对数字化课程资源的需求越来越强烈，而这也对传统的课程资源提供方——出版单位，提出了更高的要求。

（三）电子书包产业与应用实验蓬勃开展

“电子书包”这一概念从上世纪90年代末开始进入国人的视野。早期的电子书包主要指可移动的数字化学习终端，如笔记本电脑、平板电脑、手持电子书阅读器等。随着“电子书包”概念研究的逐渐深入，“电子书包”的定义也从单纯的移动学习终端发展为今天的集终端、内容、在线数字资源、教学服务平台为一体的数字化教与学系统。

2002年9月，香港率先启动了“电子书包计划”，最初有10所中小学校加入该计划的实验②。2008年，英特尔启动了“一对一数字化学习”项目，其中所说的“一对一”即是一个学生对一台终端设备，实际上是“电子书包”的另一种提法③。2009年，广东省佛山市南海区南光中英文学校推行“智能课堂（电子书包）”④。同年，汉王科技联合英特尔推出了一款专供学生使用的“汉王电子书包”⑤。

2010年后，电子书包成为教育信息化和数字出版领域关注的热点问题。2010年9月，上海市发布的《上海市中长期教育改革和发展规划纲要（2010—

① 杨青．初中英语网络教材的需求分析及编辑思路——以人教版《英语（新目标）》网络教材的开发调研为例[J]．课程·教材·教法，2011，31(10)：64-69.
② 期刊编辑部．香港开试“电子书包计划”[J]．出版经济，2002(10)：50.
③ 中国电化教育杂志社．全国基础教育数字化学习与管理创新研讨会在京召开[J]．中国电化教育，2008(8)：68.
④ 赵岚．南海建设云计算智能教育服务体系　三年内中小学生或都有“电子书包”[N]．佛山日报，2011-11-27(1).
⑤ 王欣．为学生减负　汉王电子书包[J]．个人电脑，2009(5)：44.

2020 年）》[①]在教育信息化战略“探索建立信息化教育新模式”中提出了“推动‘电子书包’和‘云计算’辅助教学的发展，促进学生运用信息技术丰富课内外学习和研究”。同年 11 月，上海市虹口区开始启动“基础教育电子书包”项目协议，首期覆盖 8 所幼儿园和中小学校，涵盖 760 余名学生[②]。

2011 年，江苏省苏州市平江区在江苏省率先试点使用“电子书包”。浙江省杭州市西湖区杭二中、云南省昆明市的北师大昆明附中等部分学校，也都展开了电子书包试点。[③④]

2012 年，江苏省常熟市启动“学龙电子书包”项目[⑤]。广东省广州市番禺区也启动了电子书包试点，覆盖 4 所学校、千名学生[⑥]。深圳市已有 10 多所学校试点电子书包，并正有序扩大实验范围[⑦]。重庆市于 2012 年 3 月在江北区启动教育信息化项目，首批 6 所试点学校试用电子书包。福建省则在泉州、福州、厦门等城市选择部分中小学校开展电子书包试点。[⑧]

2012 年以来，上海、广东、浙江、山东、四川、陕西等省市都陆续启动了“电子书包”项目。可以认为，“电子书包”实验项目也是近些年来最为热门的教育信息化研究和实验方向。

① 上海市教育委员会．上海市中长期教育改革和发展规划纲要（2010—2020 年）[EB/OL].[2015-07-20]. http://www.shmec.gov.cn/html/xxgk/201009/301122010002.php.

② 中国教育装备采购网．上海虹口区启动基础教育电子书包项目[EB/OL]. [2015-09-10]. http://www.caigou.com.cn/news/2011052535.shtml.

③⑧ 吴永和，马晓玲，杨飞．电子课本出版与生态发展的阐释与研究——基于标准研究、产业发展与教育创新的视角[J]. 远程教育杂志，2013(1)：17-28.

④ 方民．电子书包进校园　利弊引热议[N]. 云南日报，2012-04-27(8).

⑤ 王鹤鸣．“学龙”电子书包提升学生学习兴趣[N]. 科技日报，2012-12-04(7).

⑥ 耀琪．背“电子书包”上学忧大于喜[EB/OL]. [2015-09-10]. http://www.chinadaily.com.cn/hqgj/jryw/2012-09-14/content_7011324.html.

⑦ 潘若濛．深圳多所学校试点“电子书包”[N]. 深圳特区报，2012-12-10(A14).

第三节 研究框架

一、概念术语

本报告中涉及的核心概念包括数字教材、数字资源、电子书包、电子书包终端、电子书包学习服务等，明确这些术语的含义对于理解本报告是十分重要的。以下将分别给出这些核心概念的定义。

（1）**数字教材。**本报告中所说的数字教材指数字形态的教科书，即依据课程标准（或教学大纲）系统编写、开发的适用于信息技术环境下教与学活动的电子图书。

（2）**数字资源。**本研究中所说的数字资源即数字化的教育资源，指以数字信号在互联网上进行传输并可以在教学活动中被应用的教育信息，它属于学习对象的一个子集，包括媒体素材、试题、试卷、课件、案例、文献资料、网络课程、常见问题解答和资源目录索引等类型。

（3）**电子书包。**本研究中所说的电子书包指一种数字化教学环境，包括在现代教育理念统合下的硬件设施（以个人学习终端为核心，还包括一体机、投影仪、网络设备等）、资源（如以数字教材为核心的数字化教学资源、学习工具等）、与教育教学相关的其他工具软件（如教学平台、学习服务平台、个人学习终端操作系统、数据管理软件、课堂管理软件等）。

（4）**电子书包终端。**本研究中所说的电子书包终端指电子书包系统中供师生手持操作的个人学习终端设备，是整合了数字教材阅读器、虚拟学具等资源与软件，以及连通无缝学习服务的个人学习终端。

（5）**电子书包学习服务。**本研究中所说的电子书包学习服务指在电子书包系统中，由电子书包终端直接提供或通过电子书包终端间接提供的支持教学活动和学生学习活动的各类服务的总和。

二、研究框架

本报告以数字教材与电子书包为研究对象，基于上述的宏观研究目标和微观研究目标，将主要内容分为七个部分，分别是研究概述、数字教材、数字资源、电子书包终端、电子书包学习服务与电子书包产业发展、与数字教材和电子书包相关的数字教育新技术以及研究总结与展望（见图 1-3）。

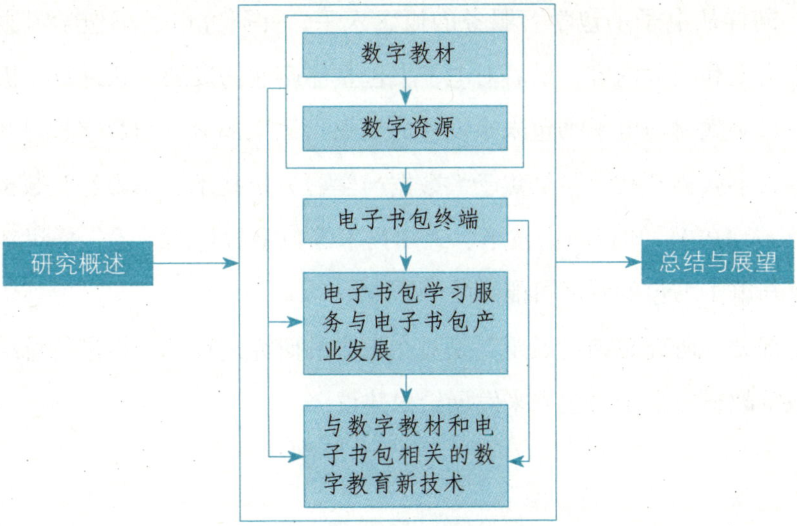

图 1-3　研究框架示意图

第一部分“研究概述”（即本章）就研究本身的整体情况给出说明，包括研究目标、研究背景、研究框架、研究内容与方法等。

以此为指导，本报告的研究从以数字教材为核心的数字内容入手，主要涉及第二部分“数字教材”和第三部分“数字资源”。其中，第二部分“数字教材”聚焦于电子书包体系中的内容核心——数字教材，由于数字教材在电子书包体系中有非常重要的地位，因此本报告将其同一般数字资源分开，作为一个单独的研究主题。对数字教材的研究，将从数字教材的概念、标准、设计、开发和产品样例分析等层面展开。第三部分“数字资源”重点研究和分析国内基础教育数字资源（数字教材除外）的建设和发展情况，包括资源内容、资源标准和资源平台三个方面。

本报告对电子书包的研究，除资源外，主要涉及第四部分“电子书包终端”和第五部分“电子书包学习服务与电子书包产业发展”。其中，第四部分“电子书包终端”从电子书包及电子书包终端的定义入手，并分析整理电子书包终端的标准、应用、产品案例等诸多方面。第五部分“电子书包学习服务与电子书包产业发展”同样从电子书包学习服务的概念入手，并研究电子书包学习服务的标准、服务类型和服务内容，最后对电子书包整体产业的发展现状进行分析。

站在数字教材与电子书包未来发展的视角，第六部分“与数字教材和电子书包相关的数字教育新技术”聚焦于大数据与学习分析技术、学习经验数据采集技术（Tin Can API）、知识图谱技术、感知技术等数字教育新技术，探讨新技术对数字教材与电子书包的发展可能产生的影响。

第七部分“研究总结与展望”是对本报告的研究过程和结果进行总结，并基于此对数字教材与电子书包未来发展给出建议。

第四节 研究内容与方法

一、研究内容

本报告中的研究目标分解为数字教材、数字资源、电子书包终端、电子书包学习服务与电子书包产业以及与数字教材和电子书包相关的数字教育新技术五个方面。在每个主题中，研究内容的来源主要有两个方面：一是人教社和华东师范大学近年来在数字教材与电子书包相关领域的研究成果，二是2013—2015年国内教育信息化和数字出版领域公开发表或发布的相关研究、实际产品、应用实验和产业相关数据。汇集以上两个方面形成本报告的主要内容。

（一）数字教材

本报告中对数字教材的研究主要来源于人教社、华东师范大学当前的研究成果，以及对目前领域内已发表的研究成果、数字教材实际产品的调研和整理。“数字教材”这一部分的研究内容主要包括以下五个方面：

（1）梳理数字教材的定义，并对数字教材与电子课本、数字教材与教科书等相关概念进行了比较；

（2）对数字教材的发展历程进行了梳理，比较不同类型的数字教材的差别，并研究教育、出版和信息技术三大领域中对数字教材的研究观点；

（3）研究数字教材的标准化发展趋势、与数字教材密切相关的标准的发展现状，以及数字教材目前的知识产权及其保护情况；

（4）分析数字教材的典型设计、开发方式和基本流程；

（5）对数字教材的典型案例进行调研和分析。

（二）数字资源

本报告中对数字资源的研究包括文献研究和实际调研两个渠道，综合数字资源建设的基本理论和资源建设、应用的实际情况，形成国内基础教育数字资源的整体概览。“数字资源”这一部分的研究内容主要包括以下五个方面：

（1）收集相关文献资料，包括论文、著作、新闻材料、各级教育部门的重要文件、相关的标准文档等；

（2）了解国家及各省级资源平台建设情况（依据网站中的实际内容），利用 Alexa 等工具并结合一些已有研究的分析数据，确定主要研究的资源平台；

（3）根据对 CELTS（Chinese E-Learning Technology Standards）标准及国家相关建设方案的分析，研究数字资源分类，结合各资源平台的建设，分析主要类型数字资源的建设情况；

（4）调查研究数字资源相关标准在资源建设中的应用情况；

（5）调查研究各级各类资源平台建设情况。

（三）电子书包终端

本报告中对电子书包终端的研究主要是基于文献资料（包括论文、著作、调研报告、文件、公告、新闻、相关的标准文档等）和实际案例，梳理形成电子书包终端的发展概况。“电子书包终端”这一部分的研究内容主要包括以下四个方面：

（1）梳理总结电子书包和电子书包终端定义，理清电子书包教学应用的构成；

（2）调查电子书包终端相关标准的研制和应用情况；

（3）调查电子书包终端的发展过程、产品和应用现状，并对未来的发展趋势进行简要分析；

（4）分类梳理电子书包终端典型产品案例。

（四）电子书包学习服务平台及电子书包产业

本报告中对电子书包学习服务平台及电子书包产业的研究主要包括以下三个方面：

（1）收集相关文献资料，对电子书包学习服务的概念、标准、分类等方面进行梳理与总结；

（2）调研电子书包学习服务的典型案例，并进行简单分析；

（3）对电子书包的产业发展进行初步研究，通过对“电子书包标准产业联盟”、部分教科书出版单位的调研，掌握电子书包产业发展的基本情况。

（五）与数字教材和电子书包相关的数字教育新技术

本报告中对与数字教材和电子书包相关的数字教育新技术的研究以文献研究为主要渠道，对未来可能应用于数字教材与电子书包的若干项数字教育新技术进行调研，以其中四类关键技术为探讨对象，具体分析其发展现状和应用案例，并结合我国数字教材与电子书包的发展趋势，对这些数字教育新技术未来的应用进行预测。“与数字教材和电子书包相关的数字教育新技术”这一部分的研究内容主要涉及以下四类技术：

（1）学习分析和大数据技术；

（2）学习经验数据采集技术——Tin Can API 技术；

（3）知识图谱技术；

（4）感知技术。

二、研究方法

本报告的研究涉及基础教育阶段数字教材与电子书包多个方面的内容，按照专题分类，试图从数字教材、数字资源、电子书包终端、电子书包学习服务与电子书包产业、与数字教材和电子书包相关的数字教育新技术等五个主题展开。研究过程中主要采用了文献研究法、调查研究法（包括问卷法和访谈法）、个案分析法等研究方法。

（1）文献研究法。文献是记录已有知识的一切载体，是把人类知识用文字、符号、声像和视频等手段记录下来的所有资料。对这些资料进行分析研究以从中获得某一结论的方法就是文献研究法。本报告中的文献研究主要是通过查阅分析与数字教材和电子书包相关的文献和在线资源，对国内相关方面的研究成果进行归纳总结，进而了解数字教材与电子书包的研究现状，为深入研究提供坚实的理论基础。

（2）调查研究法。一般来说，调查研究涉及教育、心理、社会变量中的事件、分布和关系。不像实验研究中的变量是人为的，本报告中的调查研究主要是通过问卷调查、访谈调查等方式来获得业界对数字教材及电子书包发展情况的回馈，以便对其进行改进。

（3）**个案研究法。**个案研究法是对相关个案进行研究的方法。本报告中的个案研究通过对数字教材应用案例、国家及各省级数字资源平台、电子书包终端及其标准应用案例、电子书包学习服务案例等进行分析，梳理掌握数字教材与电子书包在各个方面的发展与应用的实际情况。

第二章 数字教材

第一节 数字教材概述

一、数字教材及相关概念的定义

（一）数字教材的定义

随着基础教育信息化建设的发展，作为教育内容主要载体的教科书将不可避免地发生变革，传统的纸质教科书已经不能完全满足日趋数字化的教学的要求，而且当前教育情境的多样化和动态化也对传统教科书造成冲击。在这种情况下，数字教材应运而生，数字教材的研究、开发和应用也成为当前教育教学改革的重要方面。

对于数字教材的概念和含义，目前业界没有统一的看法。在教育、出版和信息技术领域，不同专业的学者对数字教材概念所关注的角度也不相同。在课程教学领域，数字教材又称数字教科书或电子教材，一般认为数字教材是教材概念的延伸。而教材的概念，则有宏观、微观之分。根据《中国大百科全书（第二版）》的解释，广义教材泛指教学材料，而狭义教材则指教科书。教育部于 2014 年 9 月发布的《中小学教科书选用管理暂行办法》[①]中的定义认为“教科书是指经国务院教育行政部门审定和经授权审定的义务教育和普通高中教学用书（含配套教

① 中华人民共和国教育部．教育部关于印发《中小学教科书选用管理暂行办法》的通知 [EB/OL]. [2015-10-16]. http://www.moe.edu.cn/publicfiles/business/htmlfiles/moe/moe_714/201410/xxgk_176575.html.

学图册、音像材料等）”。一般在讨论数字教材问题时，教材均指狭义教材，即教科书。例如，康合太等认为在课程教学领域数字教材是教材的一种类型，是指内容以数字形态存在（如二进制）的教材形式①，这里所说的教材即教科书。

在出版领域，一般认为数字教材是电子图书概念的延伸。2014 年国家新闻出版广电总局发布的《电子书内容术语》②行业标准将电子图书定义为“通过相关设备直接呈现文字、图像、音频、视频等内容，具有相当篇幅的专题数字出版产品”，数字教材则是电子图书中较为特殊的一类。此外，由于数字出版与电子出版的概念不同，因此出版领域中所说的电子教材和数字教材在概念上有所差别，主要在于有无实物载体（分别对应电子出版和数字出版）。

在信息技术领域，数字教材的定义则偏于技术角度。项国雄认为电子教材是以网页形式存在的教学资源，可突破时空的局限，供广大教师、学生和家长反复使用，及时更新数据，具有共享性、开放性和动态可生成性等特点③。李林等认为电子教材又称数字教材、电子教科书，是以信息技术、多媒体技术为基础开发的教学系统，支持广大教师、学生和家长反复使用，而且具有及时性、共享性、开放性、动态性、交互性特点④。

关于数字教材的概念，目前尚未有统一的界定。本报告将数字教材定义为：数字教材是依据课程标准（或教学大纲）系统编制、开发的适用于信息技术环境下教与学活动的电子图书，即数字教材是数字形态的教科书。在信息化教与学环境中，数字教材被作为师生教学活动的基本依据和核心材料⑤。本报告将数字教

① 康合太，沙沙．数字教材建设的探索与实践——以第二代“人教数字教材”为例[J]. 中国电化教育，2014(11)：80-84+100.

② 全国新闻出版标准化技术委员会．电子书内容术语：CY/T 96—2013[S]. 北京：中国书籍出版社，2014.

③ 项国雄．从传统教材到电子教材[J]. 信息技术教育，2005(5)：8-10.

④ 李林，王冬，覃文圣，等．论电子教材取代纸质教材发展趋势的必然性[J]. 中国信息界，2011(5)：42-44.

⑤ 康合太，沙沙．数字教材的理论探索与实践——以第二代“人教数字教材”为例[J]. 课程·教材·教法，2014，34(11)：33-39.

科书、电子教科书、电子教材等概念视为数字教材的同义概念。

（二）数字教材的近似概念——电子课本

电子课本是与数字教材有关，且容易混为一谈的概念。在本报告中，数字教材和电子课本两个概念都会出现。为了避免混淆，以下特分析说明。

从字面含义来看，“课本”是教科书的旧称和俗称，因此电子课本似乎是与电子教科书相同的概念。但在实际文献调研中发现，电子课本并非由课本的概念延伸而来，而是源于电子书的概念。华东师范大学的电子课本与电子书包标准研究团队在电子课本定义方面研究得较为深入。祝智庭、吴永和等在对电子书包系统的研究中提出电子课本是一类面向教育教学的特殊电子书，不仅具备基本的阅读支持工具，还包含教学和学习的支持工具①。吴永和从标准研究的角度提出“电子课本是一个集中了学校中的教学和学习领域里的数字媒介（有在线和离线媒体的优势），将教学需要的教材、教辅、工具书等按照科学的结构整合而成的综合教学资源包”②。电子课本不但包括教材（教科书）的内容，同时还应提供学习资源、笔记记录、练习巩固、测试评价等学习支持，而且每部分内容应有机地结合起来，也就是说要把传统的课堂教学与学习中的部分环节整合到电子课本中，以实现教学资源数字化、教学活动多媒体化、评价反馈及时化和学习控制智能化。《电子课本信息模型》标准的起草人傅伟认为，电子课本是以书包中所携带的课本作为隐喻，是与电子书包相配套的学习载体，承载了电子书包作为个人学习工具所需要的诸多功能：最基本的，能代替传统的教材并以更丰富的媒体形式展现教学内容；此外，能连接学习工具和学习服务，成为学习者个人学习或与他人合作完成各种学习任务的个性化环境。研究得到的电子课本概念模型如图

① 吴永和，祝智庭，何超．电子课本与电子书包技术标准体系框架的研究[J]．华东师范大学学报（自然科学版），2012（2）：70-80.

② 吴永和，杨飞，熊莉莉．电子课本的术语、特性和功能分析[J]．现代教育技术，2013，23（4）：5-11.

2-1 所示，该模型反映了电子课本的理解定位、功能需求及应用目标。

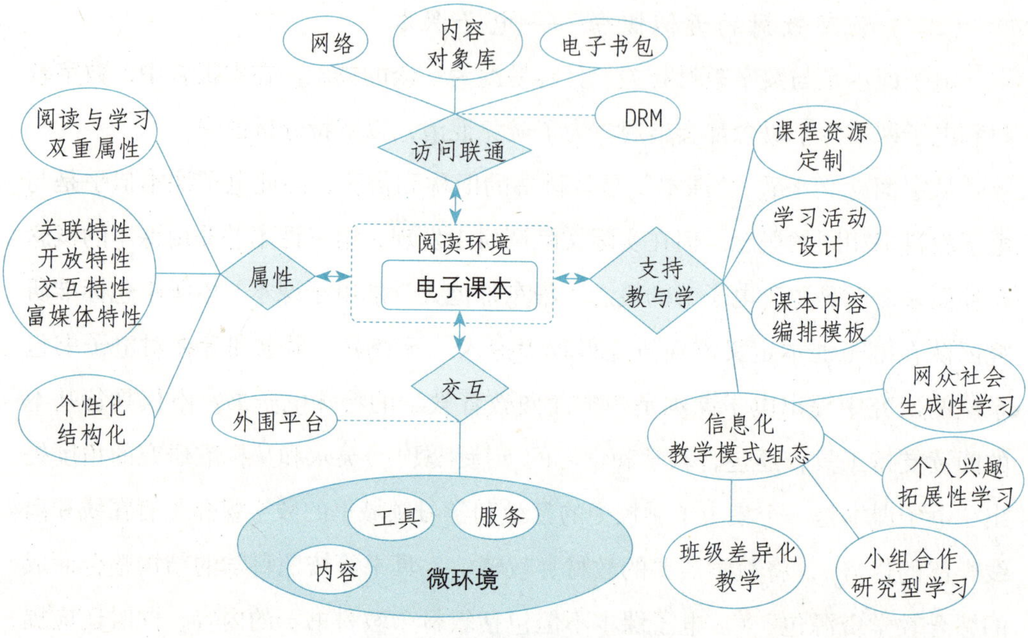

图 2-1 电子课本的概念模型①

傅伟在电子课本概念的外延界定方面则提出了电子课本的四个特征。

（1）电子课本兼具 e-Publishing 领域和 e-Learning 领域的属性，即电子课本兼具阅读性和学习性；体现了和其他电子书不同的特性，除了数字化阅读的属性以外还兼具了关联特性、开放特性、交互特性和富媒体特性。

（2）工具、服务和内容对象可以形成一个实现内容组织、知识建构的小环境，通过与这个小环境的交互，电子课本能够调用内部或外部（电子书包）提供的学习工具和学习服务，满足学习领域数字化学习设备和外围平台的交互需求。电子课本可以由单一文件形态演进为具有数字化学习包结构特征的课本，由统一

① 顾小清，傅伟，齐贵超．连接阅读与学习：电子课本的信息模型设计[J]．华东师范大学学报（自然科学版），2012(2)：81-90.

编制的内容主线课本演进为学习活动主线的个性化课本，由以学习内容为主题的资源集合演进为微型个人知识空间。

（3）电子课本为教学活动的开展提供一定的支持，如教师备课、学生进行小组实践学习、开展协作学习活动等。除了具有资源定制、内容编辑、活动设计的功能以外，电子课本还可实现对传统教学模式的支持以及对技术丰富环境下的信息化教学模式的支持，其中包括班级差异化教学、小组合作研究型学习、个人兴趣拓展性学习、网众社会生成性学习。

（4）电子课本通过访问联通功能与网络环境、平台环境以及资源环境（内容对象库）对接，获取外界资源与服务。电子课本具有可控的开放特性，即在有一定控制的情况下容许使用者和编辑者与外界环境进行交互。同时，电子课本需要有数字版权管理（Digital Rights Management，DRM）机制对内容对象进行保护。①

从教育和出版的应用角度对电子课本现有定义进行综合理解，可对电子课本的概念解读如下：电子课本是承载学习内容的电子书，但并不只限于教材内容，而是可以承载任何学习内容。如果对比本报告中数字教材的概念，可以认为电子课本与数字教材都是电子书，数字教材的内容对应传统概念下的狭义教材（即教科书），电子课本的内容则对应广义教材（即泛指教学材料）。从技术的角度看，本报告中所涉及的电子课本具有较高的技术要求，如关联性、富媒体性、网络访问、DRM 等，而数字教材则在技术方面没有过多限制，只要是以数字化形态存在即可。

（三）数字教材与传统教科书的对比

数字化时代大潮的到来，使得越来越多的纸质媒体和出版物转向了电子化、数字化，教科书数字化已经成为一股不可阻挡的浪潮。当然，基于我国的实际情况，在短期内用数字教材完全取代纸质教科书并不现实，甚至可以说不能取代，

① 傅伟. 电子课本模型构建与技术验证[D]. 上海：华东师范大学，2013：105-106.

因为二者在阅读和教学等方面的体验与功能并不能互相替代。因此，可能的情况是，数字教材将长期作为纸质教科书的一种补充性学习材料存在。数字教材与传统教科书相比，呈现出继承与发展的特点：一方面继承了纸质教科书在内容结构、学科逻辑等方面的优点，另一方面又在知识的呈现形式、师生与教材的交互方式、学习评价方式等方面有了进一步发展。

一般认为，教科书是根据课程标准（或教学大纲）系统编写的教学用书，也是教师进行教学的基本依据和学生获取知识、发展能力的基础渠道。数字教材作为教科书家族中的一个新类型，同样具有教科书的一般特征。与纸质教科书类似的是，信息化教学环境中的数字教材在各类数字课程资源中处于核心地位。王志刚、杨青提出，数字教材是数字化学习资源的核心，也是电子书包等教学系统中的内容核心①②。

传统教科书理论认为，教科书与课程之间关系密切，教科书的章节结构、内容结构是课程结构的反映，教科书中设定的单元教学目标和评价目标是课程目标的微观表现，教科书中的教学内容则是课程内容的细化和具化。当前所见的数字教材内容一般是以纸质教科书的内容为基础，因此这样的数字教材很自然地具有了教科书的上述特征。在继承传统教科书优点的基础上，数字教材更强调发挥信息技术在内容存储、呈现和交互学习方面的优势，以及课程的发展性。

海量内容存储、学习内容的多媒体（或富媒体）呈现方式，以及可进行互动教学、互动学习，已成为对数字教材的一些共识。纸质教科书的内容需要印在纸张之上，任何内容（无论是文字内容还是插图）都必须占据书页中一定的版面。限于自身的版面与成本，传统教科书不可能呈现过多的学习内容，文字或插图的数量、大小、内容信息含量都受到一定的局限。而在数字教材中，由于其内容的存储与呈现可以分离，“版面”这种实物印刷的局限性并不存在。数字教材本身

① 王志刚．优质数字教育资源：学与教变革的基础[J]．中国电化教育，2014(11)：7-9.
② 杨青．数字教材是整合电子书包内容的核心[J]．出版参考，2014(22)：12-14.

是以二进制码方式存在于数字载体中，几乎不占据实际的物理空间。对当今任何一种数字载体来说，容纳海量的文字、图片、音频、视频内容都不是难事，这就极大地扩充了数字教材中内容信息的容量。至于多媒体内容呈现和基于信息技术的人机交互教学，也都是被广泛熟知的数字教材特征，本研究中也不再细言。

康合太等在比较数字教材与纸质教科书的发展性时提出：数字教材除了在内容呈现方式和教与学交互方式上比传统教材更丰富外，更重要的是体现出了课程内容的发展性；尽管课程标准自身有稳定性要求，修订课程标准通常也需要间隔十年左右的时间，但教科书内容作为课程标准中所列出的课程内容的细化与具化，其发展更新速度实际要比课程标准本身快得多①。对数字教材而言，由教学环境的信息化引起的内容发展和由学科知识更新引起的内容发展是两个主要发展方式。一方面，信息化发展要求课程内容的形式有所发展。社会整体的信息化变革导致了人们对信息的获取与处理方式有了巨大转变，为了让今天培养的学生能够适应未来的信息化社会，教育信息化支持下的课程内容发展已成为实现教育目的的必备条件之一。在信息化环境中，教师、学生需要课程内容以平滑过渡的方式稳步变革，数字教材则承担了促使主要课程内容从适合传统教学环境的形态（即纸质教科书）逐渐向适应信息化教学环境的形态发展的重要任务。另一方面，数字教材内容发展的另一个驱动力来自学科知识自身的更新。为了让学生能基于生活经验从数字教材中获得更好的学习体验，数字教材的内容应该与社会发展保持一定程度的同步。例如，在选择数字教材的内容时，需要不断融入一些学科最新发展的实例，并且摒弃一些不合时宜的旧例，使数字教材内容能够始终符合学生的学习心理与课程目标要求。通过互联网实现便捷的版本更新，是所有数字化出版物的共同特征，这种已普遍应用的技术使数字教材在内容更替上具有可行性。

① 康合太，沙沙．数字教材的理论探索与实践——以第二代“人教数字教材”为例[J]．课程·教材·教法，2014，34(11)：33-39.

赵志明认为，从形态上看，数字教材（数字教科书）完全颠覆了传统教科书，具体表现为其内容呈现的富媒体性与定制性、内容之间的关联性与开放性、教学应用的互动性与自主性等①。与传统的纸质教科书相比，数字教材将在发展过程中出现“国家定义”和“个人定义”两种主要形态。“国家定义”数字教材是指标准化的国家课程数字教材，是为了在信息化环境下的教学中体现国家意志、维持教育秩序必要的核心课程资源。“国家定义”数字教材将从纸质教科书的数字化起步，逐渐发展为纯数字化教科书。“个人定义”的数字教材是指与“国家定义”数字教材同步出现的，个体利用数字技术自觉开发的一种数字化教科书。“个人定义”中的“个人”可以是学校，也可以是教师、学生，甚至可以是任何人。②考虑到本报告对数字教材的界定和教学实际，上述观点具有参考价值。一方面，本报告对数字教材所下的定义在理论上显然不局限于“国家定义”数字教材；另一方面，实践中也确实有一些学校、教师等“个人”在尝试编制和开发成体系的数字讲义、数字学案等课程资源，类似这样成体系开发的数字讲义、数字学案也同样符合数字教材的定义。

综上所述，不难看出，数字教材与纸质教科书之间的关系紧密，数字教材既具有纸质教科书在内容方面的优势，又实现了纸质教科书的数字化发展。

二、我国基础教育数字教材的产生与发展简述

我国学者一般认为数字教材起源于电子书的发展③，随着数字化技术和计算机网络技术的发展，大量出版物从单纯以纸和光盘为媒介的出版模式发展到以互

① 赵志明. 重新定义教科书——数字教科书的形态特点与发展[J]. 课程·教材·教法，2014，34(3)：38-42.

② 赵志明，吕蕾. 论数字教科书知识选择的“国家定义”与“个人定义”[J]. 湖南师范大学教育科学学报，2014，13(2)：63-67.

③ 陈桄，龚朝花，黄荣怀. 电子教材：概念、功能与关键技术问题[J]. 开放教育研究，2012，18(2)：28-32.

联网为平台的创作、出版、发行、阅读模式，出现了“电子书”（e-book）的新形态。

国内的数字教材发展于20世纪末，至今仍在不断的创新发展。胡畔等将数字教材过去的发展分为静态媒体数字教材、多媒体数字教材和富媒体数字教材三个阶段①。本报告在参考这一划分方式的基础上，尝试梳理了数字教材发展过程中的一些案例。

1999年人教社就开始承担了全国教育科学规划“十五”重点课题“手持式电子教科书在教学中的应用研究”，并于2001年完成了手持式“人教电子教材”样机的生产。《中国教育报》2002年4月25日报道称，人教社与全国九个省市的十所学校签订了协议，2002年秋季开始对电子教材进行试验。“人教电子教材”在大小上与当时中小学生普遍使用的32开教材相近，采用液晶显示，所有教材内容装载在配套的存储卡中。“人教电子教材”从本质上说是一款今天人们所说的手持电纸书，其中数字教材以软件方式存在，是纸质教材内容的数字副本，从文字到插图都是纸质教材的原样翻版②。“人教电子教材”的形式，显然是受到当时手持电纸书发展的影响。“人教电子教材”在2012年后也被人教社定义为第一代“人教数字教材”。从2002年到2010年，人教社在其旗下的“人教网”陆续发布了中小学各学科的静态媒体数字教材和职业教育静态媒体数字教材。

静态媒体数字教材是纸质教科书完全的数字化副本，在这类数字教材推出后不久，很多学者和教师都已经意识到，单纯的静态媒体数字教材无法对学生的学习起到多少作用，也并没有充分体现信息技术的特点。在这种情况下，部分出版社和企业开始在静态媒体数字教材的基础上增加教材内容的多媒体呈现。较为典型的案例是人民教育电子音像出版社出版的高中教材配套光盘中的数字教材。这

① 胡畔，王冬青，许骏，等．数字教材的形态特征与功能模型[J]．现代远程教育研究，2014(2)：93-98+106.

② 沙沙．我国基础教育数字教材中插图的演进[J]．科技与出版，2013(12)：83-85.

套数字教材是基于 Flash 技术开发，在静态媒体数字教材的基础上增加了若干视频、动画、音频、文字、图片配套资源，用于解释教材中的难点内容。这类数字教材即是多媒体数字教材，也是目前实际发行和使用范围最大的一类数字教材。

2006 年，中国学术期刊（光盘版）电子杂志社出版了一款名为“清华同方多媒体电子教材”的数字教材，这是我国较早的富媒体（又称交互式多媒体）数字教材之一。这款数字教材是在人教版第十套中小学教科书的基础上，采用静态媒体数字教材与多媒体教学资源、交互式教学工具相结合的方式研制的。该数字教材除了包含纸质教科书的扫描版外，还针对教科书每个章、节、页的内容增加了与内容配套的多媒体资源及富媒体学习工具，并且支持用户根据自身需求添加资源。此后，随着多媒体技术、交互技术的迅速发展，富媒体数字教材逐渐成熟起来。常见的富媒体数字教材在继承了静态媒体数字教材和多媒体数字教材的特点的基础上，更注重数字教材的教与学功能，通过添加可交互的教学资源、学习评测、学习活动等内容，提高数字教材与学生、教师之间的互动性。林君芬等认为富媒体数字教材是对教学内容的深度挖掘，主要特点是在传统纸质教科书的阅读、教学等基本功能之上增添了一些更加具有表现力的影、音、图、文等多媒体课程内容和交互功能，强调人机之间、人人之间的互动交流机制①。

《2013 年教育信息化工作要点》将第二代“人教数字教材”列为重点工作任务。第二代“人教数字教材”同样采用富媒体数字教材的形式，但与以往的同类数字教材相比，这套数字教材更注重多媒体课程资源与教科书原内容之间的配套关系。以往的富媒体数字教材往往在设计上过分强调配套资源的丰富，而对原教科书内容进行过度拓展，这样不仅破坏了教科书内容的结构（主要是内容范围和内容结构比例），也使数字教材失去了原本必须具备的规范性和科学性。第二代“人教数字教材”的设计和开发，则强调了内容富媒体化的“有限拓展”。这里的“有限

① 林君芬，李慧勤，黄海晖．交互式数字教材：数字化教学资源的新形式[J]．教育信息技术，2013(6)：3-7.

拓展”是指在尊重纸质教科书的内容、结构、编排、规范的基础上，依据课程标准的相关描述，进行不超出课程标准要求范围、不改变教科书内容基本结构的富媒体化。这一设计方式从本质上说体现了研发机构对于数字教材的思考已开始从技术层面转向课程、教学层面，而这也使富媒体数字教材的设计、开发更为科学。

2014 年，基于流式排版技术的数字教材开始出现。在由国际数字出版论坛（International Digital Publishing Forum，IDPF）于 2011 年发布的电子书格式标准 ePub 3.0 被广泛使用后，国内部分企业和研究机构开始尝试采用流式排版替代现在普遍使用的版式排版。《第 36 次中国互联网发展状况统计报告》显示，截至 2015 年 6 月，我国网民中使用手机上网的比例为 88.9%，远超过通过 PC 和笔记本电脑接入互联网的比例。手机屏幕大小的限制，使得固定版式数字教材在智能手机上难以被应用，只好选择 PC 或平板电脑作为应用终端。而当流式排版技术被引入数字教材后，手机数字教材成为可能。当前，流式排版技术在数字教材中的应用仍处于实验阶段，但可以预见，在今后一到两年内有可能出现新一代基于流式排版技术的数字教材。

在香港和台湾地区，数字教材近年的发展速度也同样很快。香港教育统筹局从 1998 年开始推行信息科技化教育，随后几年三次推出资讯科技教育策略，标志着信息及通信技术进一步融入学与教。2012 年 6 月，香港教育统筹局斥资 5 000 万元，用于推动第一期“电子教科书市场开拓计划”，旨在协助和鼓励具有潜力和有意编制数字教材（电子教科书）的开发商按照本地课程编制、开发相应产品，并试行数字教材质量评价和保证机制。①② 2013 年 8 月，香港教育局利用第一期“电子教科书市场开拓计划”完成后所剩资金推出了第二期“电子教科书市场开拓计划”，继续扩大数字教材的研发与应用规模。共有十七家机构向电子

① 期刊编辑部．香港拟在中小学中推广电子教科书[J]．印刷技术，2012(11)：3.

② 香港特别行政区教育局．电子教科书市场开拓计划遴选、素质保证和检讨督导委员会召开首次会议[EB/OL]．[2015-07-22]．http://www.info.gov.hk/gia/general/201206/05/P201206050499.htm.

教科书市场开拓计划遴选、素质保证和检讨督导委员会提出了初中及小学数字教材的开发申请。[①]香港第一期和第二期“电子教科书市场开拓计划”下编制的数字教材共四十套，覆盖的学科包括中国语文科、英国语文科、数学科、常识科、普通话科、地理科、生活与社会科、体育科、普通电脑科及历史科[②]。

在台湾地区，电子书包等教育信息化研究与实践工作很早就已展开，但在相当长的一段时间里，政府或民间对于发展数字教材的态度与决心不明显，甚至在电子书包实验计划中存在“只见书包不见书”的情况[③]。近年来，台湾地区的数字教材在研究与实践方面有所进展，一些出版机构陆续推出数字教材。台湾“教育部”于 2014 年推出了以教材内容与架构、教材设计、辅助设计和媒体与界面设计为规范的数字教材认证指标体系，用于对数字教材进行审定[④]。

在技术的支持下，数字教材近年来从静态媒体数字教材逐渐发展为多媒体数字教材、富媒体数字教材，乃至未来更先进的数字教材形式。纵观近十余年的发展，数字教材在形态、内容、功能和使用方式等方面都发生了较大的变化，但在基本理念、基本结构、基本目标方面却保持了纸质教科书的基本特征。

三、学界、业界对于数字教材的看法

（一）教育视角下的数字教材

在教育领域中，数字教材也被叫作电子教材。教育领域的研究者们对数字教

① 新闻公报．立法会十二题：电子教科书市场开拓计划[EB/OL]．[2015-07-22]．http://www.info.gov.hk/gia/general/201311/13/P201311130349.htm.

② 香港特别行政区教育局．第二期“电子教科书市场开拓计划”（新闻公报）[EB/OL]．[2015-07-22]．http://www.edb.gov.hk/sc/curriculum-development/resource-support/textbook-info/emads/key-events.html.

③ 徐新逸，赖婷铃．国际经验对台湾电子教科书发展之启示[J]．教科书研究，2013(2)：1-31.

④ 台湾“教育部”．“教育部”办理数位学习教材与课程认证审查及认证申请须知[EB/OL]．[2015-07-22]．http://ace.moe.edu.tw/files/download/mat/003.pdf.

材的分析主要是从课程教学论和教育技术学两个角度进行。课程教学论视角下的数字教材研究主要集中在数字教材的课程理论基础、内容结构、教学使用功能等方面，而教育技术学视角下的数字教材研究则比较关注数字教材的技术导向、效果评估等方面。

牛瑞雪在对数字教材（数字教科书）的已有研究文献进行梳理后认为：当前数字教材的研究与实践已有了一定数量的成果，但整体仍处于起步阶段；相关研究主要受数字教材研发实践推动，多数研究还仅停留在理论的表层；信息技术与纸质教科书的融合较为机械，仍处于“拼接”阶段，已有产品案例显示出技术与教学内容只实现了浅层次的融合；关于数字教材的研究偏重“数字化”的努力，而缺少“教材（教科书）”的特征；从教科书出发研究数字教材仍是一项研究短板；此外，还存在当前数字教材的研究、设计视角过于狭小、孤立等问题；未来关于数字教材的研究必将从课程与教学的视角，在理论与实践层面进一步扩展与纵深。①康合太等则根据课程与教材的关系提出了数字教材的融合观，强调数字教材中课程与技术的融合关系②。《教育信息化十年发展规划（2011—2020 年）》指出教育信息化发展的关键之一是技术与教育的融合。融合观要求数字教材中能够体现课程与技术融合。从教材与课程的关系出发，数字教材中表现出的课程与技术融合至少包括课程内容与技术的融合、课程目标与技术的融合和课程结构与技术的融合三个方面。

（1）通过信息技术改变教材中课程内容的呈现方式，是课程与技术融合的最初级形式。数字教材中的内容除了具有文字、图片、图形、表格等常规的呈现形式外，还需要突出多媒体作用，根据教学需求采用音频、视频、交互动画等形式。

① 牛瑞雪．我国数字教科书的研究现状、不足与展望[J]．课程·教材·教法，2014，34（8）：19-25.

② 康合太，沙沙．数字教材的理论探索与实践——以第二代“人教数字教材”为例[J]．课程·教材·教法，2014，34（11）：33-39.

（2）课程目标与信息技术的融合体现在运用信息技术全方位支持课程目标的实现。数字教材的多媒体内容呈现本身具有促进完成课程标准中的知识目标的作用。此外，数字教材中需要围绕课程目标设计、开发各类应用性教学工具，以全面促进课程目标的实现。例如，为了实现英语学科的听、说目标，数字教材中可添加语音引擎等工具，这与传统教学材料相比，可更好地支持课程目标的实现，体现课程与技术的融合。

（3）数字教材中也能够体现课程结构与技术的融合。纸质教科书的内容编排是一种微观课程结构，是学科知识逻辑与教学逻辑的结合。微观课程结构是由学科知识结构和认知结构两者综合而成，一般教科书的内容编排以最优综合结构为目标，但由于纸质教科书自身限制，其所形成的最优综合结构无法与单纯的最优学科知识结构和最优认知结构并存。数字教材中的内容可以通过技术手段先被碎片化，再完成功能性重组，因此同一数字教材中能够展现多种内容编排次序，使最优综合结构、最优知识结构和最优认知结构同时存在，优化教材中的微观课程结构。

数字教材在教育领域下的另一个研究视角是教育技术学。教育技术学者普遍认为，数字教材发展对技术的依赖性很高，技术的发展对数字教材发展的影响比较大，数字教材的功能模型构建、设计原则及系统构建都是在技术的催促下发展的。台湾学者一般将数字教材称作电子教科书，认为电子教科书能改变师生互动与学习的形态，并提出电子教科书发展的四个阶段：最开始为单纯的补充教材，而非课堂中的正式教材；然后发展为加入数字互动内容的教材书；接着随着对数字教材移动端的强调，出现了配合特殊电子阅读器的电子教科书；再到目前随着移动设备的普及，配合移动端的电子书平台开始成为主流模式①。

① 方志华，杨国扬，刘宇阳，等．中小学电子教科书政策推展之评估整合研究[R]．台北：“教育部”，台北市立教育大学，教育研究院，2012.

（二）出版视角下的数字教材

出版视角下的数字教材主要涉及数字教材内容的设计与开发和数字教材发行两个方面。

在内容方面，由于本报告将数字教材定义为数字形态的教科书，因此应该首先关注出版领域对教科书的一些相关规定。中小学教科书一直是我国出版行业中的特殊出版物，国内曾颁布多项法律法规对中小学教科书的出版加以限制。例如，《中华人民共和国义务教育法》第五章“教育教学”第三十九条规定：“国家实行教科书审定制度。教科书的审定办法由国务院教育行政部门规定。未经审定的教科书，不得出版、选用。”《出版管理条例》第三章“出版物的出版”第三十条规定：“中学小学教科书由国务院教育行政主管部门审定；其出版、发行单位应当具有适应教科书出版、发行业务需要的资金、组织机构和人员等条件，并取得国务院出版行政主管部门批准的教科书出版、发行资质。纳入政府采购范围的中学小学教科书，其发行单位按照《中华人民共和国政府采购法》的有关规定确定。其他任何单位或者个人不得从事中学小学教科书的出版、发行业务。”《图书出版管理规定》第三章“图书的出版”第二十一条规定：“出版辞书、地图、中小学教科书等类别的图书，实行资格准入制度，出版单位须按照新闻出版总署批准的业务范围出版。具体办法由新闻出版总署另行规定。”从上述法律法规中不难看出，中小学（纸质）教科书在出版领域是极为特殊的。沿着这一思路，数字教材同样也应该是一种极为特殊的电子图书。出版行业一般认为出版由专业出版、教育出版和大众出版三大板块构成[①]，教育出版一直是图书出版行业中份额最大的板块，占据图书出版行业的60%以上，而中小学教科书则是教育出版中的核心出版物类型。考虑到教育出版的数字化转型升级是图书出版产业整体转型升级的关键，数字教材在出版领域中的重要性也就不言而喻了。关于数字教材内容设计与开发的具体内容见本章第三节。

① 陈洁．数字出版赢利模式研究报告[J]．求索，2009(7)：44-49.

在发行方面，数字教材的发行方式与传统教科书差别较大。数字教材出版涉及作者、出版社、运营商、终端设备商、数字发行平台和用户等，数字出版领域需要研究这些利益相关者之间如何取得平衡，数字教材的实践和应用也很大程度上依赖数字出版行业在技术、渠道、产业模式等方面的发展。夏莹从编辑和出版的角度提出，在出版战略上，出版社要积极面对教育资源信息化的趋势，逐步实现基础教育教科书和数字教学资源的现代化、数字化、立体化；在教科书的数字化过程中，需要掌握数字出版的规律，按照课程标准为学生提供课时、课程、学期、学年的整体解决方案①。周汶霏等认为，数字教材应坚持内容、服务与技术的有机结合，基于大数据和云技术等新技术手段细化受众市场，注重引导受众进行深度阅读、提升阅读涵养，避免浅显、碎片化的数字阅读方式成为削弱学习效果的因素②。此外，出版领域的相关学者与从业人员普遍关注数字教材的版权保护问题。

总之，当前出版视角下对国内数字教材的系统研究还比较少，主要工作集中在各出版单位的数字教材研发实践上。基于实践工作，数字教材在出版领域中存在的一些问题已经暴露出来，如数字教材的开发、传播技术不够专精，师、生的阅读习惯障碍，产业链利益分布不均，高成本带来的产品推广问题，版权保护问题，以及政府部门的相关政策不明晰等。

（三）技术视角下的数字教材

数字教材本身是信息技术与教科书两者的结合产物，技术对数字教材的影响主要体现在数字教材的开发、版权保护（见本章第二节）、教学应用等方面。近年来信息技术的快速发展，特别是移动互联网技术的普及应用，给数字教材的研

① 夏莹．谈数字出版对中小学教材出版的影响[J]．辽宁师专学报（社会科学版），2014（5）：139-140.

② 周汶霏，郭莉．教材出版数字化生存与发展[J]．中国出版，2014（24）：32-34.

发、应用带来了一定的变革。

总体看来，数字教材中涉及两类技术：一类是在电子（图）书中使用的一些通用技术，另一类则是在结合课程、教学形成的数字教材中使用的专用技术。其中，在电子（图）书中使用的通用技术相对成熟，而数字教材的专用技术目前还处于研究的初级阶段，尚未形成重要成果。

在开发方面，目前国内的数字教材技术格式主要有 Flash、PDF、CEBX、ePub 等，以及一些企业的自有格式。最常见的数字教材技术格式是 PDF，由于纸质教科书在印制前一般会有 PDF 格式的电子胶片，而其形式非常接近静态媒体数字教材，因此国内多数数字教材的开发都会优先采用基于 PDF 的开发技术。基于 PDF 电子胶片进行开发，可以有效避免数字教材开发过程中对原教科书内容进行排版、校对等处理所产生的工作量和成本。目前，人教社、外研社、北京出版社等多数出版单位都主要采用这样的技术，具体方式包括直接使用教科书的 PDF 版进行开发，或将 PDF 数字教材转化为 Flash 或出版单位自有格式的数字教材进行开发等。近年来，还有两种开发技术被部分出版单位尝试使用。一种是电子书格式标准 ePub 3.0，这一格式支持电子（图）书的流式排版，并能够实现跨平台阅读，对主流的 Windows、Android、iOS 等操作系统都能较好适配。同时 ePub 3.0 兼容 HTML5，这为在数字教材中设计各类可跨终端使用的交互教学功能提供了实现基础。另一种是苹果公司于 2012 年开始提供的 iBooks 应用，整套 iBooks 应用包括开发、阅读、购买、下载各类电子图书的诸多功能。iBooks Author 开发工具具有兼容 Word、PDF 的功能，同时还允许开发者在电子图书中插入画廊、媒体、3D 动画、交换图像、keynote 演示文稿、滚动边栏、弹出项等工具。使用 iBooks Author 可以制作出具有富媒体特性的数字教材。目前中南出版集团、人教社、北京师范大学出版社（以下简称为北师大出版社）等教科书出版单位正在积极尝试使用这些新的电子图书开发技术生产数字教材。

除了在开发中使用技术外，数字教材在应用时也需要相关技术的支持。在硬件方面，数字教材在使用时涉及各类移动学习终端。与一般电子书不同的是，考虑到数字教材的教学应用属性，目前国内几乎没有人首选单纯的电子书阅读器作为数字教材的阅读终端，电子白板、PC、平板电脑等设备能够提供的教学活动交互功能是有效应用数字教材的基本前提。硬件技术的发展一方面对数字教材的应用提供了便利条件，另一方面也对数字教材提出了新的要求。硬件技术与数字教材，两者的发展相辅相成。

数字教材的应用同样依赖数字化教育教学平台的支撑。数字教材本身的功能有限，不足以支撑教与学活动的全流程需求，特别是在基于网络的课堂教学互动、大数据采集与分析等方面存在明显不足，这就要求数字教材的研发技术与教育教学平台的研发技术衔接起来。当数字教材与教育教学平台、移动学习终端硬件组合为一个完整的信息化教学解决方案时，就形成了我们所说的电子书包。关于电子书包的终端、平台方面的技术将在本报告第四章、第五章详细论述。

总体说来，目前国内的数字教材开发技术和应用技术尚不成熟。市场上虽然已有一些实验阶段的数字教材产品出现，但尚未形成公认成功的技术方案，对数字教材在课程、教学方面的专用技术的研究，也仅处于需求分析阶段。数字教材在技术领域的研究工作仍面临较大挑战。

第二节　数字教材标准及知识产权保护

一、数字教材的标准化

（一）《中小学数字教材加工规范》行业标准

数字教材是一种非常重要的数字出版产品，也是信息化环境下教学的基础性资源。鉴于数字教材自身在数字出版和教育信息化领域中的重要作用，2013 年人教社提出了“数字教材有必要进行标准化工作”。

数字教材的标准化有两个重要的出发点。一方面，对我国目前的教育信息化来说，如果数字教材设计与开发缺少了标准，则众多出版社或信息技术企业易开发出彼此不兼容的数字教材。从实际应用来看，目前我国实行中小学教科书审定制，共有七十余家出版社通过审定并出版中小学教科书，总体上看教科书版本较多（仅个别学科的教科书是统一版本的）。通常中小学生都会使用两个或两个以上出版社出版的教科书，互不兼容的数字教材势必会给使用者带来麻烦。《国务院关于第六批取消和调整行政审批项目的决定》[①]决定取消“中小学国家课程教材编写核准”的行政审批（注：此处仅取消了编写核准，并未取消内容审定），这意味着未来可能会有更多的出版机构参与到中小学教科书的编写和出版中来，使得教科书版本更为复杂多样。因此，从教学应用的角度看，数字教材有标准化的必要。另一方面，对教材的开发和出版管理来说，由于中小学教科书的特殊性，在新闻出版领域也一贯需要针对纸质教科书制定特殊的标准（相对于一般图书的标准而言）。例如，《中小学生教科书卫生要求》（GB/T 17227—2014）、《中小学教科书幅面尺寸及版面通用要求》（GB/T 18358—2009）、《中小学教科书用纸、印制质量要求和检验方法》（GB/T 18359—2009）等都是教科书开发和出版管理的特殊标准。数字教材在教育信息化领域的重要程度和产业潜在价值均与纸质教科书类似，因此也有必要制定一系列的国家或行业标准来对其进行规范。

2014 年 1 月，人教社和中国新闻出版研究院牵头召开数字教材标准化工作研讨、论证会议，多位出版行业专家和业内企业代表都表达了有必要对数字教材进行标准化工作的意见，以及应该尽快启动相关工作的建议。2014 年 9 月，《中小学数字教材加工规范》（CY/T 125—2015，原名称为《数字教材加工及检测》）标准启动会在北京召开，目的是对数字教材的定义、内容结构、技术参数、质量要求、检测要求与方法等提出规范。该标准在 2014 年下半年开始研制，并于 2015 年 1 月 29 日由国家新闻出版广电总局发布实施。

① 中华人民共和国国务院．国务院关于第六批取消和调整行政审批项目的决定[EB/OL]．[2015-07-25]．http://www.gov.cn/zwgk/2012-10/10/content_2240096.htm．

《中小学数字教材加工规范》（以下简称为《规范》）是国内首个关于数字教材的行业性标准，主要面向本章第一节中所说的国家课程数字教材。《规范》的主要内容包括了数字教材的相关术语与定义、组成结构、技术要求和功能要求四个部分，其中最为重要的是数字教材（在此标准中主要指国家课程数字教材）的定义和组成结构。在《规范》中，数字教材的定义是："以经国家教育行政部门审定通过的国家课程教科书为内容基础，并包含相关辅助资源、工具的，用于教学活动的电子图书"。虽然该定义中的"国家课程数字教材以纸质教科书为内容基础"与本报告对数字教材的"依据课程标准（或教学大纲）系统设计、开发"的定义有所差异，但二者在本质上是一致的，因为纸质教科书即是依据课程标准（或教学大纲）系统编写和开发的，只不过《规范》中的定义更为强调数字教材的合法性，因此要求基于经审定的教科书进行加工。此外，《规范》还提出了数字教材可以包含（非必须）相关辅助资源、工具，这是基于当前国内各出版社推出的各种数字教材案例和实际教学需要而进行的规范，与本报告提出的定义也基本一致。从定义的出发点来看，本报告中的数字教材定义偏于学术，而《规范》中的定义偏于实用，但两者的内在则是相同的。

《规范》的另一个重要内容是国家课程数字教材的组成结构。《规范》中的国家课程数字教材组成结构是基于现有各类数字教材的实际结构归纳形成。总体上看，国家课程数字教材由数字教材主体部分、组件部分和使用说明三个部分构成（见图 2–2），前两个部分分别对应定义中的教科书、资源与工具。其中，数字教材主体部分和使用说明是必备的，组件则是可选的。根据定义，数字教材的主体部分是依据纸质教科书转化而来，本质上即是前文讨论过的静态媒体数字教材。《规范》要求数字教材的主体部分内容以纸质教科书为基础，但可以在不改变章节目录结构的基础上包含少量修改。组件是与教科书内容相匹配的各类教学资源或学习工具，是构成多媒体数字教材或富媒体数字教材的重要部分。《规范》列举了文字、图片、音频、视频、课件和虚拟学具六类组件，并对每一类组件的构成要求进行了详细规定。考虑到数字教材是一种软件类产品，《规范》将使用说明列为一个必备组成部分，用于说明数字教材的内容（概述）、使用环境、操作方法等。

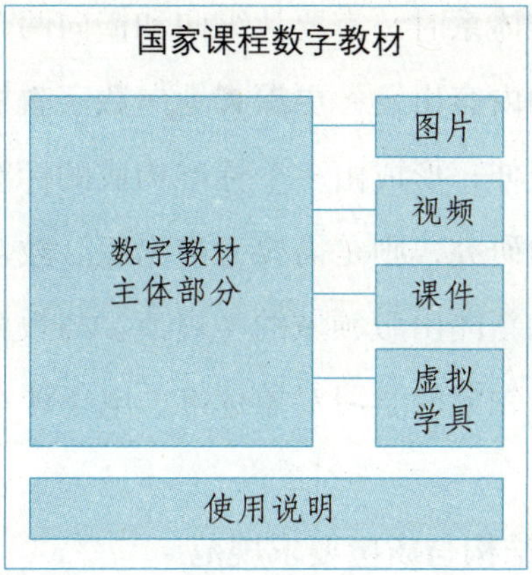

图 2-2　《中小学数字教材加工规范》中数字教材的组成结构示意图

总体来看，《规范》是数字教材标准化研究工作的一项里程碑式的成果，《规范》的研制从理论探索和实践产品案例分析两个方面对国家课程数字教材的定义、组成结构、技术功能要求等方面给出了具有参考价值的结论，这对当前我国基础教育数字教材的研究与实践都具有一定的借鉴和指导意义。但另一方面也应该看到，数字教材的标准化研究是一项必要而又复杂的工程。《规范》中对组件内容的审定、数字教材内容质量要求、一致性检测、网络功能等方面的内容还没有涉及，今后仍需在《规范》的基础上逐渐研究完善数字教材的标准体系。

（二）数字教材的标准化研究趋势

1. 数字教材的标准体系建设

由于数字教材涉及教育、出版、信息技术等多个领域，本身具有一定的复杂性，因此很难单靠一个标准来完成对数字教材设计、开发、应用的规范与指导，从可行性的角度来看，需要建立一个数字教材的标准体系。除了前面提过的《规范》外，目前我们能够预见到需要制定的标准还包括数字教材元数据、数字教材标识、数字教材质量要求及检测、数字阅读器等诸多方面，并且最终应完成一个数字教材的标准体系。

在建立数字教材标准体系时，需要从纵向和横向两个角度进行研究。纵向研究，主要是从《规范》的内容出发，更深入地向数字教材研发、传播、应用中的其他需要标准化的环节延伸，形成由多个标准构成的标准体系，标准之间纵向关联形成统一的整体。横向研究，则是需要考虑出版、教育、信息技术等不同领域标准之间的衔接问题，如新闻出版领域的《规范》与教育领域的课程标准、教具学具标准，以及信息技术领域的学习对象标准、电子课本标准等如何衔接与相互兼容。

2. 数字教材的内容结构与质量要求规范

数字教材的内容以纸质教科书为基础，同时又有所发展，因此需要有相应标准规范纸质教科书原内容与数字教材拓展内容之间的内容结构关系，规范出哪些内容是必须的，哪些内容是可选择的。同时，考虑到纸质教科书本身的质量要求高于一般图书，在研制数字教材时也有必要基于电子图书质量标准的研究现状并结合数字教材的实际需求，制定要求更高的质量规范。该质量要求一方面应不低于纸质教科书、电子图书等可参考的规范要求，另一方面也应是可操作的。

此外，数字教材中交互性内容的技术规范和审定方法是数字教材质量控制的关键问题。前文曾多次提及，中小学教科书的研发、出版应基于审定原则。《规范》之所以强调数字教材要基于已审定过的教科书进行加工，根本原因还是当前数字教材中存在一些难以审定的元素，其中最为重要的是交互性内容的审定问题。交互性内容的审定难点在于内容呈现与交互行为相关，很难通过穷尽交互行为的方式进行内容审定。因此，今后的一个研究重点可能是规范交互性内容的技术与格式，以期达到能够基于交互规则（而非全部交互行为）进行内容审定。

3. 数字教材信息模型和元数据规范

数字教材是一种信息化产品，其技术属性的规范也是标准化的重要方面，而数字教材的信息模型和元数据规范则是数字教材技术规范的重要方面。较为理想的数字教材行业状态应是通过统一的阅读器阅读使用符合行业标准的大部分数字教材，而这也对中小学生实际使用不同版本的数字教材形成便利。规范统一的数字教材信息模型和元数据，将对未来数字教材的大范围应用起到巨大的推动作用。当然，这部分规范的研制具有相当的难度，需要兼顾体系不同的新闻出版元数据标准和教育信息化元数据标准，使两者达到协调一致。这将是未来摆在数字教材标准化研究工作面前的一道难题。

二、与数字教材相关的其他标准

（一）电子课本标准

在标准研究领域，电子课本的标准化工作起步较早。由于电子课本在概念内涵方面要比数字教材广泛（主要就内容层面而言），限制因素较少，因此电子课本的标准化难度相对较低一些。尽管如此，电子课本标准对今后数字教材的系列标准化研究工作也有一定的参考价值。

《新媒体联盟地平线报告》2010 版和 2011 版两个报告都指出，电子课本（e-Textbook）技术将在未来二至三年内发展成熟，电子课本作为一种特殊的教育专用电子书，代表了电子书的教育应用方向，逐渐进入出版行业和教育领域。电子课本能部分代替传统的纸质教学资源，并以更丰富的媒体形式展现教学内容，是实现数字学习的重要载体。为统一电子课本和电子书包标准，全国信息技术标准化技术委员会和教育部教育信息化技术标准委员会联合组建了电子课本和电子书包标准专题组，华东师范大学上海数字化教育装备工程技术研究中心牵头组建标准研制队伍。到 2015 年年底，《电子课本与电子书包体系总体框架》《电子课本信息模型》《电子课本内容包装》等标准已先后完成国家标准立项。

电子课本与电子书包标准专题组包括电子课本、虚拟学具、学习服务、学习终端和总体架构五个专题项目组，分别研制的电子课本标准、虚拟学具标准、学习服务标准、学习终端标准和电子课本与电子书包体系总体框架五类标准构成了电子课本与电子书包标准体系框架，并作为首期研发技术标准①。其中，电子课本标准包括电子课本信息模型、格式规范、元数据、内容包装、XML 绑定以及实践指南等内容。

《电子课本信息模型》标准主要基于教育信息技术领域对电子课本的需求分析，同时依托对与电子课本相关的电子阅读、数字化学习标准的分析来进行电子课本的定义和建模。电子课本信息模型分为三层，对 e-Publishing 领域与 e-Learning 领域的资源进行符合教育特性的模块化包装，并从教学应用的角度对新的模块进行分类、重组、聚合。在信息模型的第三层结构，定义了电子课本应用特有的行为控制操作，从而来完成对资源内容层次的互操作。②

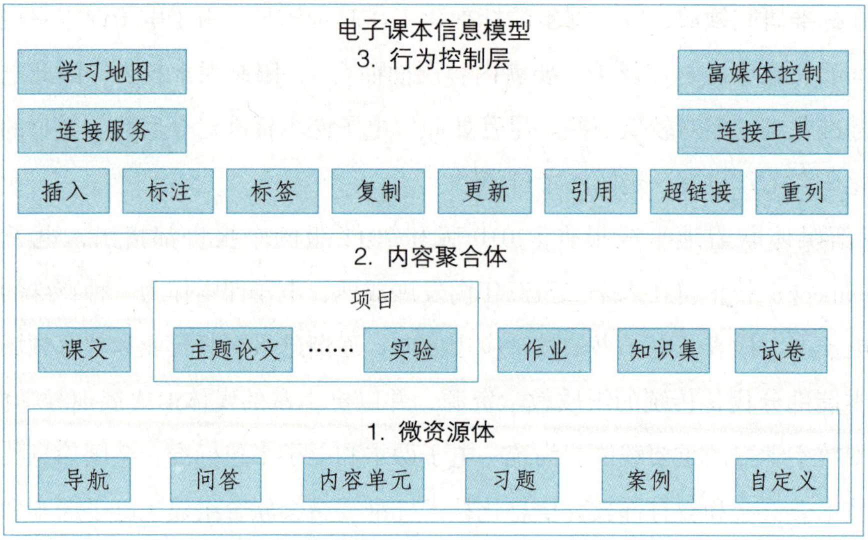

图 2-3 电子课本信息模型

① 吴永和，祝智庭，何超．电子课本与电子书包技术标准体系框架的研究[J]．华东师范大学学报（自然科学版），2012(2)：70-80．

② 顾小清，傅伟，齐贵超．连接阅读与学习：电子课本的信息模型设计[J]．华东师范大学学报（自然科学版），2012(2)：81-90．

在信息模型的基础上，电子课本的包装规范也是亟待解决的重要问题。内容包装设计为数字资源定义了一种标准的数据结构，该结构绑定了足够的附加信息，以便于资源的快速检索、有效共享和交换。《电子课本内容包装》标准编制的基本原则是尽可能兼顾国际与国内的现有标准，尽可能实现对现有数字阅读资源与数字学习资源的重用，尽可能在具有数字阅读特性的基础上体现数字学习的专业特性。2012 年华东师范大学电子课本与电子书包标准研究团队提出内容包装规范，该规范以信息模型为基础，统一了电子课本内容包装元素、结构和方法，并从技术角度给出了一整套电子课本内容包装问题的解决方案，其中使用通用的 zip 文件作为格式容器。该设计方案主要由电子课本内容包装模型、内容对象包装模型、元数据模型等组成①，此外还涉及电子课本的 DRM 抽象模型。

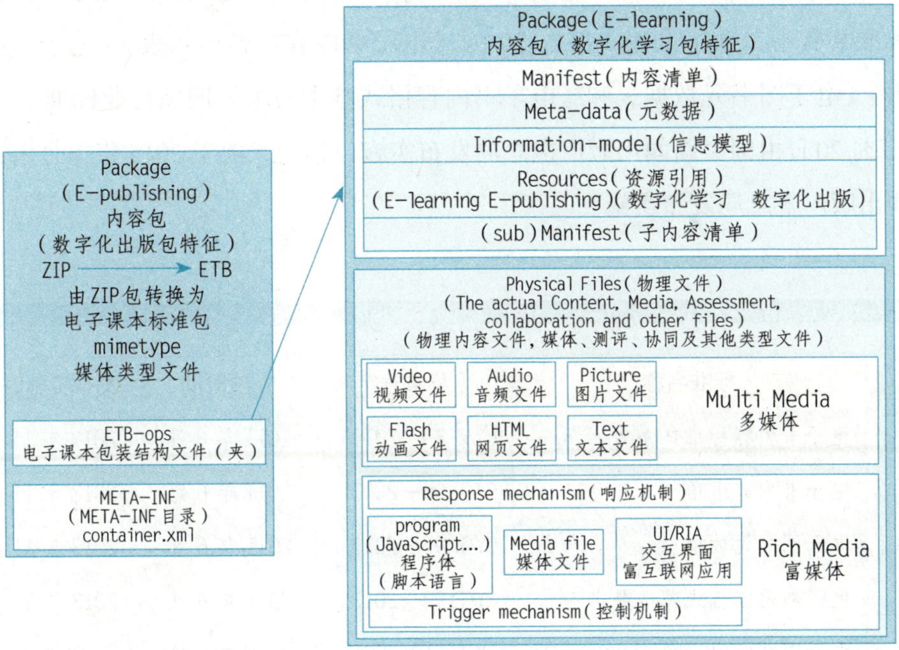

图 2-4　电子课本内容包装结构

① 傅伟，顾小清．兼容与超越：电子课本的内容包装设计[J]．远程教育杂志，2013(2)：80-87．

（二）电子书标准

数字教材或电子课本都是由电子书发展而来。国内电子书标准的研究大致可分为两个领域：一是电子书内容标准研究，另一个是电子书技术标准研究。2010年前后，原新闻出版总署、工业和信息化部分别牵头组建了电子书内容标准和电子书技术标准的研究组。

2010年10月9日，原新闻出版总署发布《关于发展电子书产业的意见》，其中强调"加快电子书标准制订"，提出："组织成立电子书标准工作组，研究制订电子书格式、质量、平台、版权等方面的行业及国家标准。加强对电子书的质量检测、认证等工作，为促进电子书产业发展提供标准支撑。"2010年10月，"电子书（内容）标准项目组"召开第一次会议，开始组织研制各项电子书内容标准。从2010年至2014年，由全国新闻出版标准技术委员会立项的电子书内容系列标准共有十二项（见表2-1）。其中，《电子书内容标准体系表》《电子书内容术语》《电子图书元数据》和《电子书内容格式基本要求》四项行业标准于2013年11月20日由国家新闻出版广电总局发布实施，其余八项于2015年1月由国家新闻出版广电总局发布实施。

表2-1 电子书内容系列标准一览

	标准名称	标准号	立项时间	发布实施时间
1	电子书内容标准体系表	CY/Z 25—2013	2011年6月	2013年11月
2	电子书内容术语	CY/T 96—2013	2011年6月	2013年11月
3	电子图书元数据	CY/T 97—2013	2011年6月	2013年11月
4	电子书内容格式基本要求	CY/T 98—2013	2011年6月	2013年11月
5	电子图书标识	CY/T 110—2015	2011年6月	2015年1月
6	电子图书质量基本要求	CY/T 111—2015	2011年6月	2015年1月
7	电子图书版权记录	CY/T 112—2015	2011年6月	2015年1月

续表

	标准名称	标准号	立项时间	发布实施时间
8	电子图书阅读功能要求	CY/T 113—2015	2011 年 6 月	2015 年 1 月
9	电子图书质量检测方法	CY/T 114—2015	2011 年 6 月	2015 年 1 月
10	电子书内容版权保护通用规范	CY/T 115—2015	2011 年 6 月	2015 年 1 月
11	电子书内容平台基本要求	CY/T 116—2015	2011 年 6 月	2015 年 1 月
12	电子书内容平台服务基本功能	CY/T 117—2015	2011 年 6 月	2015 年 1 月

注：除了国家新闻出版广电总局，文化部也于 2014 年发布了一个电子图书相关标准——《电子图书元数据规范》（WH/T 64—2014）。

国内关于电子书的技术标准一直由全国信息技术标准化技术委员会归口，早在 2002 年，第一项电子书标准《电子图书阅读器通用规范》（GB/T 18787—2002）就已颁布。工业和信息化部在 2009 年开始牵头筹备电子书标准的研制工作，并于 2010 年 4 月 23 日成立“全国信息技术标准化技术委员会电子书标准工作组”。该工作组主持研制的电子书技术标准共有四个部分，其中的《信息技术　电子书　第 1 部分：设备通用规范》（GB/T 18787.1—2015）、《信息技术　电子书　第 3 部分：元数据》（GB/T 18787.3—2015）和《信息技术　电子书　第 4 部分：标识》（GB/T 18787.4—2015）三项标准已于 2015 年 12 月 31 日由国家质量监督检验检疫总局正式发布，并将于 2017 年 1 月 1 日正式实施。

（三）与数字教材相关的其他标准

数字教材是教育信息化时代的产物，除了上述的数字教材、电子课本、电子书标准外，不少信息技术标准也与其息息相关。CELTS（Chinese E-Learning Technology Standards），即中国网络教育技术标准体系，是全国信息技术标准化技术委员会教育技术分技术委员会通过分析国际标准工作，参照 IEEE 1484 标准，并根据我国教育实际情况编写而成的。CELTS 标准包含五类标准，分别是指导性标准、学习环境相关标准、学习资源相关标准、学习者相关标准和教育管理相关标准。

在指导性标准方面，全国信息技术标准化技术委员会教育技术分技术委员会建立了《体系架构与参考模型》（CELTS-1）、《基于规则的 XML 绑定技术》（CELTS-4）等标准，其中 XML 是可扩展标记语言标准，XML 1.0 于 1998 年 2 月由 W3C 组织发布。学习资源类标准包括《简单课程编列》（CELTS-8）、《内容包装》（CELTS-9）、《学习对象分类代码》（CELTS-28）等，其中的《内容包装》（CELTS-9）是国内主要的数字学习包格式，借鉴了国外比较有影响力的由 IDPF 组织研发的 ePub 标准、ADL（Advanced Distributed Learning）组织研发的 SCORM 标准，以及 IMS（Instructional Management System）组织研发的 IMS-CC 标准等。另外，全国信息技术标准化技术委员会教育技术分技术委员会还建立了《电子学档（电子档案袋）》（CELTS-12）、《教育服务质量管理》（CELTS-24）、《数字权利描述语言》（CELTS-32）、《普通中小学校管理信息》（CELTS-35）等标准。

三、数字教材知识产权保护

（一）数字教材知识产权保护的范畴

知识产权的保护对象是智力成果、商业标志和其他具有商业价值的信息，它们是非物质性的信息。不管是智力成果，还是商业标志，都具有财产价值，而且都具有非物质性。[①]知识产权的保护可分为著作权的保护、专利权的保护和商标权的保护三个部分[②]。

1. 著作权的保护

任何作品都会涉及思想内容与表现形式的二重性，著作权的保护范围只涉及

① 张玉敏．知识产权的概念和法律特征[J]．现代法学，2001，23(5)：103-110．
② 杨中毅，杨力元．知识产权的保护范围及侵权界定[J]．甘肃科学学报，2003，15(3)：126-128．

作品思想内容的表现形式，不包含作品思想内容本身，这一原则也是世界上很多国家著作权立法的通则。《世界知识产权组织版权公约》中有明确规定，复制权同样适用于数字环境，尤其是数字化作品的情况。通过影印、扫描、摄影等手段得到的新的数字化作品，只是原始作品的新形式，没有内容创新，不能被视为新作品①，而应被视为原作品的一种复制品。在以复制等方式使用他人享有著作权的作品时，一定要首先征得著作权人的同意，并且按照有关规定支付一定的版权报酬。

结合我国现行的《著作权法》可知，数字教材著作权首先是涉及纸质教科书中原本具有著作权限制的作品的信息网络传播权和改编权问题。目前，大多数数字教材主要是依据课程标准和纸质教科书进行设计和研发。对于课程标准，由于其属于一种具有强制力的行政文件，因此不在《著作权法》的保护范围内；而纸质教科书，则属于具有明确著作权归属的作品。

传统教科书的著作权构成，通常涉及两类情况。第一类是语文、英语、音乐、美术等学科的教科书，其内容主要是通过汇编各种作品篇章，并进行一定程度的延伸创作而形成的。整体而言，这类教科书属于汇编作品，教科书的署名著作权人具有该汇编作品的整体著作权，但教科书中所收录的课文及音乐、图片等作品的原作者仍享有该课文或作品的各项著作权。第二类是数学、物理、化学、历史、品德等学科的教科书，这些学科的教科书一般不是汇编作品，而是由教科书的著作权人组织作者原创形成。显然，汇编作品的著作权构成情况要明显比原创作品复杂。

纸质教科书自身的著作权构成的复杂性，导致了数字教材的研发需要格外注意著作权问题。对于原创类纸质教科书，在开发其相应的数字教科书时，应首先获得教科书的著作权人的授权。对于汇编类纸质教科书，除了要获得教科书的著

① 翟春春．图书馆知识产权保护若干法律问题探讨[J]．江苏警官学院学报，2005，20(3)：77-80．

作权人的授权外，还需要获得教科书中具体文字、图片、音乐作品的著作权人的授权。这样研发出的数字教材才是完全符合著作权法的。

另外还必须注意，对于简单的完全与纸质教科书相同的数字版本，即本报告中所称的静态媒体数字教材，数字教材的著作权原则上仍归纸质教科书的著作权人所有。对于多媒体、富媒体类型的数字教材，数字教材本身已构成一个新作品，不仅在整体上具有独立的著作权，并且其中包含的每个多媒体或富媒体资源也是有独立著作权的，甚至数字教材研发中涉及的软件部分（如阅读器等）也具有相关的软件著作权。这就使得数字教材的著作权结构变得非常复杂，也使相关的版权保护工作变得非常重要。

2. 专利权的保护

对于数字教材，专利保护的对象主要涉及四类情况：第一类是开发数字教材的专利性技术，第二类是数字教材开发、阅读、使用的专利性方法，第三类是数字教材使用、运营过程中形成的具有专利性的系统，第四类是与数字教材阅读和应用相关的专利性外部设备。目前国内已经获得授权的专利主要集中在第四类，多是以“电子教材”“电子课本”等为名的终端阅读设备。另外，还有少量专利涉及数字教材的阅读系统和开发系统，如北京东田教育科技有限公司的《交互式电子课本物理媒体分层方法》（专利公布号：CN103135990A）等。

3. 商标权的保护

当前在数字教材的生产、研发过程中所涉及的商标权问题，主要是源于数字教材所对应的纸质教科书中存在的商标问题，偶尔会出现商标盗用、滥用的情况。但这种商标权保护的问题与数字教材自身并没有什么直接关系，只有当某些产品形成品牌后，才会涉及单独的商标权保护。由于当前数字教材的研究仍处于起步阶段，具有明显品牌特征的需要保护其商标权的数字教材产品尚未形成。尽管如此，数字教材的独立商标仍是未来数字教材产业发展过程中应予以关注的一个问题。

综上所述，数字教材是教材设计开发者的劳动成果，设计开发者享有相关的知识产权。随着数字教材的逐渐普及，一些不法之徒试图利用技术盗版、私自篡改数字教材以谋取利益。作为一种数字化学习资源、工具和产品，数字教材涉及众多利益相关者。张洪艳、傅伟等提出，互联网的开放性、易复制性和易传播性使数字教材的知识产权和版权受到挑战，如何兼顾与平衡相关各方的利益，在全球范围内都是一个极为敏感的问题。知识产权管理的核心就在于促进合理使用和利益平衡。①②许哲等基于针对两轮共计五十七个电子课本国际用例的分析指出，各方利益相关者普遍希望在数字教材中加载规范的数字版权管理功能，以保护数字教材利益相关方的权益，促进数字教材的健康发展③。

（二）数字出版领域版权保护技术

根据施勇勤等进行的归纳，目前数字出版领域常用的数字版权保护技术主要有以下几种：（1）数字加解密技术，基于密码学原理，利用密钥将文件加密成密文，授权用户得到解密的密钥才可以使用文件；（2）数字指纹技术，主要通过数学函数（Hash 函数）对数字内容处理之后得出一个结果，并对这个结果进行记录和保护，如果之后内容更改或变化（只要有一个字节不同），那函数计算出来的结果就会与原来的结果不一样，进而比对使用者是否被合法授权；（3）数字签名技术，是一种基于密钥加密技术的防护措施，即利用对信息数据进行编码和信息附加改变所形成的签名来进行身份的验证；（4）数字水印技术，通过数字水印系统，以人肉眼不能识别的形式将产权人的版权标志嵌入媒体中，人们无法从表面上感知水印，只有专用的检测器或计算机软件才可以检测出隐藏的数字水印；（5）身份鉴别技术，是数字版权保护技术的基础，主要有用户名密码、硬件

① 张洪艳．探索教材数字化道路[J]．出版参考，2010(19)：8-10.

② 傅伟，葛鑫，屈劲，等．电子课本数字版权管理方案设计与技术验证[J]．现代远程教育研究，2014(1)：72-78.

③ 许哲，顾小清．电子课本国际标准的发展与追踪调研[J]．现代远程教育研究，2014(1)：62-71.

标志、公钥基础设施（Public Key Infrastructure，PKI）技术，还有正在研发的生物识别技术等；（6）资源标识技术，通过给数字内容分配一个唯一标识，实现权限管理，只有该唯一标识与权限许可证里的标识一致，才可以使用内容；（7）密钥管理技术，主要是对数字版权保护体系中的密钥进行管理，包含密钥产生、密钥的安全交换、密钥安全存储、密钥吊销、密钥契约和密钥验证等问题；（8）权利描述技术，权利描述语言是用于表述数字内容关于使用权利的语言，具有通用性，可以被网站、文本、图片、图像、音乐、流媒体等广泛认知；（9）硬件绑定技术，目前数字版权管理技术应用中比较常见的是软硬件结合模式，硬件绑定技术通常与数字加解密技术相配合，实现内容的防拷贝和防扩散；（10）安全通信技术，是最基础的信息交换安全技术，有两种常见模式，一种是利用通用的网络安全信道技术，另一种是使用自定义的算法对网络通信内容进行处理；（11）安全容器技术，采用加密的机制，将数字内容、版权信息和使用规则封装在一个不可篡改的、带有保护性的信息安全包内，形成所谓的安全容器；（12）芯片控制加密技术，通过芯片来存储加密的数据、密钥、身份鉴别信息、使用权限信息、使用浏览工具信息等版权保护的相关信息，以控制和保护版权。①

（三）数字教材版权保护方案

数字教材的版权保护，目前主要有两种模式：一种是开放共享许可的版权保护模式，如倡导“部分权利保留”的知识共享许可协议（Creative Commons，CC）；另一种是以 DRM 为基础的版权保护模式，主要通过数字水印和加解密技术实现数字教材在一定授权范围内的使用。目前在出版领域，前一种模式的应用较少，部分个人设计开发的“开放教材”采用这种允许任何人使用、编辑、修改、再创作的版权保护模式。在这种模式下虽然数字教材的使用者会得益，但数

① 施勇勤，张凤杰，马畅．数字版权保护技术的概念、类型及其在出版领域的应用[J]．科技与出版，2012(3)：57-59．

字教材的商业出版者和服务提供商却难以保障自身的基本权益。因此，在出版领域更需要一套轻量级、易实施的数字教材 DRM 方案，以满足保护知识产权的基本需要。

当前，DRM 已形成了一个潜在的庞大市场，世界上许多科研机构和公司都介入其中。例如：Intertrust 公司的基于数字水印标记的 DigiBox 技术，可以借助技术手段取得法律证据；IBM 公司的 Cryptolope 技术依靠安全加密方法封装要保护的数字媒体信息的内容，以便限制非授权用户使用，保证授权用户的正常使用；此外，Philips 公司主推的 Marlin、Microsoft 公司的 WMRM（Windows Media Rights Manager）、Adobe 公司的 DRM 解决方案，以及国内比较知名的北大方正集团所开发的 DRM 方案等，也都是当前已得到应用的版权保护措施。

《电子书内容版权保护通用规范》（CY/T 115—2015）①给出了一个较为常用的电子书 DRM 规则。如图 2-5 所示，该标准中所涉及的实体包括内容提供方（出版社）、内容分发方（电子书内容发布者）、DRM 服务方（授权中心）和用户等。其中，内容提供方负责内容的生成，内容分发方负责内容的分发，DRM 服务方则在电子书系统中控制安全流动和依据授权的访问。

CY/T 115—2015 提出了电子书 DRM 应支持的多种版权授权模式，包括用户通过购买获得永久授权、用户通过订阅获得订阅期内的授权、电子书内容发布者在获得授权后转授给另一个发布者，以及分段授权等。在技术方面，该标准规定电子书的内容许可证应规定用户对加密电子书的使用行为，提出应建立许可证与电子书内容之间的关联关系，但电子书内容发放时间与许可证的发放时间应彼此独立。

① 全国新闻出版标准化技术委员会. 电子书内容版权保护通用规范：CY/T 115—2015[S]. 北京：中国书籍出版社，2015.

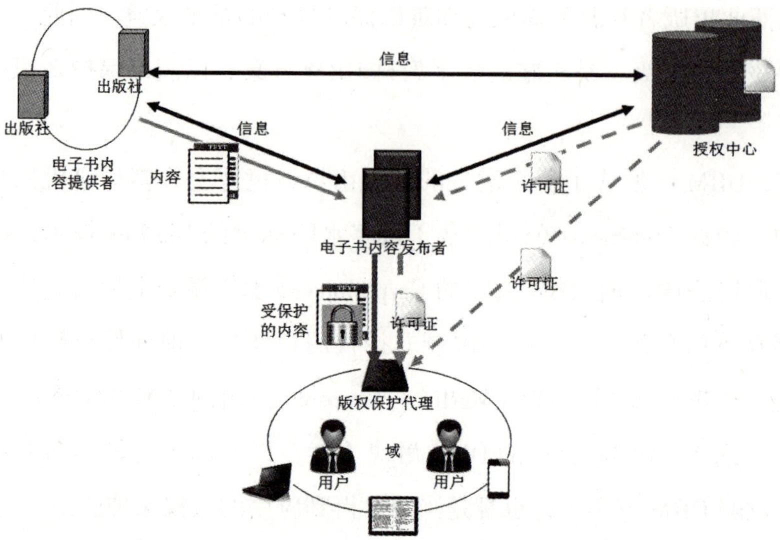

图 2-5 《电子书内容版权保护通用规范》中的 DRM 体系架构

傅伟等认为这种应用于电子书的 DRM 规则也可以适用于数字教材（或电子课本），并进行了相关验证实验。与一般电子书相比，数字教材可能包含各种多媒体、富媒体资源，因此对 DRM 的系统性能和兼容性要求较高。适用于数字教材的 DRM 系统的基本架构包括服务器端和客户端两部分。用户可以在服务器上注册、浏览并下载受保护的内容。电子课本客户端解析受保护的内容，在 rights.xml 文件的引导下，利用 DRM 客户端从 DRM 服务器获取许可证和相关 DRM 对象（如用户和设备节点），并利用 DRM 客户端鉴权许可证，通过一定流程解密内容后，将数字教材的内容展现给授权用户。①

① 傅伟，葛鑫，屈劲，等. 电子课本数字版权管理方案设计与技术验证[J]. 现代远程教育研究，2014(1)：72-78.

第三节　数字教材设计与开发

一、数字教材的设计

数字教材的设计与数字教材的应用目标密切相关。对比静态媒体数字教材、多媒体数字教材和富媒体数字教材，由于富媒体数字教材的结构、内容、功能最为复杂，因此其设计方式也是当前研究的一个热点。从目前的研究和实践来看，市场上已有的各版本数字教材在设计上较为相似，缺少突破和创新。

人教社在研发第二代“人教数字教材”时提出了富媒体数字教材的四个设计原则。第二代“人教数字教材”的内容设计和功能设计充分考虑到了课程论、教学论和教育技术学等基础理论，基于实际的可操作性形成了“以课程标准为依据”“以纸质教科书为蓝本”“基于适用技术”和“标准化”四个设计原则。在这四个原则中，“以课程标准为依据”是数字教材能够被有效应用的必然原则。“以纸质教科书为蓝本”则是基于目前数字教材行业整体情况的一种选择。应该指出的是，如果脱离纸质教科书，纯粹依据课程标准重新构建数字教材的内容与功能并不是错误的做法，但在实际的教与学活动中，数字教材与纸质教科书在内容上保持一致、连贯是一个从实践中提出的必要条件。同时，基于教科书自身的国家战略地位，数字教材的设计在现阶段也必须考虑数字教材与纸质教科书的衔接问题。“基于适用技术”的原则是考虑到了数字教材在教育信息化推进过程中的实际应用。很多业内研究者认为应使用新技术更好地支撑教学活动，但从数字教材的核心观来看，采用成熟稳定的普适技术开发数字教材的内容和功能则更为适当。考虑到我国的教育信息化推进情况，数字教材作为信息化环境中的核心资源，其应用范围可能覆盖到上亿师生。数字教材中所采用的技术越具有普遍的适用性，就越能够推进教育信息化的常态应用。反之，一些新技术虽然先进、强大，但对网络、硬件等方面的要求高，令很多学校、家庭实际难以满足其要求，因此不适于被作为核心性课程资源的开发技术。[①]“标准化”的问题在本章第二节已论述过，这里不再赘述。

吕永林等从以学生为中心的角度出发,考虑学生的主体性和教学方法的现代化，提出数字教材（网络教材）的设计原则，包括方便性原则，多媒体、智能化和协作化教育原则，科学性、共享性和交互性原则，创新能力培养和个性化教育原则等。方便性是指教材应易于学生操作和运行，提供最大限度的方便；多媒体、智能化和协作化教育原则是指利用各类信息技术形成的教材，应包含图形、图像、音视频等多种媒体，能够仿真虚拟现实情境，并支持师生之间的交流与协作；科学性、共享性和交互性原则是指设计的教材要保证内容准确、逻辑严密，支持学生随时获得提示与反馈，并能实现资源共享；创新能力培养和个性化教育原则指的是教材设计既要保证教材内容的系统性还要考虑学生的个性化发展。[②]

康合太对于数字教材的最终设计效果提出若干原则，包括教育性、科学性、集成性、交互性、实用性、个性化、经济性等。在这些设计原则当中，一部分是各种形态的教材通用的原则，另一部分则是当前数字教材独有的设计原则。教育性是指数字教材的内容、构件应遵循认知规律，有明确的教学目标，有助于学生加深对知识的理解和掌握，以及激发学生的求知欲；科学性指要保证数字教材的内容与交互都能正确无误、逻辑严谨；集成性指富媒体数字教材中应体现信息载体的集成，即设计者要考虑如何对文字、图形、图像、动画、声音等进行艺术加工和处理，做到科学选择、优化组合媒体形式，使每种媒体形式的特点和教学内容得以充分展示；交互性指教师、学生对媒体操作方便、控制灵活，学习者可以

① 康合太，沙沙．数字教材的理论探索与实践——以第二代“人教数字教材”为例[J]．课程·教材·教法，2014，34(11)：33-39．

② 吕永林，宇正华．关于网络教材设计的几点思考[J]．现代远程教育研究，2002(1)：25-27+63．

根据学习的程度与需要随时搜索、寻求帮助与评定，人与计算机之间形成一问一答，互相交流信息；实用性指在数字教材的设计上要充分考虑教学内容与学习者的实际情况和应用场景，使设计出的内容、功能对师生而言是实用的；个性化指在数字教材的设计上应考虑学生在认知方面和学业水平方面存在的个性化差异；经济性指在数字教材的设计上应考虑要以利用较少的投入研发高质量、高性价比的多媒体资源为目标。①

全国信息技术标准化技术委员会及教育部教育信息化技术标准委员会下属的电子课本与电子书包标准专题组在《电子课本与电子书包标准体系研究报告（技术白皮书）》②中提出了电子课本设计的四项原则，包括富媒体性、交互性、开放性和关联性。这些设计原则对富媒体数字教材而言也具有一定的指导意义，但鉴于当前数字教材的研究与实践尚不完善，开放性和关联性原则在实际的数字教材开发和应用中较少被采用。

龚朝花等在研究了常见的数字教材后认为，数字教材（电子教材）的设计可以从呈现形态、媒体类型、笔记工具、作业工具和管理工具五个方面考虑③。目前的富媒体数字教材普遍具有的设计特点是：在呈现形态方面，具有图书仿真功能，能够实现原版纸质教科书的再现；在媒体类型方面，提供图文混排及音视频资源；在笔记工具方面，具有高亮、书签、笔记等功能；在作业工具方面，对各种客观题（如选择题、判断题等）可以进行即时反馈；在管理工具方面，大部分具有数字教材支持服务系统。

① 康合太．中小学新课程网络资源构建探究[J]．课程·教材·教法，2008，28(10)：15-18．

② 全国信息技术标准化技术委员会，教育部教育信息化技术标准委员会，电子课本与电子书包标准专题组．电子课本与电子书包标准体系研究报告（技术白皮书）V2.0[R]．上海：电子课本与电子书包标准专题组，2012．

③ 龚朝花，陈桄．电子教材：产生、发展及其研究的关键问题[J]．中国电化教育，2012(9)：89-94．

二、数字教材的开发

（一）数字教材的常见技术与格式

一般来说，不同类型的数字教材所选用的格式不同，大体上可分为单文件和多文件两类。对于静态媒体数字教材，由于媒体形态和功能都相对简单，因此采用单文件的居多；而多媒体数字教材和富媒体数字教材，由于内容和功能的复杂性，一般采用多文件的方式，但也可以将多文件基于 ePub 或 SCORM 等标准封装为单一文件。

静态媒体数字教材最常见的格式是 PDF 和图片格式。图片格式的静态媒体数字教材由于文字不可选已逐渐被淘汰，PDF 格式的静态媒体数字教材成为当前的主流。上海教育出版社、华东师范大学出版社等版本的数字教材目前均采用 PDF 格式的静态媒体数字教材形式。

对于多媒体数字教材和富媒体数字教材，最常见的格式是 Flash。Flash 技术成熟，开发简单，用户体验和媒体兼容性较好，加上过去多年来教育领域已积累了大量 Flash 学习资源，因此这一技术在多媒体数字教材和富媒体数字教材的研发中最为常见。较典型的如第二代“人教数字教材”、广东版义务教育英语数字教材等，均采用 Flash 作为基础开发技术。但值得注意的是，采用这一技术的数字教材在移动终端上使用时存在一定问题，由于 iOS 系统、4.2 版本以上的 Android 系统等目前主流的移动终端操作系统均对 Flash 支持不佳，因此这类数字教材可能在未来会逐渐减少。此外，PDF 格式也可以作为多媒体数字教材的可选格式之一，但目前国内尚无采用这一格式的多媒体数字教材。

（二）数字教材的常见开发方式和一般流程

对于不同类型的数字教材来说，其开发方式与流程差异较大。静态媒体数字教材最为简单，通常只需要将用于印刷的教科书电子胶片（一般是 300 dpi 的 PDF 文件）直接转换为用于阅读的中、低精度 PDF，或各类图片格式、Flash 格式的电子图书即可，不仅开发过程简单，而且不需要复杂的控制、审定流程。

国内最为常见的多媒体和富媒体数字教材的开发都是通过以静态媒体数字教材为主体，并集成数字教材构件的方式来完成。因此对多媒体数字教材和富媒体数字教材来说，除了数字教材主体部分一般是从 PDF 直接转化外，还需要进行资源开发与集成的工作。

对于多媒体数字教材与富媒体数字教材，由于其在内容设计、内容呈现、交互方式和技术架构上的复杂性，以及考虑到数字教材最终的质量应达到科学、合理、稳定，因此有必要对其开发方式和流程进行约束与管理。不同的数字教材研发单位在开发方式与流程上不完全相同，但总体上都需要关注数字教材的内容、技术和用户体验。人教社在实际工作中提出了一种面向富媒体数字教材的四段式数字教材开发流程，用于第二代“人教数字教材”的开发。该流程包括了教学分析、产品设计、制作开发和综合检测四个阶段。教学分析阶段，需要整体地分析学生的学习条件，包括了解学习者的学习能力、分析学习者的先行知识背景和已具备的技能，以及调查学习者的学习环境，另外还需要分析并明确数字教材各章、节、栏目的教学目标和教学内容。产品设计阶段，一般从教学策略设计、教学情境设计和富媒体组件设计三个角度进行，需要依据教材内容之间的整体结构关系和学科特点设计数字教材的页面结构，设计教学实践情境和学习情境，根据教材内容设计富媒体内容组件，最终完成数字教材的设计脚本。制作开发阶段，依据产品设计阶段形成的脚本，运用开发工具并遵循开发流程来进行媒体制作、程序开发。制作开发阶段一般分为数字教材主体内容的开发、富媒体组件的制作开发，以及将主体内容和组件组合成数字教材三个环节。在第二代“人教数字教材”的制作开发阶段，开发人员需要根据常见的数字教材呈现终端，对教科书内容进行模块化设计，完成主体部分的排版，根据脚本完成组件开发，最后将组件与主体部分集成在一起。在完成开发后，还需要对数字教材进行综合检测，从教学内容、框架结构、教学组件、用户界面四个方面进行，分别检测内容的科学性、适用性，检测程序的稳定性、可靠性、安全性，检测数字教材组件的内容和交互是否实用、合理，检测用户界面的视觉感官、用户操作体验等。第二代“人教数字教材”的四段式开发流程在实际应用中能够对数字教材的质量起到基本的保障作用，并且在效率方面也较令人满意。

（三）数字教材的其他相关技术

1. 教育云服务支持技术

云服务以互联网为基础，可以最大限度地共享软硬件资源，可以按需分配资源服务并提供云存储平台。教育云服务支持是数字教材服务支持的关键，为数字教材内容和服务的交付、使用、扩展等带来创新性的变化。通过互联网提供动态、易扩展、个性化的教学资源和服务，成为发展趋势。

2. 学习分析技术

学习分析技术是利用“大数据”的方法对学习者大量的学习数据进行分析。学习分析的结果，对于教育教学者设计更完善的教学法、评估各种教学效果有着重要意义。数字教材的使用为学习分析技术提供了数据来源，将数字教材与学习分析技术结合也将有助于数字教材根据学习分析结果更有效地管理内容，实现内容更新，从而提高教学活动效率。

3. 学习环境集成技术

数字教材若要在具体的个人学习环境、班级学习环境和社会学习环境中得以应用，需要相关技术支撑这些环境。个人知识管理、知识地图、协作技术、学习分析等技术能够有效集成数字教材及相关的软硬件设备，构建学习环境。

4. 交换接口技术

数字教育资源的交换接口技术包括资源的数据交换和接口规范，是保证资源在不同平台、不同系统之间实现互联互通的关键技术。数字教材的交换接口技术涉及数据元素格式、元数据、信息模型等内容，以及相关数据、硬件的接口标准等技术。交换接口技术的应用，将有助于提高数字教材的可用性，为数字教材的开放共享奠定基础。

第四节　数字教材典型案例

近年来，越来越多的出版单位和数字出版企业开始投入到数字教材的研发中，推出了各具特色的数字教材，并推动数字教材在基础教育中的实践应用。本节主要挑选人教社、外研社、北师大出版社等单位研发和出版的目前正在应用或处于实验阶段的数字教材典型案例进行分析。

一、第二代“人教数字教材”

（一）产品概述

第二代“人教数字教材”是由人教社研发的一套富媒体数字教材，配套人教版新课程标准（2011 版）义务教育教科书。2013 年 3 月，教育部办公厅发布了《2013 年教育信息化工作要点》，将“全面启动第二代‘人教数字教材’等数字产品的研发，2013 年秋季推出部分学科试用性产品”列入“促进基础教育领域优质数字教育资源建设与应用”重点项目。

图 2-6　第二代“人教数字教材”

2013 年，根据教育部的要求，人教社开始依据第十一套人教版义务教育教科书设计和开发第二代“人教数字教材”，至 2014 年年底已开发了四十余个品种（册）。实际上，人教社在数字教材领域的研发工作从 2001 年就已开始，第二代“人教数字教材”是人教社基于多年的教科书编辑出版经验和数字教材开发经验研制的一套产品。整体来看，第二代“人教数字教材”是较为典型的富媒体数字教材，强调内容的多媒体化和用户与数字教材之间的交互性。

（二）产品特点

第二代“人教数字教材”采用了 Flash 技术作为底层技术方案，主要支持在 PC、电子白板等终端使用，也能够在一定程度上支持移动学习终端（如平板电脑）使用。

第二代“人教数字教材”的一个突出特点是嵌入了一定数量的富媒体资源。这些富媒体资源由教科书的编写团队参与研发，与教科书原有内容配套程度较高。此外，资源具有较好的交互性，能够在一定程度上支持学生的虚拟探究和自主评测。第二代“人教数字教材”尽管在形式上仍采用纸质教科书内容加富媒体

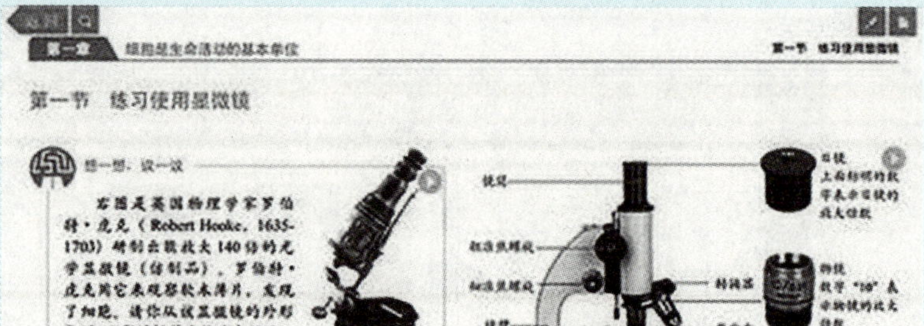

图 2-7 第二代“人教数字教材”生物学科页面

配套资源这一基本形式，但在主体部分的版式上，为了满足白板等数字终端的需要，对纸质教科书的版式结构进行了适当调整，跳出了数字教材必须沿用纸质教科书原版原式的惯例。

在功能上，第二代“人教数字教材”与多数数字教材类似，提供笔记、翻页跳转、课文检索、书签等常规功能。

（三）应用与实验

第二代“人教数字教材”的实验从 2013 年年底开始，先后在云南省广南县、广东省“粤教云”试验区、北京和平里一小、北京市第六十五中等地区或学校展开。其中在云南省广南县的实验较有特点，实验目标是通过小学英语学科的数字教材支持无专职英语教师的班级（或学校）开设小学英语课程。截至 2015 年年底，相关实验仍在进行中，并取得一定效果。

二、人教版 ePub 数字教材

（一）产品概述

“人教 e 学”是人教社针对中小学师生研发的数字化学习服务平台。“人教 e 学”以人教版教科书知识结构体系为主线，整合各类学习资源，提供教材导学、学习诊断、评测、在线作业和微课助学等多层次多角度的资源与功能。人教社在 2014 年为配合“人教 e 学”产品中的教材导学模块研发了一套数字教材，该教材除了可在人教 e 学系统中使用外，也可以独立使用。由于这套数字教材本身尚未独立命名，故本报告用“人教版 ePub 数字教材”作为其代称。截至 2015 年年底，义务教育阶段主学科的人教版 ePub 数字教材的开发已完成。

（二）产品特点

人教版 ePub 数字教材是一套具有网络交互功能的富媒体数字教材，在设计、开发上是基于互联网交互的思路。这套数字教材本身只是原版原式地呈现了纸质教科书的内容，除了依据教科书知识体系进行了结构化外，并没有添加任何辅助资源。但是通过阅读器的关联功能和数字教材自身的结构化体系，人教版 ePub 数字教材能够关联到人教 e 学系统中其他模块的资源。例如，当用户翻到数字教材中的某一页，阅读器即能够识别当前页在知识体系中所处的学科、章、节、知识点等信息，并从人教 e 学系统中调取配套该知识点的习题、微课等资源，辅助用户使用。与其他常见的富媒体数字教材相比，人教版 ePub 数字教材配套的资源不是固定的，可以基于知识体系的映射规则随时进行调整。在实际使用时，这种方式可以支持用户依据数字教材的内部结构，将数字教材与网络上的任何可用资源进行功能性重组。

人教版 ePub 数字教材采用了国际通用的 ePub 3.0 技术标准，通过 ePub layout 技术实现了版式数字教材呈现。在内容上，人教版 ePub 数字教材采用了核心内容与关联内容相分离的设计，核心内容即是纸质教科书内容的数字版本，而关联内容则如前文所述可以基于规则任意扩展。

图 2-8　人教版 ePub 数字教材

除了具有数字教材通常都具备的常规功能外，人教版 ePub 数字教材在功能上还有两个突出特点：一方面，人教版 ePub 数字教材能够支持离线和在线使用，在离线状态下提供最基础的阅读内容，即教科书数字版的阅读，而在在线情况下可以无缝关联网络中的各种配套学习内容；另一方面，除了内容可扩展外，人教版 ePub 数字教材也能够支持功能的在线拓展。

此外，人教版 ePub 数字教材由于是基于 ePub 3.0 技术标准开发，因此具有良好的跨系统适应性，能够实现在 Windows、iOS、Android 等不同操作系统的终端上的使用。

（三）应用与实验

现阶段，人教版 ePub 数字教材的应用实验主要依附于“人教 e 学”产品进行，“人教 e 学”从 2013 年开始已在河北、云南等地区进行了初步的实验。未来人教版 ePub 数字教材有可能作为独立产品进行深入实验。

三、人教数字校园中的数字教材

（一）产品概述

人教数字校园是人教社于 2012 年推出的教育教学系统。该系统整合各学科教学策略，集成各类型教学资源，能够支持教学、教研和教务，是人教社为中小学教师教学和教务管理提供的一个完整解决方案。人教数字校园的“授课”模块包含了一套人教版多媒体数字教材。该套教材覆盖了小学、初中、高中阶段人教版教科书中的主要学科，但是作为人教数字校园的一部分，并无法脱离系统独立使用。

（二）产品特点

人教数字校园中的数字教材主要是根据多媒体教学的基本特征，结合中小学各学科课程内容研发而成，采用了多媒体数字教材的常见结构，在纸质教科书数字版的基础上配有各类多媒体资源。

多媒体教学是一种对传统教学模式进行信息化优化的教学方式，强调通过各类多媒体资源优化教科书内容的呈现方式，降低部分内容的学习难度，提升学生的学习效果。基于此，人教数字校园将纸质教科书、教师用书（教参）、练习册和拓展资料等众多内容科学、合理地融为一体。该套数字教材以教科书原版界面为基础，标示了重、难点知识，还附有教科书内容的背景介绍、重点内容解析、习题参考答案等教学内容。依据各学科的教学特点，部分数字教材还配有全文录音、图片欣赏、Flash 动画、实验视频、拓展影视片段等资源，并提供书签、笔记、标注等基本的多媒体教学和备课工具。例如：对于小学语文数字教材，按照教师的授课需要和小学语文的教材特点，其中不仅整合了教材知识，还设置了课文导入、视频朗读、生字词教学、读写训练、重点句段的教学、随堂练习和拓展训练等内容；而中学物理、化学等学科的数字教材，则包含了提示、说明、实验视频、小结、问题提示、课外知识和知识归纳等多媒体内容。

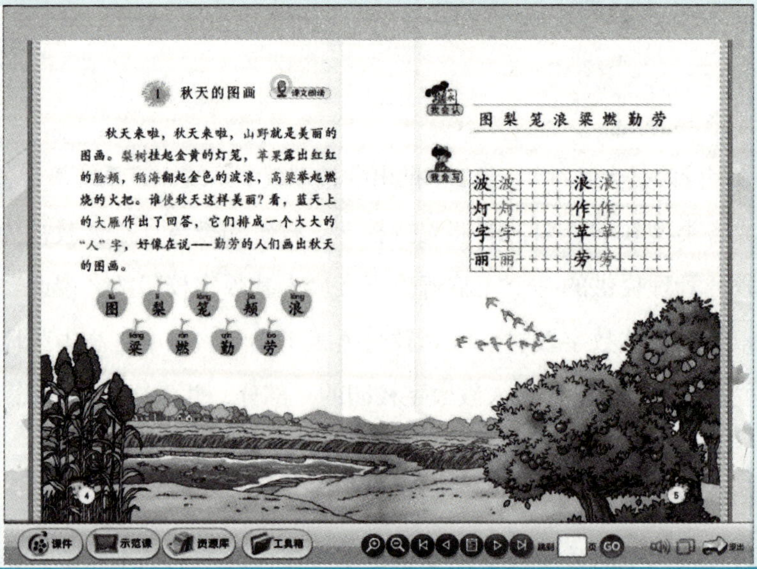

图 2-9 人教数字校园中的数字教材语文学科页面

人教数字校园中的数字教材除了自身包含各类多媒体资源外，还可以链接到数字校园系统中的课件、示范课、资源库等资源。其中，课件（形式上类似PPT）可以直接用于授课；示范课则是国内各学科名师应用多媒体进行教学的优质案例，可供教师设计教学时参考。目前，人教数字校园中的数字教材可关联到的资源包括图片 30 000 余幅、录音 50 000 余个、动画 32 000 余个、视频 6 400 多段、各种弹出内容 126 000 余个。这样的数字教材设计，一方面可以将多媒体技术与传统教学相结合，以辅助教师快速便捷地实施多媒体教学，另一方面也能够支持教师的各种个性化教学设计。

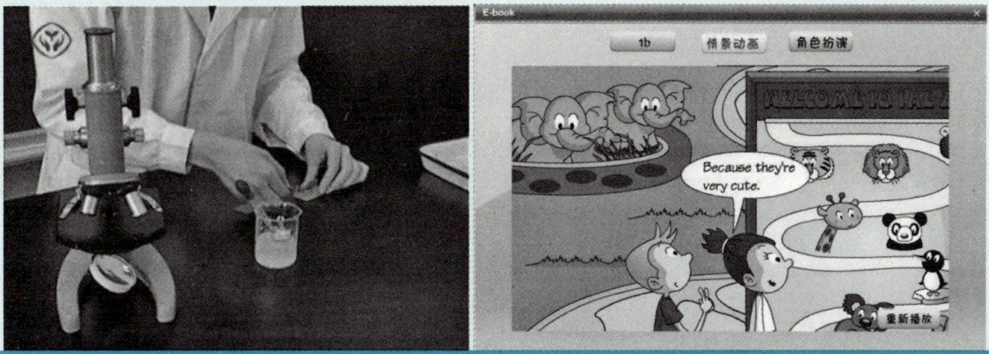

图 2-10　人教数字校园中的数字教材的部分配套资源

（三）应用与实验

从 2012 年正式推出以来，人教数字校园已在全国除香港、澳门和台湾以外的 31 个省（自治区、直辖市）中得以应用，并获得了较好的教学实用效果。2014—2015 年，在国内的多个教育信息化应用和学科教学比赛中，均有教师应用数字校园及其中的数字教材参赛并获奖。使用数字校园或开展相关应用实验的中小学校现已超过 8 000 所。

四、外研社 iEnglish 基础教育数字教材

（一）产品概述

iEnglish 基础教育数字教材是外研社邀请外研版英语教科书主编，依据原有内容和框架，结合现代信息技术而开发的一套面向小学、初中、高中的英语学科数字教材。该套数字教材以外研社新版义务教育英语教科书（2011 版课程标准）和高中英语教科书为蓝本，包括了小学英语（一年级起点）、小学英语（三年级起点）、初中英语和高中英语四个系列。iEnglish 基础教育数字教材从整体上看是一款具有网络交互功能的富媒体数字教材，依据使用角色的不同分为教师版和学生版。

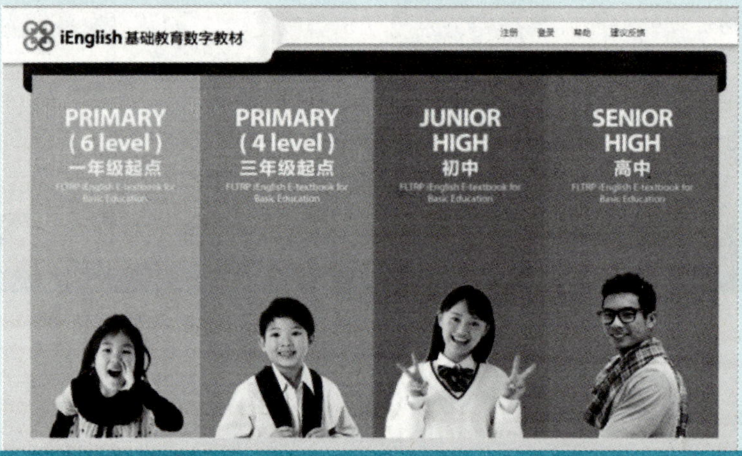

图 2-11　iEnglish 基础教育数字教材主界面截图

（二）产品特点

iEnglish 基础教育数字教材的学生版采用了在原版原式的教科书数字化基础上增加富媒体呈现、语音引擎及多种学习工具的设计方式。数字教材整体上由学习模式、学习辅助、难点讲解、虚拟班级和拓展模块五个部分组成。“学习模式”部分类似常见的富媒体数字教材，是在教科书原内容的基础上增加了导教导学、

听录音、看动画、跟读、自读、对话、背课文等资源或学习功能；“学习辅助”部分则提供了数字教材中常见的辅助阅读工具，如画笔、橡皮、标签等；“难点讲解”部分包含“语言知识”“辅助翻译”“重点词汇”等子模块，对教科书内容中的难点部分进行深入分析；“虚拟班级”部分提供班级管理、在线测试、做作业等教学功能，支持基本的师生互动；“拓展模块”则是为数字教材的使用者提供了额外的在线增值服务功能。

iEnglish 基础教育数字教材的教师版采用了以资源体系为支撑，以教与学的过程为轴线，以教学活动为基础的整体设计模式。由于纸质教科书（英语学科）篇幅的限制，一个单元只能容纳 4～6 个活动，而在真实课堂上教师上一节课通常需

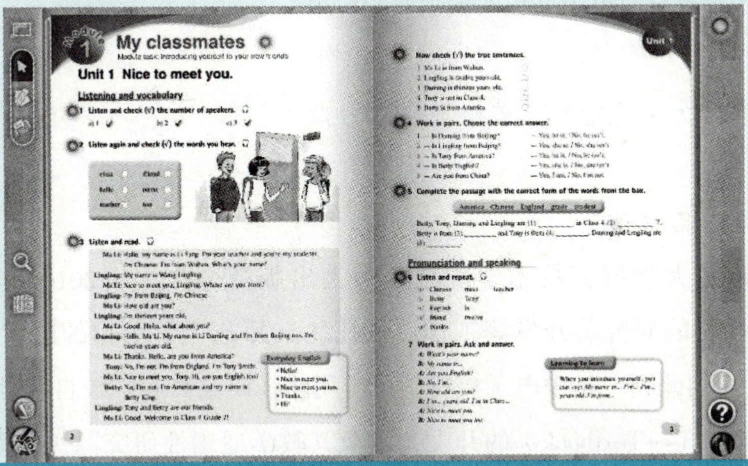

图 2-12　iEnglish 基础教育数字教材学生版截图

10～12 个活动，因此一般来说，教师需要为此多准备一些课堂活动材料以完成实际的教学任务。iEnglish 基础教育数字教材教师版利用数字教材内容不受版面限制的特点，将每单元的活动拓展为 10～12 个，在纸质教科书原有内容的基础上再增加 6～8 个活动供教师参考。这在满足教师基本内容需求量的同时，也给了教师选择活动内容的空间。iEnglish 基础教育数字教材教师版还配有“导教”模块，

辅助教师完成本节课的教学任务，从而减少由教师能力差距造成的课堂质量差距，能够部分解决教学公平问题，改善教师专业能力不足所导致的教学质量问题。①

（三）应用与实验

iEnglish 基础教育数字教材借助全国教育科学“十二五”教育部专项重点课题“中国中小学英语网络教学模式研究”（课题号：GPA115037）在北京、宁夏、辽宁、广东、广西、山东、江西、四川等地区进行了相关推广实验。在广东省佛山市南海区的电子书包实验项目中，iEnglish 基础教育数字教材被作为重点课程资源，为数字教材的应用研究探索提供了支撑。2013 年 7 月，该实验项目组在教育部召开的“全国教育信息化及网络学习专题研究会议”上作了关于 iEnglish 基础教育数字教材及电子书包实验项目的汇报②。

五、北师大出版社数字教材（iBooks 版）

（一）产品概述

北京师范大学教育技术学院与北师大出版社合作，从 2010 年开始进行关于数字教材的研究、开发等工作。依托北京师范大学承担的国家社科基金“十二五”规划课题“初中电子教材学科应用路径研究”和学校自主科研重大课题“电子教材（e-Textbook）的开发技术及其教学适用性研究”，北师大出版社在 2012 年后陆续推出了初中、高中部分学科的数字教材，其中较有代表性的是使用苹果公司 iBooks Author 工具研发的英语、数学、生物、历史、科学等学科的

① 宋杰青．数字教材：教育信息化的重要手段之一——兼谈中小学数字教材的研发[J]．中小学信息技术教育，2014(3)：25-26．

② 全国基础外语教育研究培训中心．《中国中小学英语网络教学模式研究》课题组参加成都研讨会并在分论坛发言[EB/OL]．[2015-09-03]．http://www.beiwaionline.com/keti/gzdt/webinfo/1376038411909299.htm．

富媒体数字教材。

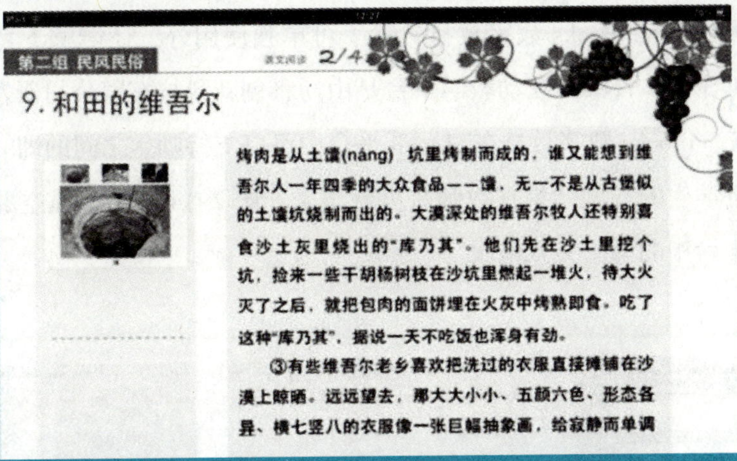

图 2-13　北师大出版社 iBooks 数字教材①

（二）产品特点

iBooks Author 是 2012 年 1 月 20 日由苹果公司发布的免费电子书制作工具，基于此工具制作出的电子书可以在 iBooks 系统内上传或下载，在 iPad 上阅读。iBooks Author 允许使用者通过其提供的诸多模板或自定义的电子书插入包括音频、视频、3D 物件等在内的富媒体内容，同时还可以使用 HTML5、JavaScript 等技术。使用 iBooks Author 开发出的电子书，可以是版式排版或流式排版的形式，能够支持各种类型的电子图书。同时，iBooks 阅读器也能够兼容 PDF、ePub 等通用格式的电子书。

北师大出版社研发的 iBooks 版数字教材采用了版式排版形式。但与多数数字教材不同的是，这款数字教材的版面并没有完全按照纸质教科书的版面进行设计，而是为了适应 iPad 的显示，采用了教科书原版面的重排形式，并且改为了

① 龚朝花．中小学电子教材的教学适用性研究[D]．北京：北京师范大学，2013：93.

横排版式。数字教材根据课程内容的需要添加了图片、音频、视频、动画、3D模型等资源，具有画笔、标注、书签等常规功能，支持数字教材内的选择题自动评分、反馈，以及与学生学习相关的笔记管理、学习卡、术语表等功能。①

北师大出版社 iBooks 数字教材，除了可单独使用外，还能够支持课堂交互系统 iTeach 平台。iTeach 互动教学平台是由博雅创新科技有限公司研发的一款教学互动系统。iBooks 数字教材在 iTeach 平台中可以支持师生之间的即时反馈与交互，可以将学生的答题结果在教师端呈现出来。图 2-14 展示了填空题和选择题在 iTeach 平台中的师生交互情况。

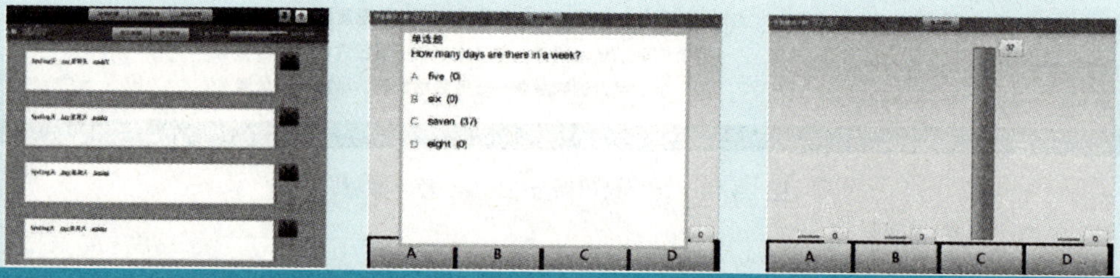

图 2-14 iTeach 平台师生交互界图②

（三）应用与实验

北师大出版社的 iBooks 数字教材目前在使用北师大版教科书的部分地区进行实验，其中包括北京、江苏等地。2014 年，随着 iTeach 平台在“北京市中小学数字校园实验项目”中的推广应用，可能会有更多的学校使用这套数字教材。

① 龚朝花. 中小学电子教材的教学适用性研究[D]. 北京：北京师范大学，2013：92-94.
② 龚朝花. 中小学电子教材的教学适用性研究[D]. 北京：北京师范大学，2013：93.

六、广东版英语数字教材

（一）产品概述

广东人民出版社于2012年与创而新（中国）科技有限公司合作研发了一款英语数字教材产品。该数字教材是以广东人民出版社出版的小学英语（三年级起点）教科书为蓝本，通过添加配套多媒体资源与学习功能而形成的富媒体形式的数字教材，目前已有针对不同终端的PC版与Pad版。

（二）产品特点

广东版英语数字教材采用较为常见的富媒体数字教材设计方式。数字教材具有与教科书同版式的主体内容，并在此基础上添加了音频、视频、插图、动画等学习资源。除了整合富媒体资源，广东版英语数字教材还配有听力、跟读、自

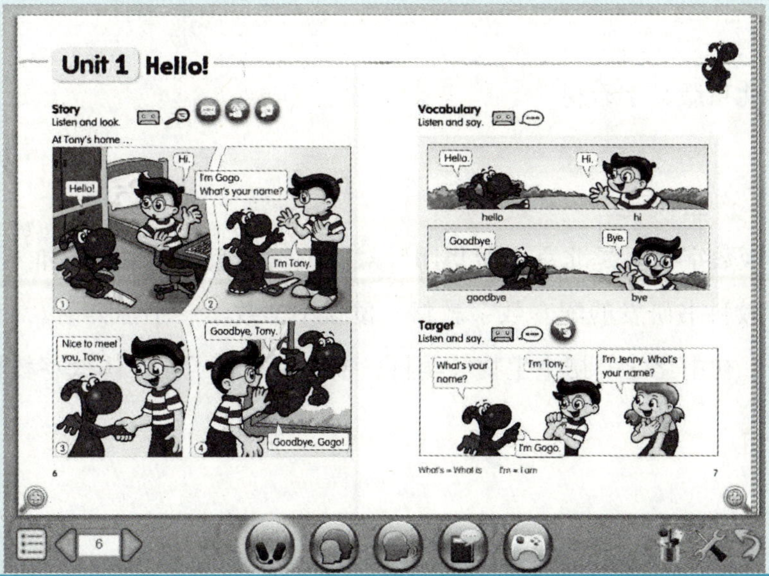

图 2-15　广东版英语数字教材截图

读、词汇、小游戏等五种学习情境。在不同情境下，数字教材可以为学生或教师提供不同的内容、资源与功能。此外，广东版英语数字教材也配备了画笔、书签、笔记、标注等常见的通用功能。

广东版英语数字教材能够基于 iFlashBook 网络语言学习平台、Forclass 互动学习平台等交互教学系统使用。该数字教材提供了各类语音功能（包括语音识别、语音评测、对比跟读等）和语言环境创设资源，并能够和多种教学互动平台整合，支持多种信息化环境下的小学英语教学模式。

（三）应用与实验

目前，广东版英语数字教材已被列入"'粤教云'数字内容超市"，并随"粤教云"项目进行实验。截至 2015 年，"粤教云"项目已在广东多个地市开展实验，其中包括珠海市、惠州市、东莞市、肇庆市、清远市、佛山市顺德区、广州市越秀区、广州市天河区、深圳市南山区等。这些实验区中凡使用广东版小学英语教科书的学校，都将随"粤教云"项目进行本套数字教材的应用实验。①

七、北京版数字教材

（一）产品概述

北京版数字教材是北京出版集团针对其编辑出版的新课程标准（2011 版）义务教育教科书研发的配套数字教材，覆盖小学数学、小学英语、初中数学、初中英语、初中化学、初中生物等学科，整体上采用了富媒体数字教材的开发方式。

① 广东省教育技术中心. 广东省教育厅关于公布"粤教云"示范应用第一批试验区名单的通知[EB/OL]. [2015-07-28]. http://www.gdhed.edu.cn/business/htmlfiles/gdjyt/tzgg/201405/476904.html.

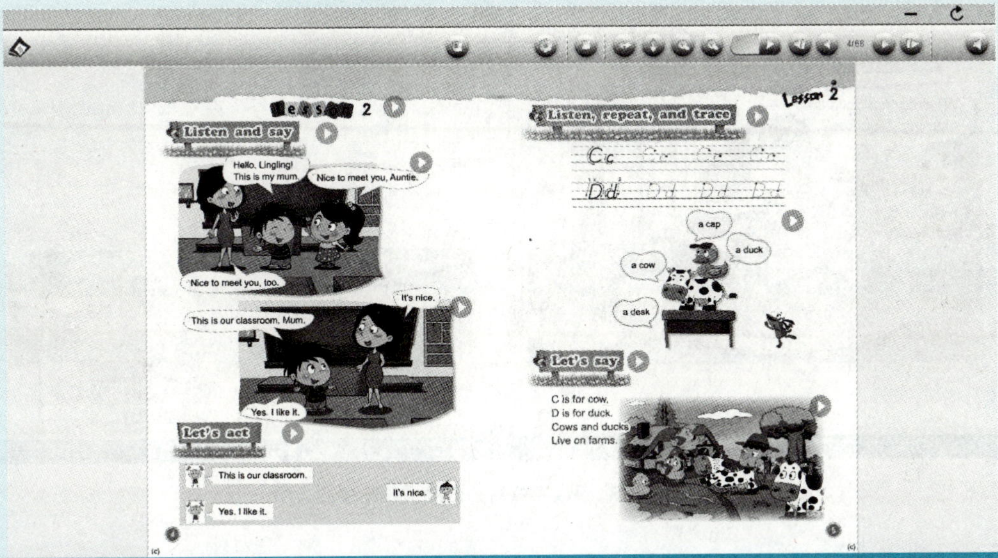

图 2-16　北京版数字教材截图

（二）产品特点

北京版数字教材以 Flash 为底层技术，主要支持在 Windows 环境下的使用。该套数字教材采用了光盘作为载体，故无法在各类平板电脑中使用，但其技术方案可支持基于互联网的传播和发行。

北京版数字教材将原版式的教科书内容作为主体部分，并在此基础上嵌入了一定数量的富媒体资源。这些富媒体资源与教科书原有内容配套程度较高，能够在信息技术环境下对教科书原有内容起到一定补充作用。对于配套的资源，在数字教材页面内设有明显的可点击的热区与其对应，经点击后弹出窗口播放资源。配套资源具有较好的交互性，能够在一定程度上支持学生的虚拟探究和自主评测，特别适合于学生自学。北京版数字教材在辅助功能方面提供翻页跳转、课文检索、书签等常规功能，以及学习面板中的笔记、输入文字、加标签、绘图、绘制线形图、设置线型粗细、设置颜色、计算器等学习功能，但目前不支持基于互

图 2-17　北京版数字教材的资源呈现与播放截图

联网的交互功能。

（三）应用与实验

目前北京版数字教材在北京地区使用北京版纸质教科书的学校进行推广应用，相关的应用实验正在进行中。

八、“优课”数字教材

（一）产品概述

2010 年，明博教育科技有限公司推出了“优课数字化教学应用系统”，并开发了相应的“优课”数字教材。“优课”数字教材采用富媒体数字教材的一般结构，将资源嵌入到教材的主体页面中。作为优课数字化教学应用系统中的一个重要组成部分，“优课”数字教材可以与系统中的其他功能、资源联动，但不能脱离系统独立使用。

图 2-18　优课数字化教学应用系统（其中右侧为“优课”数字教材）[①]

（二）产品特点

“优课”数字教材采用了一种较为复杂的资源与教科书整合模式，其主体部分是教科书原版原式电子书，采用 Flash 技术开发。每页电子书中都设有与该页内容匹配的数字化课程资源的链接图标或链接热区。除了直接配套资源，数字教材还可以链接到优课数字化教学应用系统的资源中心，调取资源中心中与当前页（或章节）匹配的资源。此外，“优课”数字教材还提供了画笔、橡皮、桌布、探照灯、黑板、仿真实验等功能，对用户使用数字教材起到辅助作用。

“优课”数字教材支持用户自定义热区和上传资源，教师和学生可以将自有资源添加到数字教材中。与其他和平台整合使用的数字教材类似，“优课”数字

① 赵文璞，郁梅馨．基于数字教材的教学应用系统设计与应用——以优课数字化教学应用系统为例[J]．教育信息技术，2013(6)：8-12.

教材也能够与优课数字化教学应用系统中的其他功能配合使用。例如，在教师备课功能中，课件开发工具可以调用数字教材，帮助教师更方便地编辑课件。

（三）应用与实验

“优课”数字教材随优课数字化教学应用系统及其相关的电子书包项目进行推广实验和应用，覆盖1.5万余所学校，用户突破55万人，在北京市海淀区、江苏省常州市、重庆市江北区等地都形成了较为典型的应用案例。“优课”数字教材也是国内目前应用范围较大、用户较多的数字教材产品之一。

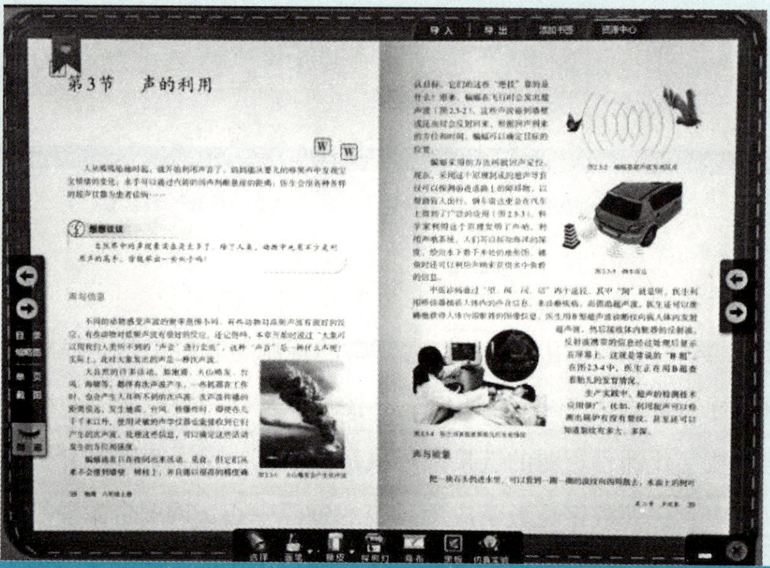

图 2–19 “优课”数字教材页面

九、冀教版数字教材

（一）产品概述

从2013年开始，由河北出版传媒集团控股的河北冠林数字出版有限公司启动了河北教育资源云平台（http://www.hebeijiaoyu.com.cn/index/index.html）的研发。河北教育资源云平台由“教师平台”“学生平台”和“乐学平台”三部分构成，其中的“学生平台”向学生提供了以河北教育出版社教科书为主的数字教材产品（以下简称为冀教版数字教材），学科包括英语、数学、生物、音乐、美术、信息技术、体育与健康等。

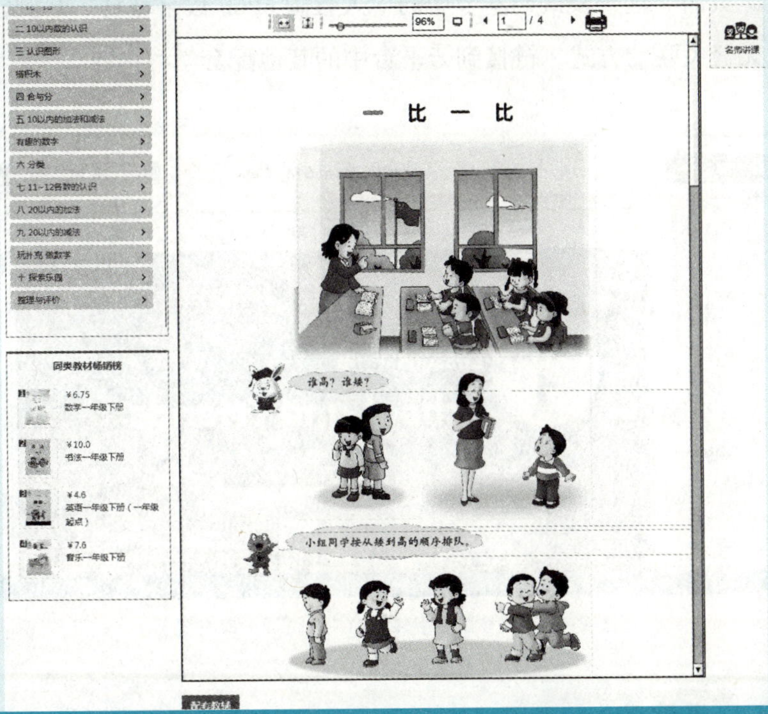

图 2-20　冀教版数字教材截图

（二）产品特点

冀教版数字教材采用最为简单的静态媒体数字教材模式。开发过程中将教科书的 PDF 版按章节进行了简单的碎片化处理，形成 Flash 格式的数字教材。冀教版数字教材除包含教科书原有内容外，没有增加任何拓展性资源。由于 Flash 格式自身的限制，冀教版数字教材也没有配备画笔、标注等数字教材常见功能，只提供了放缩、翻页和在线打印功能（每次只能打印一节内容）。

虽然冀教版数字教材本身没有添加任何拓展性内容，但依托河北教育资源云平台，该系列数字教材采用了外部关联资源的方式。如图 2–21 所示，在英语数字教材右侧，有课文朗听、听力同步练两个图标，其他各学科的数字教材右侧也有名师课堂等图标。点击这些图标，则能够根据数字教材当前页面的内容跳转至相应的资源页面。这一模式与本节中的“人教版 ePub 数字教材”案例较为相似，即可通过无缝关联的方式，链接到云平台中的其他配套学习内容。

图 2–21　冀教版数字教材的关联资源（最右侧）

（三）应用情况

河北教育资源云平台于 2014 年 9 月实施商业运营。学生用户可根据需求购买平台提供的数字教材，单价多数在 10 元以下。目前河北教育资源云平台的运营仍处于起始阶段，冀教版数字教材的应用效果还有待进一步观察。

十、天闻数媒 AiSchool 数字教材（湘教版）

（一）产品概述

天闻数媒科技（北京）有限公司由中南出版传媒集团股份有限公司和华为技术有限公司合资设立。AiSchool“电子书包”是天闻数媒研发的一套数字化教与学解决方案，其中包含了湘教版数字教材。湘教版数字教材是基于以湖南教育出版社为主的中南出版传媒集团下属各出版社编辑出版的纸质教科书开发的数字教材（以下简称为 AiSchool 数字教材），分为学生版和教师版。

（二）产品特点

AiSchool 数字教材是一款富媒体数字教材，采用 ePub 2.0 和 ePub 3.0 技术标准开发（旧版是 ePub 2.0，新版为 ePub 3.0）。AiSchool 数字教材由于采用了 ePub 技术标准，因此在跨终端应用方面具有较强的优势，这与前面介绍过的“人教版 ePub 数字教材”类似。

AiSchool 数字教材学生版基于 Aibook 电子书包终端使用，采用了基于教科书原有内容增加一定数量的富媒体资源以及简单辅助阅读功能的设计方式。其中，富媒体资源包括与教科书内容配套的作业素材、练习素材、考试素材、讲义素材、动画素材等十一种类型，辅助阅读功能包括书签、调色板、笔记、目录、返回等。由于 AiSchool 数字教材学生版提供的功能较为简单，都是常见的电子图书阅读功能，因此这套数字教材更多的是通过配套资源来进行内容升级的典型富媒体数字教材。

AiSchool 数字教材教师版则在学生版的基础上增加了教师备课与授课功能。在备课功能方面，AiSchool 数字教材教师版基于教科书原内容配套参考性教学设计、拓展性备课资料等内容，以及可生成教学课件的编辑工具。教学课件编辑工具在用法上类似 PPT，并可调用 AiSchool 系统内的各类资源。在授课方面，AiSchool 数字教材教师版考虑到语文、英语等学科的实际需要，提供了基于数字教材的授课功能（理科教学通常不采用这样的教学模式）。在授课模式下，数字教材提供了画笔、橡皮擦、放大缩小、聚光灯、黑板和班级、小组查询功能，与电子书包终端关联的锁、解屏功能，以及反馈、抢答等交互功能。

（三）应用与实验

由于 AiSchool 数字教材是 AiSchool 云课堂平台中的组成部分，并不能独立使用，因此 AiSchool 数字教材的应用和实验是随 AiSchool 云课堂平台的推广而展开的。截至 2015 年，AiSchool 云课堂平台已在超过 1 300 所中小学校中应用。

十一、上海市中小学数字教材

（一）产品概述

2013 年 9 月，上海市启动了“上海市中小学数字教材实验”项目，由上海市教委领导，上海市教研室、上海中文在线文化发展有限公司、上海市远程教育集团、上海新华传媒有限公司等机构联合执行。该项目以上海市中小学（幼儿园）课程改革委员会（原上海中小学课程教材改革委员会）依计划编写的中小学教科书（包括纸质课本和配套电子音像材料、纸质材料等）的数字化开发为主要内容，推出了系列中小学数字教材产品。由于上海市地方课程与国家课程在标准、内容、实施等方面均存有差异，因此上海市中小学数字教材在当前仍是具有独立性和典型性的产品。由于目前该项目仍在进行中，数字教材产品形态并未最终确定，故这里选取了项目中期推出的实验性产品实例进行简要分析。

（二）产品特点

上海市中小学数字教材实验项目设计了数字教材的“基础型”“增强型”和“原生型”三个阶段。其中，基础型和增强型分别对应一般意义下的静态媒体数字教材和多媒体数字教材。在内容方面，目前已推出的数字教材大多采用了基于

PDF 的静态媒体数字教材形式，英语等有配套音像资源的学科的数字教材则在静态媒体数字教材的基础上添加了音频内容，形成多媒体数字教材。在功能方面，上海市中小学数字教材提供了放缩、标注、书签、画笔、翻页等一般阅读功能，以及多媒体资源的添加、下载、管理等功能。

通过内容与功能之间的衔接，上海市中小学数字教材兼顾到了数字教材标准化与个性化之间的平衡，以及静态媒体数字教材和多媒体数字教材之间的统一性。一方面，上海市中小学数字教材主体所基于的 PDF 版教科书内容，以及配套的电子音像材料，均为经过相关行政机构审定的标准化内容，能够满足数字教材的管理要求；另一方面，数字教材中保留了资源添加、下载、管理功能，用户（教师或学生）如有需要，可自行在数字教材中添加自己所需的各类数字化学习资源。此外，上海市中小学数字教材中设计的笔记分类、笔记导出与笔记流转等特色功能，也增强了这套数字教材的实用性。

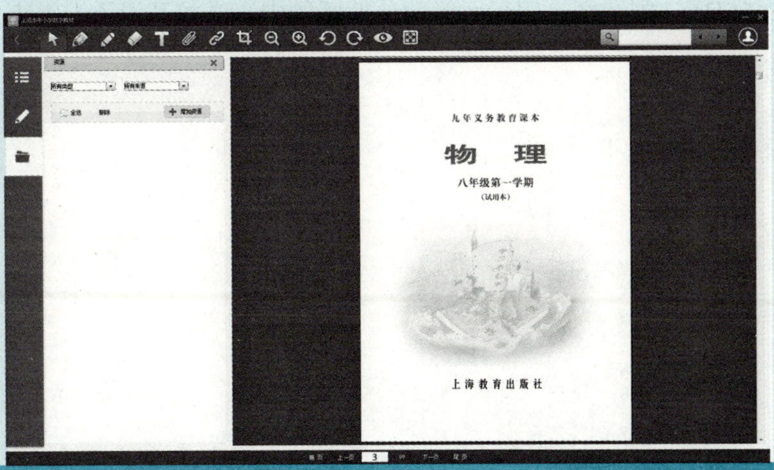

图 2-22　上海市中小学数字教材（初中物理）截图

除了内容与功能方面的设计开发，上海市中小学数字教材实验项目还在机制研究、阅读软件研发等方面做了新的尝试。在机制方面，研究了数字教材的开发、审查、出版、发行、管理、应用、评价各环节的工作规程和职责分工，从技术角度研究编制了数字教材开发、出版、审查、管理、发行、应用、评价的整体技术架构及技术规范。另外，该实验项目还开发了数字教材专用的阅读软件，用于实现数字版权保护、教材内容解析和相应的学习阅读辅助功能。

（三）应用与实验

截至2015年年底，上海市中小学数字教材实验项目已先后推出了以优盘作为载体的第一批实验性产品和基于互联网传播的第二批实验性产品，并在出版发行、版权保护、应用环境嵌入等方面的实验中取得了一些成果。2015年，“中小学数字教材的有效设计”（课题负责人：王建磐）和“中小学数字教材的建设与应用研究”（课题负责人：纪明泽）被列为上海教育科学规划重点项目，并为上海市中小学数字教材的研发与应用实验提供相关支持。由于上海市中小学数字教材是针对上海市地方课程开发的数字教材，因此其实验主要集中于上海市。目前，已在虹口区、闸北区、闵行区等部分地区的中小学校开展了上海市中小学数字教材的实验性应用。

第三章 数字资源

第一节 数字资源概述

一、数字资源定义

本报告中的数字资源即数字化的教育资源，参考我国教育信息化技术标准《教育资源建设技术规范》（CELTS-41）①中的相关定义，我们将数字教育资源定义为：以数字信号在互联网上进行传输并可以在教学活动中被应用的教育信息，它属于学习对象的一个子集，包括媒体素材、试题、试卷、课件、案例、文献资料、网络课程、常见问题解答和资源目录索引等类型。

借鉴国际经济合作与发展组织关于开放教育资源的构成分类②，可将数字资源分为以下三个部分（见图 3-1）。

（1）内容（Content）。向学习者提供的数字化内容，包括完整的课程、课程素材、内容模块、学习对象、论文集、期刊等。有时狭义的资源就是指内容资源。

（2）工具（Tools）。支持创建、发布、使用和改进学习内容的软件，包括

① 全国信息技术标准化技术委员会教育技术分技术委员会. 教育资源建设技术规范：CELTS-41[S/OL]. [2015-09-10]. http://www.celtsc.edu.cn/content/jxzyl/40288b88391ed5fd01391edbb05d000e.html.

② Organization for Economic Co-operation and Development. Giving knowledge for free: the emergence of open educational resources[R]. Paris: OECD, 2007.

内容搜索和组织工具、内容和学习管理系统等。

（3）**实施资源**（Implementation resources）。促进素材的开放出版的知识产权许可协议工具、关于最佳实践和内容本地化的设计原则，以及互操作技术与标准等。

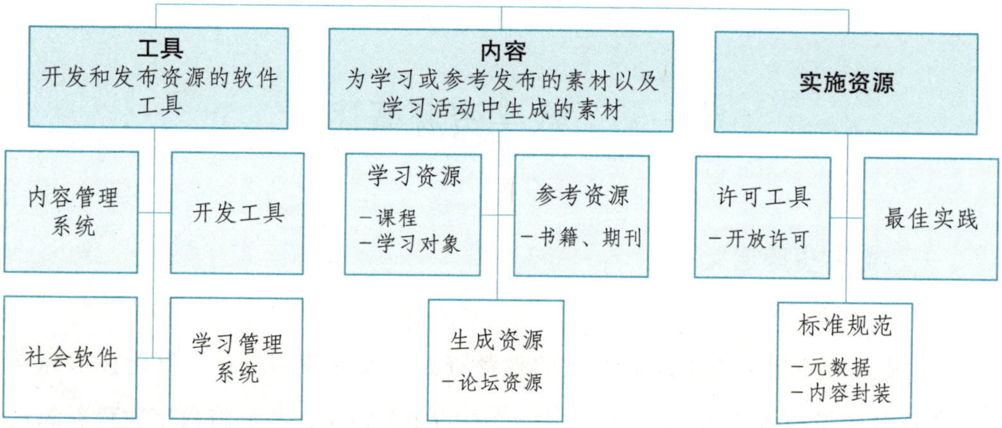

图 3-1　数字资源构成分类

根据这一框架体系，本章第二至四节将分别描述数字资源在分类内容（内容）、标准规范（实施资源）和内容管理系统（工具）三个方面的建设与应用情况。

二、数字资源分类

（一）CELTS 标准的分类

《教育资源建设技术规范》（CELTS-41）[①]将教育资源分为以下九个类型。

（1）媒体素材。媒体素材是传播教学信息的基本材料单元，可分为文本类

① 全国信息技术标准化技术委员会教育技术分技术委员会．教育资源建设技术规范：CELTS-41[S/OL]．[2015-09-10]．http://www.celtsc.edu.cn/content/jxzyl/40288b88391ed5fd01391edbb05d000e.html.

素材、图形/图像类素材、音频类素材、视频类素材、动画类素材等五大类。

（2）**试题。**试题是测试中使用的问题、选项、正确答案、得分点和输出结果等的集合。

（3）**试卷。**试卷是用于进行多种类型测试的典型成套试题。

（4）**课件。**课件是对一个或几个知识点实施相对完整教学的用于教育、教学的软件，根据运行平台划分，可分为网络版的课件和单机运行的课件，网络版的课件需要能在标准浏览器中运行并且能通过网络教学环境被大家共享，单机运行的课件可通过网络下载后在本地计算机上运行。

（5）**案例。**案例是指由各种媒体元素组合表现的有现实指导意义和教学意义的代表性事件或现象。

（6）**文献资料。**文献资料是指有关教育方面的政策、法规、条例、规章制度，对重大事件的记录、重要文章、书籍等。文献资料又可以分为图书、期刊、会议录、报告、标准、产品样本、专利、学位论文、档案、政府文件等类型。

（7）**网络课程。**网络课程是通过网络表现的某门学科的教学内容及实施的教学活动的总和，它包括两个组成部分：按一定的教学目标、教学策略组织起来的教学内容和网络教学支撑环境。

（8）**常见问题解答。**常见问题解答是针对某一具体领域最常出现的问题给出全面的解答。

（9）**资源目录索引。**资源目录索引是列出某一领域中相关的网络资源地址链接和非网络资源的索引。

《基础教育教学资源元数据应用规范》（CELTS-42）[①]将资源分为媒体素材、量规集、教与学工具和模板、课件、案例、文献资料、课程、索引目录等八大

① 全国信息技术标准化技术委员会教育技术分技术委员会. 基础教育教学资源元数据应用规范：CELTS-42[S/OL]. [2015-09-10]. http://www.celtsc.edu.cn/content/jxzyl/40288b88391ed5fd01391edce34f0012.html.

类，其中与 CELTS-41 不同的类型包括量规集以及教与学工具和模板。

（1）**量规集。**量规集是按照一定的教育测量理论，在计算机系统中实现对某个学科学习效果评价的工具集合。具体包括题库和质的评价量规集。

（2）**教与学工具和模板。**教与学工具和模板包括教具、学具以及教学方法的模板。CELTS-41 并没有明确给出与这种类型相对应的资源类型。

（二）国家级优质数字资源建设的分类

在 2013 年度国家级优质数字教育资源建设中，数字化教育资源被分为教学素材、教学课件、网络课程、虚拟仿真系统、教育游戏、教学案例、数字图书、数字教材、教学工具、学习网站等十类。

（1）教学素材是指教学过程中使用的文本、图形、图像、动画、视频、音频等多媒体材料，是教学课件、网络课程、教学案例等教学资源的基本组成元素，是承载教学信息的基本单位。

（2）教学课件是指根据教学需要，在一定的学习理论指导下，经过教学设计，以多种媒体表现，具有良好结构，满足某一单元或知识点教与学需要的一种软件。

（3）网络课程是指以计算机网络为基础实现的课程教学内容及实施的教学活动总和。从组成内容来说，它包含教学目标、教学内容、教学活动和评价方法等课程教学必备的要素。从组成形式来说，它包含符合网络学习特点，按照一定的教学目标组织起来的课程教学内容和网络课程教学支撑环境，以及基于以上二者开展的网络教学活动。

（4）虚拟仿真系统是指运用虚拟仿真技术开发的，用于特定技能训练的软件。它应能完整支持一门或一门以上的课程，并在实际教学中有一定应用基础。

（5）教育游戏是指根据教学需要，在一定的学习理论和游戏理论指导下开发的，兼顾教育特性和游戏特性，同时承载着一定的教育和娱乐目的，能够实现寓教于乐的计算机软件。

（6）教学案例是指记录教育教学过程中发生的教学活动及典型意义事例的资源，可用于教师总结教学经验，开展教研，促进教学水平提高。每个教学案例需要包括教学设计方案、教学课件、课堂视频实录、教学反思四个部分内容，形成一个完整的教学案例。

（7）数字图书是指借助数字化技术形成二进制数字编码形式的，以计算机文件为载体并通过电脑、手机、电子阅读器等设备显示的图书。数字图书包含文本、图片、声音、电影、动画等内容，而且支持超文本链接。

（8）数字教材是通过数字化技术实现对传统教材的文本、图形、图像、声音、视频、动画等媒体的整合，通过各种数字终端阅读并具有交互功能，能够支撑一门课程教学的完整教材资源。

（9）教学工具是指针对知识点（簇）能够在一个或多个方面为不同学生或教师的学与教活动提供有效支撑的软件，它可以一节课或一个单元为单位组织，也可以学科为单位组织。学科教学工具软件主要分为教师备课工具、学生学习工具和仿真实验室等类型。

（10）学习网站是指围绕学科教与学，通过网页技术，整合多样化的数字化学习资源，并提供网络教学功能与支持服务的网站。①

从以上可以看出，近年来数字资源建设的侧重点有了一些变化。一是从以前侧重教学素材、试题试卷资源的建设，转变为加强虚拟仿真系统、教育游戏、数字图书、数字教材、教学工具和学习网站等与教学活动关系更加密切、更加适用、更加实用的资源的建设。二是即便是相同类型的资源，关于该类型的定义也更加明确。例如，对于教学案例和网络课程，它们所包含的内容要素有了更加具体的定义。

① 中华人民共和国教育部．关于开展优质数字教育资源集中展示活动的通知[EB/OL]．[2016-05-30]．http://www.moe.edu.cn/publicfiles/business/htmlfiles/moe/s5892/201309/157411.html.

（三）国家教育资源公共服务平台的分类

在国家教育资源公共服务平台（http://so.eduyun.cn/）上，数字化教育资源被分为教学设计、教学课件、课堂实录、素材、微课、习题、工具、数字教材、实验、课标解读、教材教法分析和其他共十二种类型。其中，教学设计、教材教法分析是与教学研究相关的资源类型，在之前的资源建设中没有被明确规定，一般是被当作普通文档资料，不便于用户查询；微课是近年新出现的一种资源形式，由于形式短小、内容具有针对性（一般针对某个知识点），受到了各方关注，2013 年教育部专门启动了“微课”优质数字资源建设工作。

三、数字资源建设历程与发展任务

（一）数字资源建设历程

2011 年 8 月 18 日，教育部副部长杜占元在教育资源建设与共享座谈会上指出，我国数字教育资源的建设大体经历了三个阶段：

“第一阶段是以计算机辅助教学课件为主的阶段，这是教育信息化的初级阶段。那时的教学资源存储介质主要是磁盘，教学课件主要是专业人员开发的，产品比较少，使用也不够广泛。随着教学光盘使用成本不断降低，并因它们具有容量大、携带方便的特点，因而成为这个阶段非常重要的教育资源载体，对初期的资源建设和传播发挥了重要作用。

“第二阶段是以资源库建设为主的阶段。随着技术的进步，上世纪末、本世纪初以来，多媒体技术开始广泛地应用于教育教学，资源形式不断丰富，特别是为满足教师学生个性化教学的需要，资源开发的重点从难以自由调整的课件，转变到以素材和积件为主，按照学科教学要求组织起来，形成了资源库。在互联网的联通性和带宽都还不足的条件下，资源库的存储介质主要是硬盘。同教学光盘相比，资源库的覆盖内容更多，应用范围更广，而且可以在使用的过程中进行分解，可以对资源进行调整、修改、完善，极大地提升了资源使用的灵活性。

“当前，资源建设正在进入第三阶段，这是一个新的阶段，以智能化的网络资源与人力资源的结合作为主要标志。突出网络资源的开发利用，而且是智能化的；仅仅是网络资源的智能化还不够，还要与人力资源有效结合。所以这个阶段从形式到内容还有机制，都有重大的发展和提升，要求要高得多。网络和移动技术的快速发展，为教育资源提供了前所未有的也是前景无比广阔的新的展示、传播手段和发展空间，出现了互联网资源库、网上开发工具、网上教学研究社区、移动学习资源等多种形式的教育资源。通过各种终端设备，实现便捷、实时的使用体验，提供灵活、多样、个性化的内容和服务。这个阶段正在进入我们教育信息化资源建设的关键阶段。”①

（二）数字资源发展任务

数字资源建设一直是我国教育信息化建设的主要任务，国家及教育部制定的相关政策文件对数字资源建设提出了明确的目标和要求。

《国家中长期教育改革和发展规划纲要（2010—2020年）》提到要“加强优质教育资源开发与应用”“建设有效共享、覆盖各级各类教育的国家数字化教学资源库和公共服务平台”。《教育信息化十年发展规划（2011—2020年）》在“发展任务”中提到的与数字资源相关的任务，包括“缩小基础教育数字鸿沟，促进优质教育资源共享”“建设信息化公共支撑环境，提升公共服务能力和水平”“创新体制机制，实现教育信息化可持续发展”等。落实这些任务的行动计划主要包括以下内容。

（1）建设各级各类优质数字教育资源。针对学前教育、义务教育、高中教育、职业教育、高等教育、继续教育、民族教育和特殊教育的不同需求，建设20 000门优质网络课程及其资源，遴选和开发500个学科工具、应用平台

① 杜占元．杜占元副部长在教育资源建设与共享座谈会上的讲话[J]．中国电化教育，2011(10)：1-3.

和 1 500 套虚拟仿真实训实验系统。整合师生需要的生成性资源，建成与各学科门类相配套、动态更新的数字教育资源体系。建设规范汉字和普通话及方言识别系统，集成各民族语言文字标准字库和语音库。

（2）**建设国家数字教育资源公共服务平台。**建设教育云资源平台，汇聚百家企事业单位、万名师生开发的优秀资源。建设千个网上优质教育资源应用交流和教研社区，生成特色鲜明、内容丰富、风格多样的优质资源。提供公平竞争、规范交易的系统环境，帮助所有师生和社会公众方便选择并获取优质资源和服务，实现优质资源共享和持续发展。

（3）**建立数字教育资源共建共享机制。**制定数字教育资源技术与使用基本标准，制定资源审查与评价指标体系，建立使用者网上评价和专家审查相结合的资源评价机制；采用引导性投入，支持资源的开发和应用推广；制定政府购买优质数字教育资源与服务的相关政策，支持使用者按需购买资源与服务，鼓励企业和其他社会力量开发数字教育资源、提供资源服务。建立起政府引导、多方参与的资源共建共享机制。

四、数字资源近年发展概况

为了贯彻和落实国家对教育资源建设的要求，近年来教育部、中央电化教育馆等相关单位组织开展了多项数字资源相关的建设与应用项目，具体发展情况如下。

（一）数字资源建设

近年来，在数字资源建设方面，相关单位主要开展了以下工作。

（1）**国家教育资源建设与应用总体设计。**教育部研究制订了国家教育资源建设与应用总体方案，发布各级各类数字教育资源建设指南，指导数字教育资源建设与应用。通过开展优质数字资源征集、展示和汇聚活动，推动数字教育资源建设，促进信息技术与教育教学全面和深度融合。

（2）优质资源展示。2013 年 8 月，教育部教育信息化推进办公室在全国范围开展资源集中展示活动。在该活动中，各地教育机构和相关企业将各类优质资源通过静态网页或链接导航等方式在国家教育资源公共服务平台上开辟专栏集中展示，展区中的资源包括由来自江西、湖南、江苏等 20 个省（直辖市）的教育机构，人教社等 3 家出版单位，国家开放大学等 27 所大学以及敏特教育等 38 家企业提供的优质资源。

（3）优质资源征集。资源征集是资源建设的一个重要途径。2013 年教育部组织名校开办网络课堂，广泛共享名校优质数字教育资源，探索教学中实用、好用、管用的资源应用模式。2012—2013 年开展优秀网络课程及资源征集活动，通过评审的资源共 497 个，涉及网络课程、多媒体素材资源、名师课堂等类型。2013 — 2014 年继续向社会公开征集遴选优质数字教育资源，活动共收到各单位报送的基础教育资源约 18 万条，其中通过专家评审的基础教育资源共计 17 766个，涉及教学案例、教学工具、教学课件、教学素材、教育游戏、量规集、网络课程等多种类型；活动还收到各单位报送的专题教育资源 5 000 多条，其中 1 457 条通过专家评审，涉及教学素材、学习网站、数字图书、教学案例、教学游戏等多种类型。2015 年中央电化教育馆开展专题教育学习网站资源征集活动，征集“社会主义核心价值观教育”学习网站 120 个、“行为养成教育”学习网站 80 个、“安全教育”学习网站 70 个。

（4）优质资源汇聚。资源汇聚是指资源提供单位通过市场机制，依托国家教育资源公共服务平台向社会提供有偿服务，是优—质教育资源建设的重要途径之一。为了推动更多优质资源实现共享，2013 年中央电化教育馆开展了优质数字教育资源汇聚工作，各级各类教育机构、团体、学校、有关出版社和企业可以将其优质资源通过“企业竞争提供、政府评估准入、学校自主选择”的建设机制汇聚到国家教育资源公共服务平台。2014 年 1 月，中央电化教育馆公布了首批通过资质审核的资源提供者名单，其中包括企业 25 家（含出版社 3 家）、社会团体1家、电教系统机构4家[①]。

（5）**资源共建。**2015年5月，中央电化教育馆启动基础教育科技类“主题教学网站”资源共建工作。“主题教学网站”是网络环境下的新型课程资源，能有效支持基于网络的跨学科主题教育教学活动，培养学生综合分析问题、解决问题的能力，是推进“立德树人”课程改革的有效手段与重要实践方式。共建资源的经费由国家和共建单位共同承担，资源的版权由双方共有。

（二）数字资源应用

在数字资源应用方面，教育部持续开展优质数字资源的应用和推广，实现优质资源班班通。“班班通”主要包括专递课堂、名校课堂和名师课堂三个课堂，核心在于数字教育资源在课堂中的应用。但是，这种应用不是简单地拿过来使用，而是需要教师创造性地使用，在用的过程中不断更新已有资源，不断形成新的资源，从而不断提升教学质量。近年来，围绕数字资源应用开展的主要工作包括以下方面。

（1）**“教学点数字教育资源全覆盖”项目。**该项目属于“班班通”中的“专递课堂”，于2012年11月底启动，旨在利用信息技术帮助教学点开好国家规定课程，更好地帮助农村边远地区适龄儿童就近接受良好教育。经过两年建设，到2014年11月底，全国6.36万个教学点全面完成了该项目的建设任务，实现设备配备、资源配送和教学应用“三到位”，音乐、美术、英语等课程开课率显著提升[②]。2015年，继续完成新增版本资源整合开发和资源提升工作，同时进一步扩大项目成果。

（2）**“一师一优课、一课一名师”活动。**该活动于2014年7月启动，计划

① 中央电化教育馆．中央电化教育馆关于公布“2013年优质数字教育资源汇聚工作”资源提供者资质审核首批通过单位名单的通知[EB/OL]．[2016-05-30]．http://www.eduyun.cn/ns/ntongzhitonggao/20140117/3310.html.

② 中华人民共和国教育部．全国6.36万个教学点实现数字教育资源全覆盖[EB/OL]．[2016-05-30]．http://www.moe.edu.cn/publicfiles/business/htmlfiles/moe/s5987/201412/182212.html.

组织200万名教师在国家教育资源公共服务平台上“晒课”，评选出2万堂“优课”，推动信息化手段在课堂教学中的广泛应用。该活动目前已经形成500多万条资源[①]，2015年年底评选出部级“优课”1.2万多条[②]。

（三）数字资源公共服务平台建设与应用

近年来，国家和部分省市开展了数字资源公共服务平台建设，同时注重平台的互联互通，为学校师生提供资源服务。

国家教育资源公共服务平台于2012年12月28日正式开通上线试运行，到2014年年初已具备为1万所学校、100万名教师和1 000万名学生提供网络学习空间和数字教育资源服务的能力。2014年全国电教系统开展协作，继续提升国家教育资源公共服务平台服务能力与水平，开发数字教育资源信息智能导航系统，提供各级各类教育资源信息智能导航服务，加大优质教育资源集中展示力度，提升常态化展示能力。

在省级教育资源公共服务平台建设方面，到2014年5月，全国约2/3的省份初步建成了省级教育资源公共服务平台[③]。省级资源平台及其他需要的区域教育资源平台的建设，可以采用当地部署国家平台、自建（与其他平台共建）、在国家平台的基础上开发特色需求功能等方式来完成。

在平台的互联互通建设方面，2014年教育部有序开展平台分布式部署，选择5个省和若干有条件地区、20家以上企业与国家教育资源公共服务平台实现互联互通，协同服务，初步形成国家数字教育资源云服务体系。到2015年，国

① 中央电化教育馆．杜占元在2016年全国电化教育馆馆长会议上的讲话[EB/OL]．[2016-05-30]．http://www.ncet.edu.cn/zhuzhan/ldjh123/20160426/3520.html.

② 中央电化教育馆．中央电化教育馆关于公布2014年度“一师一优课、一课一名师”活动部级“优课”名单的通知[EB/OL]．[2016-05-09]．http://www.ncet.edu.cn/zhuzhan/ztzg/20160321/3420.html.

③ 中央电化教育馆．杜占元副部长在2014年全国电化教育馆馆长会议上的讲话[EB/OL]．[2016-05-30]．http://www.ncet.edu.cn/zhuzhan/ldjh123/20140521/1697.html.

家平台与17个省级平台和一些市县级平台实现了互联互通，形成为全国3 300万师生提供服务的能力，为把国家教育资源公共服务平台建成最具规模与影响力的“数字教育资源超市”奠定基础。

在平台的应用方面，2014年扎实推进国家教育资源公共服务平台规模化应用试点，使试点规模不少于1万所学校、40万名教师、600万名学生，探索形成基于网络学习空间的“优质资源班班通”服务模式。到2015年，国家教育资源公共服务平台注册师生和家长近2 000万人，全国近50%的教师通过平台便捷地获取适用的教学资源①。

（四）数字资源共建共享机制

2013年，资源共建共享新机制初步形成。按照“企业竞争提供、政府评估准入、学校自主选择”的原则，中央电化教育馆计划探索数字教育资源与服务的审查、评价、免费与有偿使用等共建共享机制，初步形成相关办法、规程、规章等规范性文件。

2013年5月5日，国家数字教育资源共建共享联盟成立大会召开。大会协商产生了首届国家数字教育资源共建共享联盟理事会，审议通过了《国家数字教育资源共建共享联盟章程》和《国家数字教育资源共建共享联盟2013年工作计划》。②

为了推动教育资源建设工作顺利进行，确保教育资源建设质量，教育部于2013年9月2日印发了《国家教育资源公共服务平台教育资源审查办法（暂行）》③，开展教育资源与应用服务的评价和审查工作。到2014年6月，已经完

① 中央电化教育馆. 杜占元在2015年全国电化教育馆馆长会议的讲话[EB/OL]. [2015-09-10]. http://www.ncet.edu.cn/zhuzhan/ldjh123/20150428/2563.html.

② 中央电化教育馆. 中央电化教育馆关于下发《国家数字教育资源共建共享联盟章程》等相关文件的通知[EB/OL]. [2016-05-30]. http://news.eduyun.cn/ns/ntongzhitonggao/20130723/346.html.

③ 中华人民共和国教育部. 关于印发《国家教育资源公共服务平台教育资源审查办法（暂行）》的通知[EB/OL]. [2015-09-09]. http://www.moe.edu.cn/publicfiles/business/htmlfiles/moe/s5892/201310/158327.html.

成对“2013年度优质数字教育资源征集活动”资源的评审和对“2013年优质数字教育资源汇聚工作”资源提供者的资质审核。2014年1月颁布《国家教育资源公共服务平台开放API接口规范》[①]，规范平台上的资源汇聚工作。基于这种机制，2015年中央电化教育馆开展了基础教育英语学习工具软件汇聚工作[②]。

第二节 数字资源内容建设与应用

一、资源建设与应用重点项目

（一）基础教育优质数字资源建设指南

2013年，教育部发布了《2013年度基础教育优质数字资源建设指南》（以下简称为《指南》）[③]。《指南》提出了数字资源建设的指导思想、工作原则、建设机制、质量与技术要求，以及2013年建设的内容重点，是继《教育资源建设技术规范》（CELTS-41）和《基础教育教学资源元数据应用规范》（CELTS-42）后一个翔实的建设指导规范。

关于数字教育资源的建设机制，多方广泛参与、多种方式建设和持续建设是其核心。《指南》指出了“数字教育资源的建设机制是吸引高等学校、教育研究机构、教育出版机构、教育信息技术企业以及广大基础教育学校、教师广泛参与和协同建设，采用资源征集、汇聚、共建、捐助等多种建设方式，形成资源建设的源头活水”。

① 中央电化教育馆．国家教育资源公共服务平台开放API接口规范[EB/OL]．[2015-07-24]．http://www.eduyun.cn/u/cms/news/201401/171031211dwr.docx．

② 中央电化教育馆．中央电化教育馆关于“教育云规模化应用示范”项目汇聚基础教育英语学习工具软件的通知[EB/OL]．[2016-05-30]．http://www.ncet.edu.cn/tztgao1/2413.jhtml．

③ 中华人民共和国教育部．教育部办公厅关于开展2013年度优质数字教育资源征集活动的通知[EB/OL]．[2016-05-30]．http://www.eduyun.cn/ns/ntongzhitonggao/20130924/1742.html．

《指南》明确了学前教育、义务教育、普通高中教育和特殊教育四类教育中资源建设的依据、目标和重点内容。例如，在义务教育阶段，重点建设供各学科教师备课、课堂授课使用的教学素材、教学课件和教学工具，有助于解决学科特定教与学问题的教学案例，有利于促进学生理解与建构知识的微课，以及有助于激发学生学习动机，并有利于巩固所学知识，或促进分析、推理能力发展的教育游戏。在普通高中教育阶段，重点建设供学校开设选修课使用的网络课程，综合实践活动、通用技术、艺术等课程教学案例，跨学科的主题教育资源。

《指南》明确了 2013 年基础教育资源重点建设的种类包括教学素材、教学课件、网络课程、教学案例、教学工具和教育游戏，同时提出了资源建设的内容要求、技术要求和版权要求。

《指南》进一步明确了基础教育数字资源的建设要求。针对每种类型的数字资源，给出了基本定义、建设要求（包括教学要求、技术要求）。例如：在建设技术要求中，对于教学素材类资源，分别给出了文本、图形/图像、音频、视频、二维动画、三维演示动画等素材的技术指标；对于教学课件、网络课程、教学案例类资源，提出了实现技术、存储、运行环境、质量、基本组成等方面的要求；对于教学工具和教育游戏类资源，提出了系统结构、安全性、稳定性、设计布局、用户支持服务等方面的要求。

《指南》具有较强的指导意义，为今后各类数字资源建设和应用项目的开展提供了指导规范和参考依据。

（二）优质数字资源征集活动

优质数字资源征集活动是教育部 2013 年开展优质资源建设的主要活动之一。2013 年 9 月 22 日，教育部办公厅发布了《教育部办公厅关于开展 2013 年度优质数字教育资源征集活动通知》[1]，提出在全国各级各类教育机构、团体和学校、有关出版社和企业范围内征集优质数字教育资源（其中包括基础教育资源 6 020 学时），并要求资源提供者需使用资源编目工具对资源进行编目（线上或线下编目）后才能提交资源，从而保证征集资源描述的规范性。

为了落实通知精神，教育部基础教育二司对 2013 年度基础教育优质数字资源建设内容及要求做了进一步的规定，公开征集学前教育、义务教育、普通高中教育和特殊教育的优质数字资源，并启动“微课”“主题教学网站”和“教育游戏”优质数字资源建设工作，同时发布了《2013 年基础教育资源建设内容要求》《2013 年基础教育“微课”建设要求》《2013 年基础教育“主题教学网站”建设要求》《2013 年基础教育“教育游戏”建设要求》等规范文档[2]。

2014 年 6 月 23 日，中央电化教育馆公布了“2013 年度优质数字资源征集”基础教育（中小学、特殊教育）资源评审结果[3]。征集活动共收到各单位报送的基础教育资源约 18 万条，其中包含教学素材、教学课件、网络课程、数字图书、教学案例、教育游戏、教学工具和量规集八种类型。依据《国家教育资源公共服务平台教育资源审查办法》和《2013 年度基础教育优质数字资源建设指南》，中央电化教育馆组织专家对这些资源进行了评审，根据公布的通过名单，最终共有 17 766 条资源通过了评审（大约 10% 的通过率）。

在通过评审的资源中，按照资源类型来看，教学素材、教学课件、教学案例是三种主要类型，共占资源总数的 91.24%；其他类型则占比极少，其中教学

① 中华人民共和国教育部．教育部办公厅关于开展 2013 年度优质数字教育资源征集活动的通知[EB/OL]．[2014-07-04]．http://www.moe.edu.cn/publicfiles/business/htmlfiles/moe/s3342/201309/157910.html.

② 中华人民共和国教育部．关于做好 2013 年度基础教育优质数字资源建设工作的通知[EB/OL]．[2016-05-30]．http://www.moe.edu.cn/publicfiles/business/htmlfiles/moe/A26_gggs/201311/159269.html.

③ 中央电化教育馆．中央电化教育馆关于公布“2013 年度优质数字教育资源征集”基础教育（中小学、特殊教育）资源评审结果的通知[EB/OL]．[2016-05-30]．http://www.eduyun.cn/ns/ntongzhitonggao/20140704/5321.html.

工具占 0.25%，教学游戏占 1.14%，量规集占 1.72%，网络课程占 5.65%（见图 3-2）。

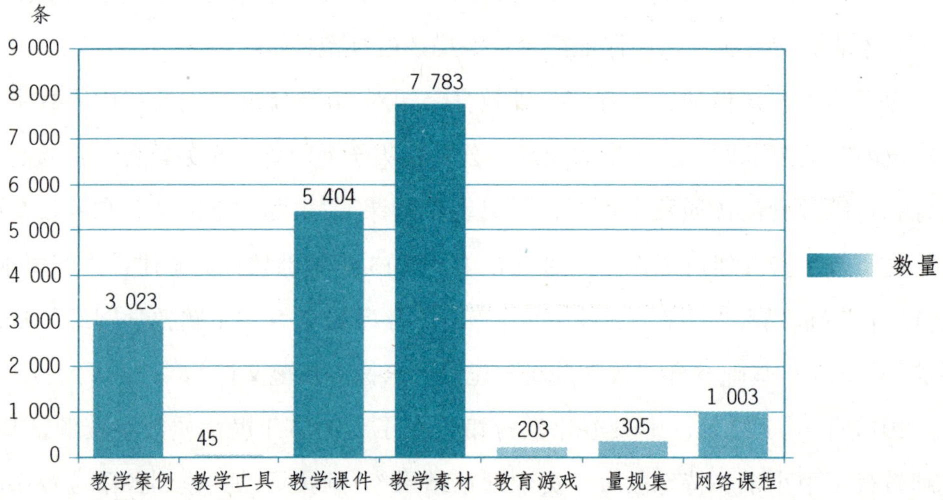

图3-2 “2013年度优质数字教育资源征集”中通过评审的资源分布情况（按资源类型划分）

按照媒体格式分类，数量最多的是视频动画类，占总数的 46.53%，接下来依次为 Word 文档类 19.54%、文件压缩包类 13.81%、PPT 文档类 9.99%；按照学科类型分类，语文、数学、英语的资源分别占 36.92%、24.59%、13.25%，地理、历史与社会、美术、品德与生活、特教语言训练、体育与健康、信息技术、音乐等学科资源都不到 1%；按照年级分类，义务教育学段各年级资源基本保持平衡，八、九年级略多，高中资源则较少，只占 3.39%。

另外，按照提交单位来看，第一批征集活动中共有 20 个单位提交资源。其中，教育部门（包括电化教育馆、教育技术中心、学校等）7 个，出版社 1 家，其余 12 家均为企业，各类单位提供的资源数量占比依次为 27.54%、4.72%、67.75%（见图 3-3）。

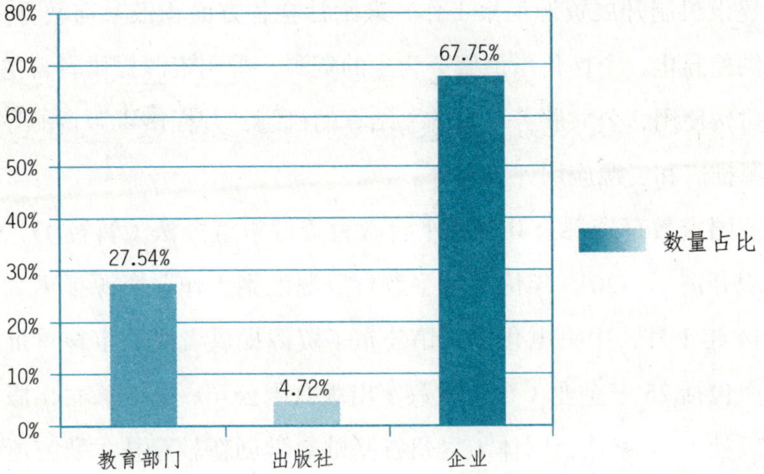

图 3-3 “2013 年度优质数字教育资源征集”中通过评审的资源分布情况（按提交单位类别划分）

（三）优质数字资源汇聚活动

优质数字资源汇聚活动是教育部 2013 年开展优质资源建设的另一项主要活动，旨在建立一种规范的机制，将各地建设的优质资源汇聚到国家教育资源公共服务平台，为广大教师和学生提供差异化、个性化资源服务。

优质数字资源汇聚活动汇聚的资源（基础教育资源部分）包括以下内容：智能化教学工具软件和学习工具软件、教学素材、教学课件、系列授课案例、新课程标准解读专题讲座或视频案例等。汇聚活动对每种资源提出了明确的要求，从内容要求中可以看出，优质资源汇聚具有如下特点。

（1）注重资源的结构化和系列化。与早先资源征集的零散性不同，资源汇聚要求资源系列化，至少支持一个学期的教学活动。系列化的资源更能被用于师生的日常教学。

（2）注重资源的教学属性。资源汇聚要求资源符合新课程标准要求，与教材相配套，同时融入“立德树人”理念。

（3）明确将学科教学工具作为汇聚的主要内容之一。

国家教育资源公共服务平台采取“企业竞争提供、政府评估准入、学生自主选择”的建设机制开展资源汇聚工作，鼓励社会各方面积极参与教育资源建设，汇聚以提供差异化、个性化增值服务为主的资源，采用资源提供者自主定价、使用者按需付费使用、公共服务平台统一结算的机制，并提供资源智能导航、资源推送、资源推广和资源应用评价服务。

基于《国家教育资源公共服务平台教育资源审查办法（暂行）》，中央电化教育馆组织开展了“2013 年优质数字教育资源汇聚工作”资源提供者资质审核工作。2014 年 1 月，中央电化教育馆公布了资源提供者资质审核首批通过单位名单，其中包括 25 家企业（含人教数字出版有限公司、高等教育出版社和外研社 3 家出版社）、1 家社会团体（贵州省基础数学创新教育技术研究所）和 4 家电教系统机构（江西、湖南、湖北、浙江）。这些通过审核的单位将按照《国家教育资源公共服务平台开放 API 接口规范》将其优质资源汇聚到国家教育资源公共服务平台上。根据教育信息化的要求，资源汇聚已被中央电化教育馆作为一项日常工作持续开展。

（四）“教学点数字教育资源全覆盖”项目

“教学点数字教育资源全覆盖”项目是推进优质资源应用的一个重要举措，于 2012 年 11 月正式启动，旨在通过 IP 卫星、互联网等多种方式将优质数字教育资源传输到全国 6.36 万个教学点，帮助农村边远地区开齐开好国家规定课程，满足适龄儿童就近接受良好教育的基本要求。中央财政拿出专项资金实施该项目。①

“教学点数字教育资源全覆盖”项目主要包括三个建设环节：（1）资源整体框架设计，确定教学点数字教育资源的整体框架和主要内容（包括资源结构、内容以及呈现方式）；（2）资源配送，主要是建设可接收数字教育资源并利用资源

① 国家教育资源公共服务平台．教学点数字教育资源全覆盖[EB/OL]．[2015-09-10]．http://jxd.eduyun.cn/cms/.

开展教学的基本硬件设施，通过卫星传输方式，推送数字教育资源至各教学点（除此之外，也可以采用互联网站访问下载、中心校接收后移动存储复制下发等方式进行资源推送）；（3）资源应用，主要是以县域为单位，发挥中心校作用，组织教学点应用资源开展教学，利用信息技术帮助教学点开好国家规定课程，提高教育质量，促进义务教育均衡发展，更好地服务农村边远地区适龄儿童就近接受良好教育的需要。

教学点数字教育资源主要以网络课程的形式呈现，每个课程单元与教材单元一一对应，可以直接用于课堂教师教学，也可以用于学生课后自学。教学点数字教育资源的具体单元结构和特点在本节“网络课程”中阐述。

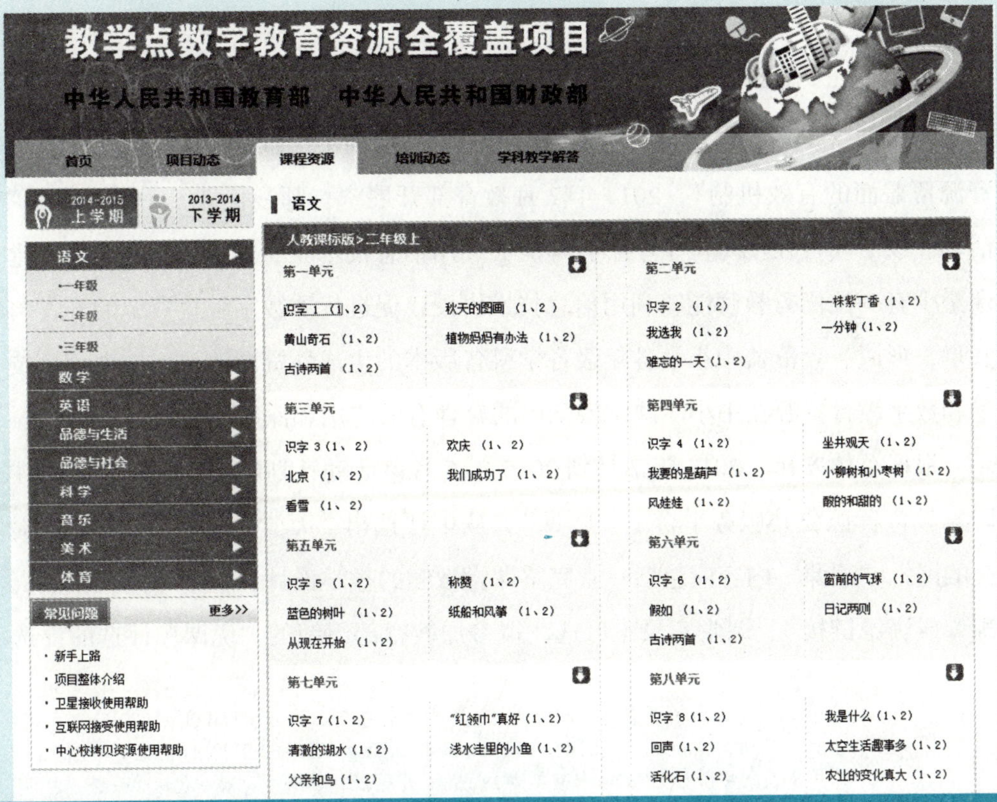

图 3-4 “教学点数字教育资源全覆盖”项目中的教学点课程资源

为了推进教学点数字教育资源应用，2013年11月，中央电化教育馆开展“教学点数字教育资源全覆盖项目”资源应用优秀案例征集评选活动，征集各地教学点利用数字资源解决语文、数学、英语、音乐、美术、思品、体育、科学各学科教学中重难点问题的课堂教学案例，以及项目为教学点带来新气象、新风貌，利用项目设备和资源提高教学点教育教学水平的综合案例。2014年5月15日，教育部基础教育二司开展示范应用典型区域和教学点的推荐工作。

截至2014年11月底，全国已有6.36万个项目教学点全面应用设备和资源开展教学，农村边远地区教学点长期以来缺师少教、无法开齐开好国家规定课程的问题得到有效解决，音乐、美术、英语等课程开课率显著提升。“教学点数字教育资源全覆盖”项目的开展，有力地促进了教育公平和均衡发展。①

（五）“一师一优课、一课一名师”项目

为贯彻落实党的十八届三中全会提出的“构建利用信息化手段扩大优质教育资源覆盖面的有效机制”，2014年7月教育部开展“一师一优课、一课一名师”活动。该活动旨在使每位中小学教师能够利用信息技术至少上好一堂课，使每堂课至少有一位优秀教师能够利用信息技术讲授；促进优质数字教育资源的开发与共享，形成一套覆盖中小学各年级各学科各版本的生成性资源体系，推动信息技术和数字教育资源在中小学课堂教学中的合理有效应用和深度融合。②

根据总体安排，2014年7月到2015年6月该活动计划组织200万名教师在国家教育资源公共服务平台上“晒课”，从中评选出2万堂“优课”。教师所提交的网上“晒课”内容应包括一堂完整课堂教学的教学设计、所用课件及相关资源（或资源链接）、课堂实录（可选，拟参加教育部组织的“优课”评选的评选

① 中华人民共和国教育部．2014年11月教育信息化工作月报[EB/OL]．[2015-09-10]．http://www.moe.edu.cn/publicfiles/business/htmlfiles/moe/s6381/201412/182427.html.

② 中华人民共和国教育部．教育部办公厅关于开展2014年度“一师一优课、一课一名师”活动的通知[EB/OL]．[2015-09-10]．http://www.ncet.edu.cn/zhuzhan/ztzg/20140708/1781.html.

者必选）和评测练习（可选）等。内容须符合2011版课程标准要求，体现学科特点和信息技术应用的融合性，突出展现数字教育资源的课堂应用及如何利用信息技术和数字教育资源创新教学方法、有效解决教育教学的重难点等课堂教学内容。在晒课的基础上，活动采取县（区、市）、市（地）、省（市、区）和国家分级评选的方式，对年度各年级各学科各版本的资源开展逐级推荐评选。

该活动目前已经形成500多万条资源，2015年年底通过网络投票和专家评审，从中评选出部级“优课”1.2万多条。

二、主要类型数字资源的建设与应用

（一）教学素材

1. 概念与特点

教学素材是指教学过程中使用的文本、图形、图像、动画、视频、音频等多媒体材料，是教学课件、网络课程、教学案例等教学资源的基本组成元素，是承载教学信息的基本单位。

教学素材类资源一般粒度较小，在物理上不可再分，是建设其他更大粒度的资源（如教学案例、网络课程）时使用到的基本元素。

2. 建设情况

在早期建设的资源库中，大量资源都被归到教学素材类，因此在目前的各种资源库中，教学素材类资源都占多数。例如，在2013年教育部征集的基础教育优质数字教育资源中，教学素材是数量最多的一种类型，占43.8%，其次是教学课件和教学案例，分别占30.4%和17%，这三者已经占资源总数的91.2%，其他类型的优质资源还非常少。当然这与早期资源类型的标注不太准确也有关，如一些课件也被归到教学素材类。

教学素材类资源又可分为文本、音频、视频、动画、图片等类型。根据对2013年教育部征集的基础教育优质数字教育资源分析，在教学素材类资源中，

62.1%的资源属于视频动画类，Word 文档类占 27.5%，PPT 文档类很少，只有 2 个，单纯音频类资源较少，仅占 0.2%，图片类由于信息较单一，在征集活动中没有单独呈现，但在实际的资源库中，图片类型的教学素材类资源数量还是比较大。

3. 应用

在应用中，教学素材类资源的需求比较大，尤其是在制作教学课件或网络课程时。在这种情况下，就要求素材库必然是个比较庞大的库，涵盖各类教学素材；但与此同时，如果教学素材类资源的分类不够细致、系统或者资源的描述信息不足（如对主要元数据项的描述缺失或不具体），那么该类资源就很容易被湮没在海量的资源中，无法被充分利用。

（二）教学案例

1. 概念与特点

教学案例是指记录教育教学过程中发生的教学活动及典型意义事例的资源，可用于教师总结教学经验，开展教研，促进教学水平提高。每个教学案例需要包括教学设计方案、教学课件、课堂视频实录、教学反思四个部分内容，形成一个完整的教学案例。

教学案例类资源一般比教学素材类粒度大，由构成教学案例各个部分内容的教学素材类资源组成。

2. 建设情况

教学案例类资源的建设近几年受到越来越多的重视，将实际教学中优秀的课制作成教学案例，是教师开展教研活动的一种重要手段。

早期的教学案例作为一种资源类型包含在资源库系统中，案例内容比较单一，如一个教学设计文档或一个动画。通常资源库系统未提供一种直观的呈现方式来展现这些案例，用户要查看这些案例需要下载案例资源包，在本地解压后才能观看，操作比较烦琐，有时用户还需要在本地安装配套的软件才能观看到这些案例的内容。近年来出现了一些专门的教学案例平台，通过一组网页将案例各部分内容组织起来，提供在线浏览功能，大大提高了资源的可用性。

中央电化教育馆在2013年将其组织的一些项目评比活动中的优秀作品制作成案例资源，通过其“作品交流点评系统”进行分享。例如，2013年的“互联创未来”项目和“网络条件下促进小学生能读会写”项目共征集到287个优秀作品，这些作品分为两类：一类是以课堂教学视频为主的作品，一类是以体现师生共同完成一个项目过程的PPT为主的作品①②。在作品构成上，这些作品基本符合前面提及的“教学案例”构成要求，即包括课堂视频实录、教学设计、教学反思和相关附件。在教学案例的分享过程中，专家和教师可以对案例进行点评，形成案例的生成性资源。

上海市闵行区将日常优秀的课堂教学实录制作成精品案例。在案例构成上，这些案例除了具备基本的课堂视频实录、教学设计、教学反思，还增加了教学研讨、相关学习资源等内容。这些优秀案例在教研活动中得以使用，教师将自己的思考通过网站发布后，进一步丰富了教学案例的内容，使之更加鲜活。

3. 应用

教学案例类资源除了课堂视频实录，还融汇了教学设计、教学反思等内容，其目标用户主要是教师。教师通过对教学案例的学习、交流和研讨，吸取案例中好的做法或剖析存在的问题，从而达到提升教学能力的目的。

教学案例类资源一般为单个课堂教学实录的结构化组织，粒度适中，比较容易被重用。但教学实录一般时间较长，不便于视频素材的重用。如果能够将视频内容根据案例特点进行进一步切分，将大大提高资源重用的效率。

① 中央电化教育馆．中央电化教育馆关于公布中国教育发展基金会－戴尔“互联创未来”项目2013年作品评比结果的通知[EB/OL]．[2016-05-30]．http://www.ncet.edu.cn/zhuzhan/ztzg/20131226/1388.html.

② 中央电化教育馆．中央电化教育馆关于公布“网络条件下促进小学生能读会写”项目2013年作品评审结果的通知[EB/OL]．[2016-05-30]．http://www.ncet.edu.cn/zhuzhan/ztzg/20131226/1389.html.

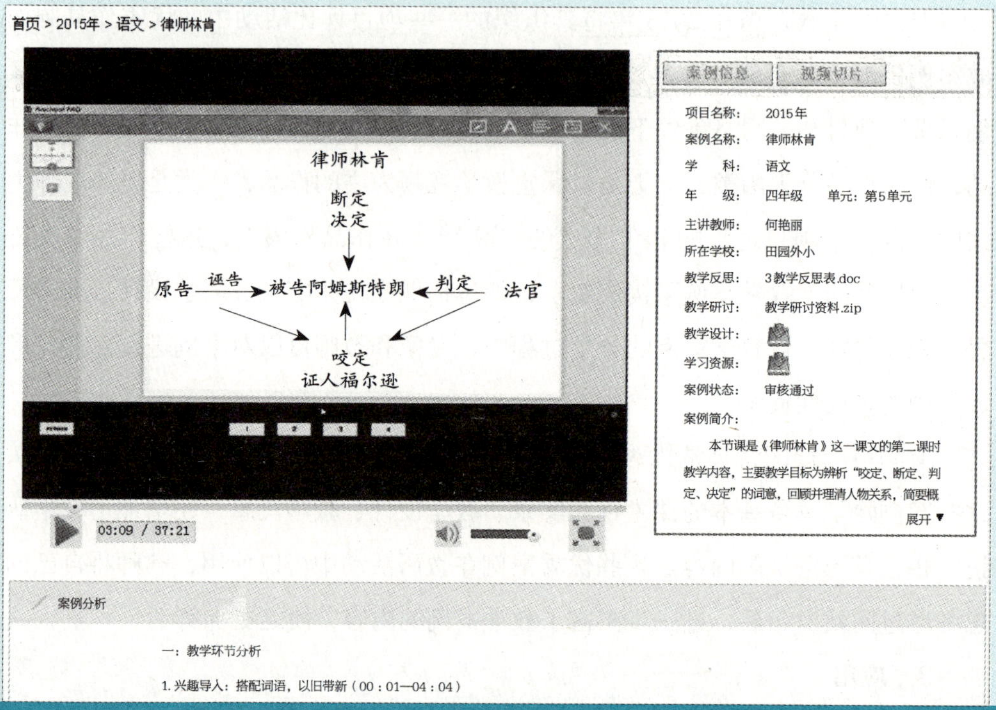

图 3-5 上海市闵行区的数字化语文教学案例示例①

（三）网络课程

1. 概念与特点

网络课程是指以计算机网络为基础实现的课程教学内容及实施的教学活动总和。从组成内容来说，它包含教学目标、教学内容、教学活动和评价方法等课程教学必备的要素。从组成形式来说，它包含符合网络学习特点，按照一定的教学目标组织起来的课程教学内容和网络课程教学支撑环境，以及基于以上二者开展的网络教学活动。

从网络课程的定义来看，网络课程是粒度最大的一类资源。广义上的网络课

① 闵行区教育局．数字化教学典型案例集[EB/OL]．[2015-07-28]．http://e5.mhedu.sh.cn．

程不仅包括课程内容，还包括教学支撑环境和教学活动。这里主要关注网络课程内容。

网络课程一般以课程单元系列的形式出现，与教材内容相对应。网络课程主要支持学生自学，包括对重点难点的预习、复习、练习与测验等。对于一些农村边远地区，网络课程也可以被教师在课堂上使用或用于教研观摩，如前面提及的教学点数字教育资源。

从内容组织形式上看，网络课程主要有三种类型：(1) 网页组，通过一组网页（其中可嵌入多种媒体形式的元素）将一节课的各个内容要素组织起来；(2) 独立应用软件，将一节课中各个内容要素集成在一个程序中（如动画或可执行程序）；(3) 系列视频，主要由一系列视频构成，一节课对应一个视频，缺少其他教学元素，一些专题教育资源或专题讲座使用这种形式组织课程。

2. 建设情况

目前网络课程多以独立的网站（学习网站）形式存在，在早期建设的资源库中，网络课程形式的资源较为少见。近几年出现一些网校，向广大中小学生提供网络课程资源及服务，如北京四中网校（http://www.etiantian.com/）、学而思网校（http://www.xueersi.com/）、简单学习网（http://www.jd100.com/）等。

农村中小学现代远程教育工程教育资源系统中的网络课程是以网页形式为主来进行呈现，各个内容要素比较完整，每节课包括学习目标、重难点分析、活动建议方案、媒体资源、学习评价、工具和方法等内容（见图 3-6）。其中，“活动建议方案”包括流程框图、活动设计方案，“媒体资源”包括核心资源和拓展资源。

为了适应不同学生的认知特点，网页上的课程内容组织形式可以更加灵活。例如，“教学点数字教育资源全覆盖”项目中的网络课程针对小学生学习的特点，去除传统网页的框架形式，使界面更加简洁、活泼，但同时也容纳了网络课程的所有内容要素。每节课为一个资源模块，包括教师上课、学生自学、拓展资源等内容，既可以辅助教师上课，也便于学生自学（见图 3-7）。其中，“教师上课”

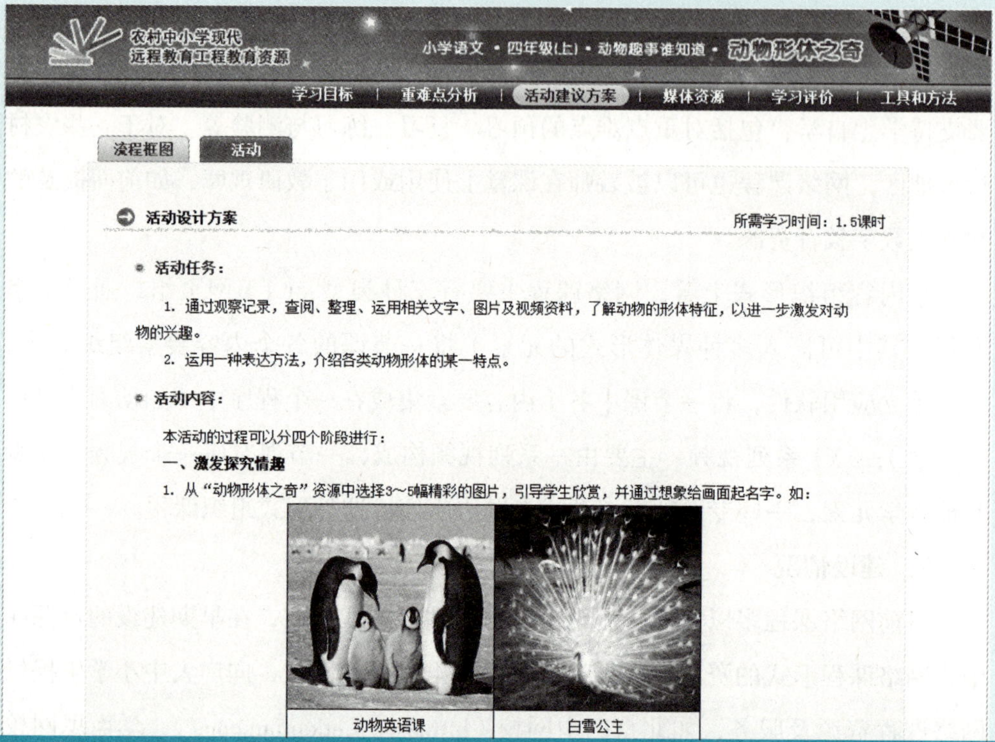

图 3-6　农村中小学现代远程教育工程教育资源系统的网络课程示例①

以网页的形式描述上课的主要环节，辅以相关的多媒体素材；“学生自学”包括“跟我学”和“练一练”两个部分，“跟我学”以视频形式展示上课过程，“练一练”以文档形式提供本节课的练习；“拓展资源”包括相关的“教学设计”和“常见问题”等文档类型资源，资源可以资源包的形式下载，主要以网页方式组织。

北京四中网校网络课程的入口采用一种类似“任务面板”的展现形式，将“诊、学、练、测”集为一体，一目了然（见图 3-8）。该网络课程不仅提供内容学习，更是一个完整的学习系统，提供学习支撑环境，记录学生学习、练习和测

① 中华人民共和国教育部．农村中小学现代远程教育工程教育资源[EB/OL]．[2016-05-18]．http://ipsm.hner.cn/xxpd/tjxx/shang/yw/4/07/23/23_1/index.html．

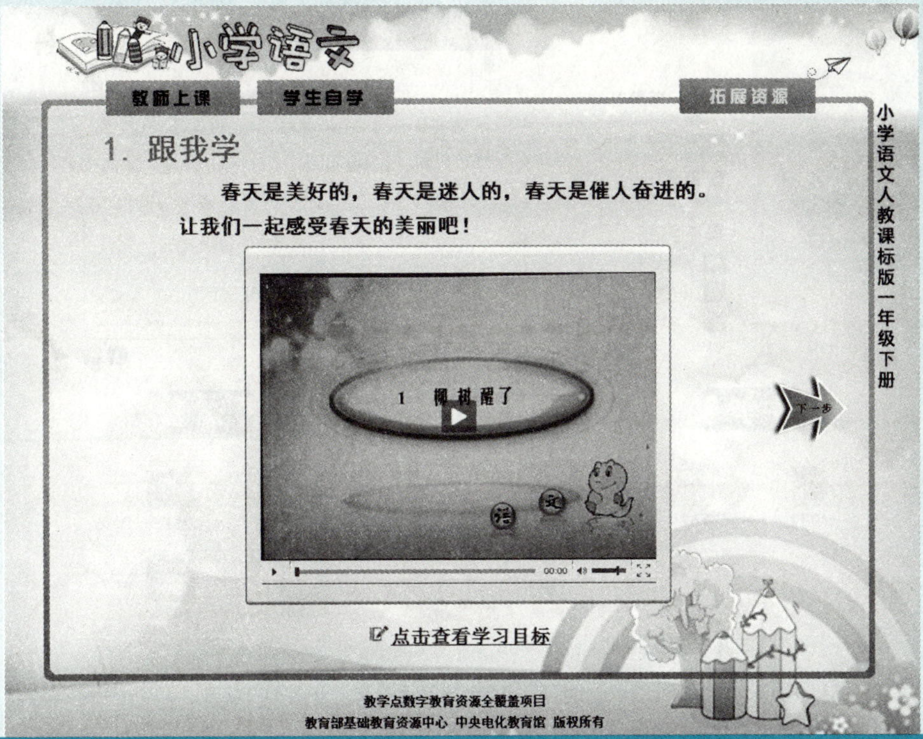

图 3-7 “教学点数字教育资源全覆盖”项目的网络课程示例

试的情况，并以此对学生的学习情况进行诊断，发现问题，提供定制的个性化学习方案。另外，该网络课程还针对不同的学习任务，根据任务及学科特点，对网络学习内容采用不同的组织。例如：对于语文学科中的“知识导学”，设计了“梳理运用”“课文讲解”“拓展阅读”“巩固练习”等环节；对于所有与练习、测试有关的内容，都提供“答案与解析”模块，用于给出正确答案，对试题进行分析，同时给出下一步学习任务的建议。

另外，一些网络课程中的模块采用了独立软件的形式，将各个内容及活动部分集成在一个小软件模块（如 Flash）中。例如，佛山名师网络课堂中的每个学习单元就是采用这种形式（见图 3-9）。

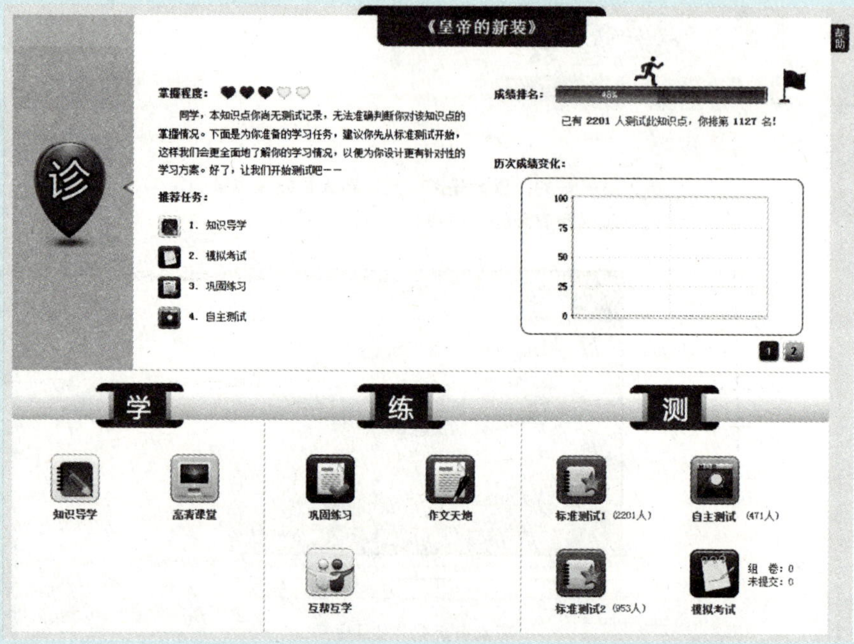

图 3-8 北京四中网校的网络课程示例（中学）

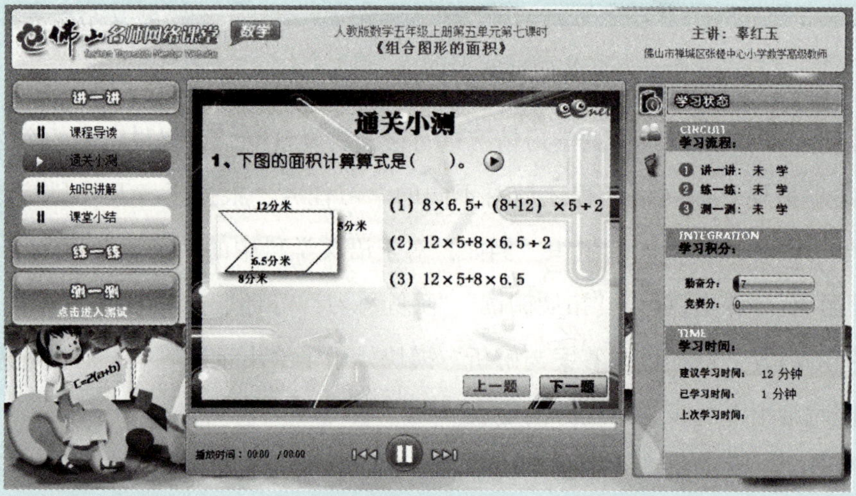

图 3-9 佛山名师网络课堂示例

3. 应用

从资源建设角度看，网络课程呈现系列化的特点，与教材知识点相对应，而且经过了专门的教学设计，比普通素材对学生更有价值。从资源粒度角度看，设计好的网络课程大多粒度比较大，一般不便于教师在课堂上完全照搬，在实际中更多是由教师或家长引导学生在课后使用。但对于农村边远地区，优秀的网络课程也可以在课堂上被采用，以解决学校师资薄弱等问题（如教学点数字教育资源）。

目前，网络课程对资源重用的贡献度比较低。作为一种大粒度的资源，网络课程无法直接被重用，而要重用其中的一部分也比较难，这主要是因为：一是课程各组成部分通常缺乏详细的元数据描述，用户无法通过资源检索系统对其进行检索；二是网络课程平台一般不提供完整课程下载，即便提供下载，对于以网页形式组织的课程，用户也不易查找到具体的内容，而对于以独立软件形式存在的课程，根本无法重用其中的内容。

（四）微课

1. 概念与特点

微课的定义众多，这里采用教育部针对2013年度基础教育优质资源建设工作在《2013年基础教育“微课”建设要求》中给出的定义，即“微课是指按照最新颁布的国家课程标准及教学实践要求，以帮助学生掌握课堂教学中单个知识点为目的，以视频为主要媒体形式的数字教学资源”。

微课的核心是教学视频，针对不同需求，视频内容类型有知识点讲解、操作过程演示、模拟与实验等多种；此外，微课资源还包含相关的练习测试及学生反馈等支持性资源。

微课的基本特征主要体现为以下几点。

（1）**主题突出，指向明确。**微课的设计、制作与使用均围绕单个教学知识点展开，其目的在于帮助学生达到学科课堂教学中单个知识点的教学目标。相对于传统类型资源要完成复杂众多的教学内容、达成多个教学目标而言，微课的教学目标相对单一，教学内容更加精简，教学主题更加突出，教学指向更加明确。

（2）以“视频”为核心，切合实际教学需求。微课以教学视频为核心，视频内容根据具体学科的教学内容和教学目标，可以是知识点分析与讲解、操作过程演示与示范等；根据实际需要，视频中可插入动画等媒体形式。除视频外，微课还包含学生练习测试、反馈评价等模块，它们以一定的结构组合呈现，共同营造与具体教学活动紧密结合、真正符合教学实际的“微教学资源环境”。

（3）短小精悍，使用方便。微课视频时长短，一般为 3～10 分钟，最长不超过 15 分钟，符合视觉驻留规律和中小学生认知特点。用户可以流畅地基于多种终端在线使用微课资源，也可灵活方便地将其下载保存到各种多媒体数码终端设备上实现移动式个性化学习。

一个与“微课”类似的概念是“微课程”。本报告认为微课程是微课的系列化，是由若干微课和相关学习目标构成的有组织、完整的教学单元。微课程具有系列化、连续性、层次化的特点，可以向学生传授一个相对完整的知识专题，适合学生的自主学习。

2. 建设情况

从 2010 年广东省佛山市举办首届中小学教师微课作品大赛开始，国内便掀起一阵微课建设热潮。2010 年的微课作品大赛共征集到 1 700 多个微课作品，从作品数量、教师参与人数到社会效应再到一线教师的反馈，都出乎意料。[①] 之后各级教育部门和相关单位组织了多次重要比赛。例如：2012 年中国教师报举办首届中国微课程大赛，2012 年教育部教育管理信息中心举办中国微课大赛；省级微课大赛则更多，北京市、广东省、浙江省、江西省、江苏省都举办过类似活动，活动征集的作品多达过万件。

广东省佛山市是开展微课建设较早的地区，目前其建设的优课网（http://

① 胡铁生，詹春青．中小学优质“微课”资源开发的区域实践与启示[J]．中国教育信息化，2012(22)：65-69.

www.u-class.com.cn/）收集了历届微课征集活动的 2 万余件优秀微课作品（佛山市的微课征集活动到 2013 年已经举办了三届，2014 年后广州、肇庆等其他城市的作品加入），其中热门资源的浏览数超过 700 万次。优课网中的微课作品由微课视频和相关附件（如微教案、微习题、微课件等）构成（见图 3-10）。

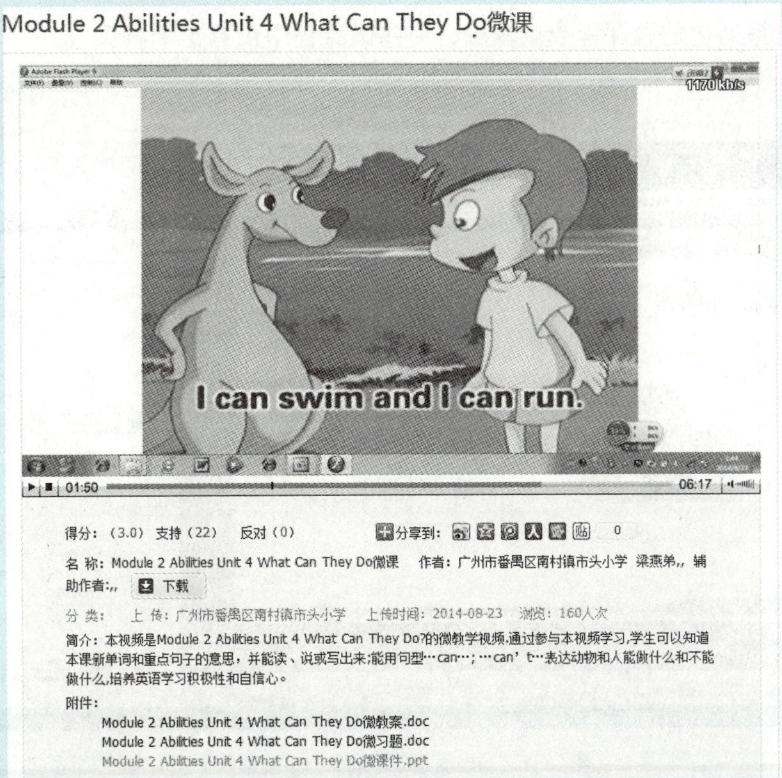

图 3-10　优课网中的微课资源示例

2012 年首届中国微课大赛中的微课作品包括微视频、微教案、微课件、微反思和微习题等部分[①]，其中核心资源是微视频，其他为辅助性教与学内容。大

① 教育部教育管理信息中心．中国微课大赛[EB/OL]．[2015-07-23]．http://dasai.cnweike.cn/.

赛征集的作品数超过2万件，参赛地区包括山东、广东、江西等15个省（直辖市），大赛最后遴选出优秀微课600件。在这些征集的作品中，个别作品的播放次数近40万，播放次数超过1 000的作品有449个（占总数的1.9%）（截至2016年5月9日）。除了展示大赛作品，中国微课网还推出了中小学教师“专题微课程”发布功能。到2016年4月，中国微课网上共有微课程228门，不过其中真正系列化的微课程数量较少，一些微课程中仅有1个微课。

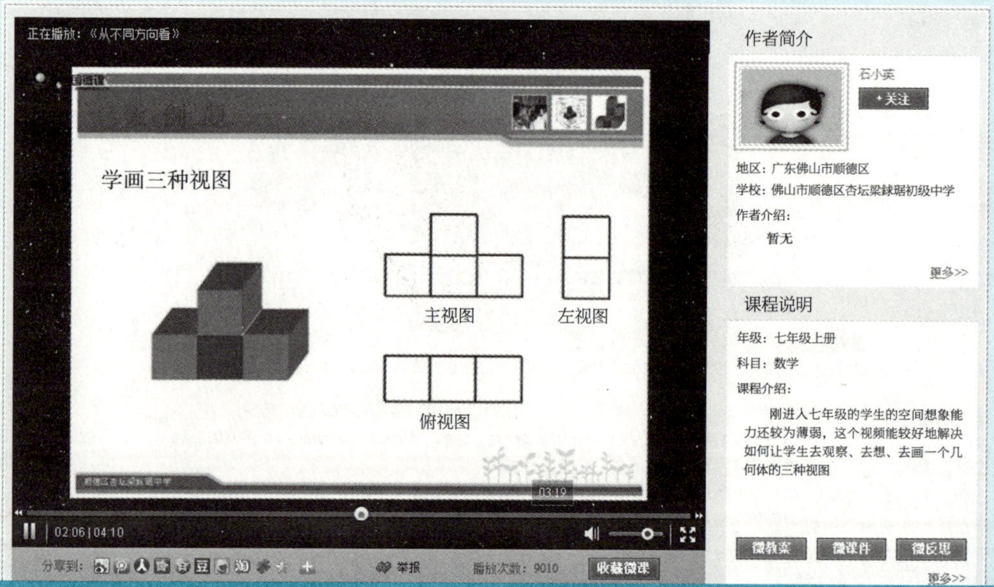

图3-11 中国微课网中的微课资源示例

2013年11月20日，中国教育学会、全国高等学校现代远程教育协作组、中国学习与发展联系会联合95家学校共同发起成立了微课程资源共建共享联盟，旨在组织实施微课程资源共建共享计划，发动全国范围内的微课程爱好者，形成自上而下和自下而上相结合的微课程资源建设模式，依托多种方式共建共享，推动微课程优质资源向全社会开放。2015年3月，中国教育学会等单位组织开展第三届全国微课（程）优质资源展示活动，从活动平台上展示的微课资源来看，这些微课在构成上仍然是以视频为主，缺乏其他辅助性教学内容。

浙江省从2013年到2015年均举办了基础教育微课作品征集/开发活动，征集的资源在浙江微课网（http://wk.zjer.cn/）中展示。浙江微课网中的微课主要是以微课程的方式组织，一个微课程包含服务于一个专题的多节微课。微课以视频为主，提供相关材料（如课件、教案等）的下载。

为了加强对微课资源的建设，2013年教育部启动了“微课”优质数字资源共建工作，提出微课资源主要包含以下几个部分：（1）教学需求分析，包括学习者起点水平分析、学习内容分析、教学目标分析；（2）教学视频，包括学习导入、阐述与解释、总结与反思；（3）练习与测试，包括练习与测试题目以及解答过程与答案；（4）相关学习资源①。活动对每个部分的媒体形式做了比较详细的规定，通过明确对微课资源的建设要求，促使微课资源建设从早期分散的大赛征集形式转向较规范、系列化的建设模式。从近年微课征集活动对微课的要求中可以看出，微课的内容、形式在走向规范化。

3. 应用

早期的微课资源主要是在各类微课大赛中积累的，较为零散，多是关于重点、难点或特定知识点的教学作品，一些是课堂实录的片段，由于缺乏系统性和系列性，难以被学生使用。

目前，微课资源建设逐步呈现出系列化的趋势，用户逐步转向学生，系列化的微课资源可以辅助学生更好地理解和掌握学科知识点（具体应用形式可以包括知识点讲解、过程演示、例题/难题讲解等），便于学生自主学习。随着微课建设逐渐规范化，各地各单位也在摸索适合基础教育的微课应用模式，力图通过微课的使用，提升学生学习的自觉性和主动性，有力推动自主学习和探究学习在常规课堂中的实施，同时也帮助教师转变在教学中的角色，引导他们变革传统的师

① 中华人民共和国教育部. 关于做好2013年度基础教育优质数字资源建设工作的通知——2013年基础教育“微课”建设要求[EB/OL]. [2016-05-30]. http://www.moe.edu.cn/publicfiles/business/htmlfiles/moe/A26_gggs/201311/159269.html.

生授受式教学模式，实现翻转课堂等新的教学模式，促进教师的专业成长。

从资源重用角度看，微课视频时间短，更易于直接重用。例如，在网络课程的知识点讲解和试题解析中可以嵌入对应的微课视频，使微课资源得到进一步共享。但另一方面，目前微课资源一般是以专题网站形式建设，没有纳入各地资源库提供统一访问，因此不利于微课资源在更大范围内得到共享。

（五）慕课

1. 概念与特点

慕课（Massive Open Online Courses，MOOC）这一术语是2008年由加拿大人Dave Cormier与Bryan Alexander联合提出来的，指“大规模开放在线课程”，是由主讲教师负责的，通过互联网支持大规模人群参与的，以讲课视频、作业练习、论坛活动、通告邮件、测验考试等要素交织的教学过程①。

慕课实质上是一种网络课程，但其区别于一般网络课程的特点主要在于规模性和开放性。

（1）规模性。慕课的规模性体现在参与学习的人数具有规模性，由于慕课突破了地域范围的约束，更多人可以自由地选择自己感兴趣的课程。例如，2011年秋美国斯坦福大学的人工智能导论课程吸引了来自世界各地的16万人注册学习，近10%的人通过考核获得证书。当学生达到一定的规模，学生之间的互动将会发挥重要作用，甚至超过教师的作用，因此规模性既是慕课的目标，也是慕课的手段。

（2）开放性。慕课是开放的，学习者可以免费获取其中的学习资源，参与其中的活动。慕课的应用突破了地域范围、经济条件、交流群体、师资力量等限制，给学习者带来了教育公平的可能性。

除了规模性和开放性之外，主讲教师对学生学习过程的监控管理以及与学生

① 李晓明．MOOC：是橱窗？还是店堂？[J]．中国大学教学，2014(5)：15-18+11．

之间的交互也是慕课的特点。

2. 建设情况

慕课发源于高等教育，不过在我国，基础教育也正积极加入这个热潮之中。

2013 年 9 月，华东师范大学成立慕课中心，并牵头成立了 C20 慕课联盟。该联盟包括小学、初中、高中三个阶段各 20 所学校，力求通过创建优质教学微视频，实现优质教育教学资源共享，推动中国基础教育课堂教学改革。2014 年，“华师慕课”网（http://www.c20.org.cn/）开通，在分享名师名课、微视频资源和精选翻转课堂案例的同时，还提供开放课程学习平台以及微课程学习、问题讨论、在线练习、进阶作业、在线答疑等辅助学习模块，支持学生自主学习。从资源建设角度看，该网站初步采集了基础教育的 18 600 余个微课程资源，资源呈现形式以视频播放为主。

2013 年 8 月 23 日，人大附中启动了“1+1 慕课教学”，即“双师教学”，利用网络把人大附中等学校的优质课程同步直播到广西、重庆、内蒙古、河北、北京等地的 10 余所试点学校。当地教师先组织学生观看教学视频，在人大附中教师远程主讲课程结束后，再根据本班情况有针对性地开展其他辅助教学活动，包括组织学生讨论、总结、答疑和批改作业等。这种同步直播模式还派生出其他两种应用模式：（1）利用录播的资源上课，主要是当地教师课上播放录播内容，并进行补充讲解；（2）参考视频后直接上课，主要是当地教师提前观看视频，参考人大附中教师的课程内容与教学方法，选用其课程元素直接授课。从资源建设角度看，“1+1 慕课教学”采用直播课程形式，其数字资源实体是录播下来的课堂实录及相关教学参考资料，解决的主要是课堂教学问题。

3. 应用

与在高等教育中学生利用慕课开展自学不同，在基础教育中慕课的应用不仅在于向学生提供一种灵活的自主学习方式，更面临着与现实课堂有机配合的挑战。相对于其他类资源，慕课更强调其在教学中的应用模式。由于中小学生具有年龄小、学习自觉性较低等特点，因此对于我国基础教育来说，完全照搬国外高等教育中的慕课教学模式并不完全适合，而需要探索面向基础教育的应用模式。慕课在基础教育中的应用主要体现在三个方面①。

（1）帮助实现班级授课制背景下的个性化教育，为因材施教提供可能。学生在课前自主学习视频（基础不好的学生可以对照视频反复学习），完成前测练习，检查预习情况；在课后可以复习所学知识点，完成该知识点对应的检测作业题，根据检测结果，可以选择学习下一个知识点还是继续复习相关难点问题。教师则可以根据学生对知识点掌握的情况，进行有针对性的辅导、答疑、拓展深化。

（2）支持翻转课堂等新的教学模式。学生在课后自学微视频中的知识点内容，同时完成相关练习或实践；教师在课堂上可以进一步梳理知识，分析学生在线数据，展示学生作品，组织学生利用所学知识开展合作探究等活动，实现拓展创新。

（3）实现优质教育资源的共享，促进教育公平。农村边远地区的师生可以使用慕课开展授课与学习，充分利用优质教育资源。

总体看来，目前国内基础教育中的慕课建设和应用尚处于起步阶段，无论数量和应用都没有达到慕课所要求的规模化，这和基础教育以现实课堂教学为主的教学特点有很大关系。另外，从资源形态本身看，慕课与网络课程类似，对于后者在资源重用方面遇到的问题，慕课也同样存在。

（六）教学工具

1. 概念与特点

教学工具是指针对知识点（簇）能够在一个或多个方面为不同学生或教师的学与教活动提供有效支撑的软件，它可以一节课或一个单元为单位组织，也可以学科为单位组织。学科教学工具软件主要分为教师备课工具、学生学习工具和仿

① 王晓波，牟艳娜，李奕，等. 慕课——多元在线教育形态的创新与发展[J]. 中小学信息技术教育，2014(2):27-30.

真实验室等类型。

与其他类型的资源相比，教学工具一般能够独立运行，因此我们可以认为其具有较小粒度。但从功能角度考虑，教学工具既可以是以一个知识点为单位，如利用几何画板建立的小工具，也可以是以一节课甚至是一个学科为单位，如物理仿真实验室软件，因此根据组织单位的不同，教学工具所包含的功能存在较大差异。

作为一种资源形式，教学工具在构成上除了工具软件本身外，一般还需要包括帮助文档和应用案例，以便更好地支持和启发用户使用。

作为一种在教学活动中使用的软件工具，教学工具应具有设计简明、导航合理、操作简单、易于安装和卸载等特点，从而具有良好的可用性。

2. 建设情况

教学工具是目前资源建设的一个薄弱类型，早期建设的资源库很少包含此种类型，少量教学工具以教学素材或课件的形式存放在资源库中。例如，在2013年中央电化教育馆征集的优质数字资源活动中，教学工具仅有0.25%的占比，而且只有一种形式，即基于几何画板建立的一些小工具。由于教学工具制作的门槛较高，除了一些小的展示工具（如基于几何画板制作的工具）可以由学科教师制作外，大部分教学工具（如一些仿真实验软件）需由专业公司制作完成。因此，在2013年和2014年并未见到成规模的教学工具资源建设，大量教学工具类资源分散在各类软件下载网站或App应用商店中。2015年开始，教学工具类资源建设受到越来越多的重视，一些资源网站开始增辟教学工具类资源（应用）栏目，提供在线应用软件或教学工具的下载。

国家教育资源公共服务平台开辟了“应用”专栏，提供应用分类导航，涉及备课授课、互动课堂、协作互动、网络课程、网络教研、作业测评、数字图书馆、语言学习等类别（见图3-12）。这些应用既包括一些免费工具，也包括收费工具。目前该平台提供的应用数量仍然比较少（不超过20个）。

图 3-12 国家教育资源公共服务平台中的应用分类导航

湖南省基础教育资源网（http://www.hnzyzx.com/）开辟了一个“应用中心”专栏，提供一些教学应用工具（18 个）。这些应用工具粒度较大，如仿真实验，本身就是一个大的可执行程序，有的则是一个网站。

国内一些软件下载网站提供了教育相关类别的软件的下载，这些软件多是在 PC 上运行。例如：华军软件园（http://www.onlinedown.net/）设置了“教育教学”分类，提供文科工具、理科工具、外语工具、天文地理、电脑学习、教育管理、考试系统、电子教室等多种类型的软件；天空下载（http://www.skycn.com/）设置了“教学软件”分类，提供电脑学习、英语学习、作文大全、数理化等多种类型的软件，共计 6 000 多个。

对于平板电脑，面向 iOS 和 Android 系统的应用商店也提供了大量教学软件。苹果应用商店专门设置了“教育”类应用栏目（见图 3-13），除了按科目之外，还提供了按主题组织应用的方式，如“学而不倦”“教师必备”“轻松学编程”等。但是大多数 Android 应用商店没有对教学软件进行进一步的分类。

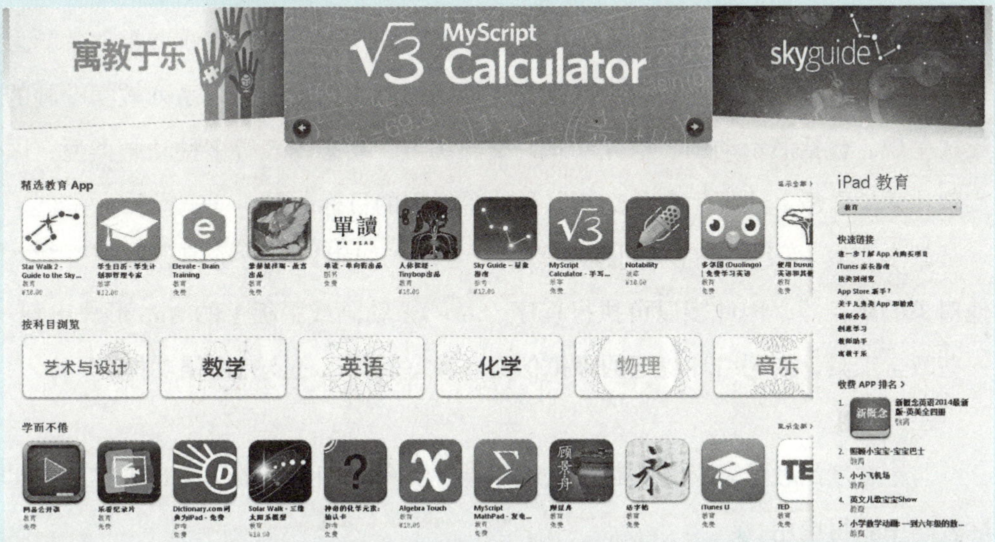

图 3-13　苹果应用商店中的“教育”类应用

这些商业网站和应用商店对教学工具软件的分类存在较大差异，或是没有进行细分，或是细分的类别与实际教学应用需求不切合，不便于教师查找。这些网站中关于软件的描述一般较简单，更加缺乏实际教学案例，因此虽然提供的软件在数量上较多，但是鱼龙混杂，不利于查找和使用。

国内一些企业开展了教学工具的研制。例如，东师理想研制了虚拟仿真实验室和系列学科教学工具。其中，虚拟仿真实验室是网络环境下的实验教学软件，涉及小学科学和初高中物理、化学、生物、地理等学科，每个实验包括实验操作及现象模拟（仿真）、原理解释、探究知识与实际生活联系等功能，是对常规实验室的补充、完善和提高；学科教学工具针对教师在常规教学中普遍面临的抽象知识难讲解、微观现象难展示、个性化教学内容构建困难以及公式、符号、图形、图像、图表不易编辑等问题而研发，为教师备课、讲课、组织学生学习搭建高效的数字化环境，教师可以根据需要动态组合教学软件，以解决个性化教学软件制作困难问题①。优学派智慧教育平台提供了“教学工具”栏目，其中包含十余个支持英语、语文、数学学习的小工具，如单词速记、汉字学习、图形计算器等②。同方知好乐提供学科动画教具，这些教具是以学科知识点或者教学主题为单位，针对突破教学难点和组织课堂交互活动的需求而设计，以系列教学动画的形式呈现，包括演示动画、探究动画、交互练习、动态图表等多种动画类型，以实现让学生看懂、让师生充分交流以及简单好用的目标③。

教学工具一般均支持不同程度的用户互动，如用户参与练习、对图形和其他对象的操控等，因此多以可执行程序（.exe）、动画或平板上的 App 形式出现。一些教学工具，如网络环境下的虚拟仿真实验室软件，还支持网络功能。

3. 应用

与小粒度的教学素材和大粒度的网络课程类资源相比，教学工具更容易在实际教学中获得应用。

教学工具一般能将抽象（如几何、物理的原理）、宏观（如天体、地理）、微观（如化学分子、原子、动植物细胞）的现象以更加生动、直观的形式展示给用户，同时允许用户参与其中的互动，是一种很好的教学手段，因此在实际教学中受到教师和学生的欢迎。教学工具的主要应用方式包括：（1）教学展示，由教师使用教学工具对相关知识点或操作进行展示，其中教学工具可以独立使用，也可以嵌入教师课堂教学课件中；（2）学生学习与操练，由学生在课上或课下利用

① 东北师大理想软件股份有限公司. 学科教学工具[EB/OL]. [2015-09-10]. http://www.dsideal.com:7777/xkjxgj/index.shtml.

② 优学派智慧教育平台. 教学工具[EB/OL]. [2016-09-02]. http://www.anoah.com/index.php?r=site/tools.

③ 清华同方知好乐教育科技（北京）有限公司. 动画教具[EB/OL]. [2015-09-10]. http://www.tfedu.net/gywm_sanjiyemian_donghuajiaoju.html.

教学工具对所学知识点进行学习和练习，以加深理解。近几年，随着电子书包项目的开展，教师和学生可以使用平板电脑运用一些教学工具软件进行课堂教学。例如，使用应用商店中的开心词场软件帮助学生认读单词、引导学生自主听读学习，使用快乐英语软件欣赏英语歌曲，利用 iBooks 应用制作练习，利用虚拟乐器软件帮助学生进行试唱练习等。这些有针对性的教学工具，大大丰富了教学的资源，激发并提高了学生学习的兴趣。①②

目前大多数的教学工具类资源尚未纳入资源库的管理，分布比较分散，同时分类规范缺乏、元数据描述不完整（一般采用通用软件的描述，教育属性描述缺乏）等问题的存在，也使得这些资源不利于师生发现和使用。一些教学工具类资源粒度较大，如大型的仿真实验软件，其应用场合的灵活性也受到限制。

从资源重用角度看，教学工具由于其呈现形式多为可执行程序、动画或 App，故不易于再次修改使用。当然，一些利用工具产生的二次作品，如使用几何画板制作的小工具，在一定程度上具有重用的价值。

综上，表 3-1 对上述各类型数字资源的建设与应用情况进行了汇总。

表 3-1　主要类型数字资源的建设与应用情况对比表

资源类型	资源粒度	建设情况	应用	共享重用
教学素材	小	各地资源库已经积累了大量教学素材类资源	教师使用为主，备课用资源，引导学生使用	易重用
教学案例	中	逐步开展规范化建设，积累了一定量资源	教师使用为主，开展教学研究	较易重用
网络课程	大	以网校形式建设的网络课程居多，较为系列化	学生使用为主	不易重用

① 顾静. 我的课堂我做主——小学英语课堂转型之 Ipad 教学实践初探[J]. 课程教育研究，2013(20)：84-85.

② 李小春. iPad 教学观摩课引起的思考[J]. 中国现代教育装备，2012(12)：17-18.

续表

资源类型	资源粒度	建设情况	应用	共享重用
微课	中	发展迅速，教师较多参与建设	教师教研（征集的非系列微课），学生使用（系列微课）	较易重用
慕课	中	内容以微视频为主，支撑平台建设较少	教师、学生使用	不易重用
教学工具	小～大	数量较少	教师、学生使用	大部分不易重用

第三节 数字资源标准与规范

一、元数据

元数据是关于数据的数据，教育资源元数据就是对教育资源的基本描述。使用结构化的元数据对资源进行描述将有利于资源的检索、数据交换与共享。

目前关于元数据的国际通用标准主要是都柏林核心元素集（Dublin Core，DC），教育资源元数据标准包括IEEE的《学习对象元数据》（Learning Object Metadata，LOM）标准（IEEE 1484.12.1）、IMS全球学习组织的《学习资源元数据》（Learning Resource Meta-data）标准、ISO/IEC的《学习资源元数据》（Metadata for Learning Resources）标准（ISO 19788：2011）和我国的国家标准《信息技术 学习、教育和培训 学习对象元数据》（GB/T 21365—2008）。由于后三种教育资源元数据标准是基本兼容的，本节即以我国国家标准《信息技术 学习、教育和培训 学习对象元数据》为例介绍学习对象元数据标准。另外，国内与元数据有关的标准还包括元数据的应用规范《基础教育教学资源元数据应用规范》（CELTS-42）和元数据元素的代码标准《信息技术 学习、教育和培训 学习对象分类代码》(GB/T 28825—2012),本节也将一并介绍。

(一)学习对象元数据标准

2008年,我国发布国家标准《信息技术 学习、教育和培训 学习对象元数据》(GB/T 21365—2008)①,其中的数据元素及其基本模式与IEEE LOM兼容。该标准的前身为教育信息化技术标准《学习对象元数据》(CELTS-3)。

GB/T 21365—2008将描述学习对象的数据元素分为九类:通用(general)、生存期(life cycle)、元元数据(meta-metadata)、技术(technical)、教育(educational)、权利(rights)、关系(relation)、评注(annotation)、分类(classification),这些类别组成学习对象元数据(Learning Object Metadata,以下简称为LOM)的基本模式。通过“分类”类别中的数据元素,任何分类系统可以被定义,这为LOM基本模式的扩充提供了一种有效的途径。

上述每个类别包括若干数据元素,LOM数据模型是数据元素的分层结构,包括聚合数据元素和简单数据元素。聚合数据元素由多个聚合数据元素或简单数据元素构成。LOM V1.0基本模式为每个数据元素定义了下列内容:名称、解释、约束、大小、次序和举例;对于简单数据元素,还定义了取值范围和数据类型。

与此相关的国家标准还包括《信息技术 学习、教育和培训 学习对象元数据XML绑定规范》(GB/T 29807—2013),该标准规定了GB/T 21365—2008所定义的学习对象元数据的XML语言描述语法,供学习系统的开发人员使用。

(二)基础教育教学资源元数据应用规范

2002年,我国发布教育信息化技术标准《基础教育教学资源元数据应用规范》(CELTS-42)。该规范在GB/T 21365—2008的基础上,结合我国基础教育的

① 中华人民共和国教育部. 信息技术 学习、教育和培训 学习对象元数据:GB/T 21365—2008[S]. 北京:中国标准出版社,2008.

实际，定义了一组面向基础教育的教学资源元数据元素，同时定义了一组用于元数据元素编目的受控词汇及相应的词汇表。

CELTS-42 规定了描述基础教育资源的数据元素集包括 23 个元素，其中必须元素 11 个（与 CELTS-3 的全部必须元素（不含子元素）对应），可选元素 12 个。这 23 个核心元素依据其描述的内容和类别分为三类：（1）资源内容描述类，包括标题、学科、关键词、描述、来源、语种、关系、覆盖范围、适用对象、目录项等 10 个核心元素；（2）知识产权信息类，包括作者、出版者、其他作者、权限管理、版本等 5 个核心元素；（3）外部属性描述类，包括日期、类型、格式、标识、评价、评价者、元元数据方案、目的等 8 个核心元素。必须元素包括标题、学科、关键词、描述、标识、格式、日期、语种、类型、作者、适用对象等 11 个核心元素。

CELTS-42 定义了下列词汇表：（1）资源类型分类词汇表；（2）媒体格式分类词汇表；（3）学习者、教育类型与年级水平分类词汇表；（4）教育学科分类词汇表；（5）语种分类。在该规范的附录部分，结合全日制义务教育各学科课程标准（实验稿）以及全日制普通高中各学科教学大纲，部分教育学科分类的第三级词汇表（课程内容）被编制给出，供使用者参考。

（三）学习对象分类代码标准

将学习对象进行分类和编码可以对学习对象进行有效管理，更方便对其进行检索和共享。2012 年，我国发布国家标准《信息技术　学习、教育和培训　学习对象分类代码》（GB/T 28825—2012）①。该标准提出了一套学习对象的分类代码体系，综合考虑了学科分类、适用对象和媒体格式三个维度的需求，更有利于学习对象的发布和搜索。

① 全国信息技术标注化技术委员会. 信息技术　学习、教育和培训　学习对象分类代码：GB/T 28825—2012[S]. 北京：中国标准出版社，2013.

学习对象学科分类代码采用层次码结构，由4部分6位标识码组成，具体构成方法为：1位表示分类类别（S代表学科分类代码），1位表示一级类目（B表示基础学科，H表示高等学科、K代表用户自定义扩展学科分类），2位表示二级类目，2位表示三级类目。例如，“SB0101”表示“语文”学科，其代码标识的顺序意义为：学科分类—基础学科—语言与文字—语文。

学习对象适用对象分类代码采用层次码结构，由5部分8位标识码组成，具体构成方法为：1位表示分类类别（O代表适用对象分类代码），1位表示一级类目（N表示正规教育，A表示非正规教育），2位表示二级类目，2位表示三级类目，2位表示四级类目。例如，“ON010100”表示“0～2岁”学前适用对象，其代码标识的顺序意义为：适用对象分类—正规教育—学前—0～2岁，最后两位“00”表示三级类目下没有进一步的分类。

学习对象媒体格式分类代码采用层次码结构，由3部分4位标识码组成，具体构成方法为：1位表示分类类别（F代表资源媒体格式分类代码），1位表示一级类目，2位表示二级类目。例如，“F006”表示文本格式中的PDF格式，其代码标识的顺序意义为：媒体格式分类—文本格式—PDF。

（四）应用

上述元数据标准适用于对各类教育资源的描述。其中，CELTS-42在基础教育资源建设中得到较广泛的应用，根据资源建设的发展，实际应用中对CELTS-42的内容有所修订，如对“资源类型”值空间进行扩展和使用“分类”数据元素定义扩展的分类体系。另外，在描述不同粒度的资源时，我们也建议对大粒度资源（如网络课程）的描述既要包括对资源整体（如课程级）的元数据描述，也有对其构成要素（如构成课程的各个子资源）的描述，这样可以扩大资源可被检索的范围，更利于大粒度资源中子资源的共享。

二、内容包装

为了实现内容资源在不同系统之间的内容交换以及互操作，可以采用内容包装规范对内容资源进行包装，包装后的内容由于其包装格式的规范性，可以在不同系统中共享使用。

目前国际上应用最多的是 IMS 内容包装规范（Content Package，CP），其他相关规范基本上都是参考它制定的，如 SCORM 严格遵守 IMS CP 来构造和交换学习内容。为了适应新的教学需求，2008 年 IMS 发布了一种新的内容包装纲要（Common Cartridge，CC），拓展了 CP 的内涵。我国于 2011 年发布了内容包装的国家标准《信息技术　学习、教育和培训　内容包装》（GB/T 26222—2010）①。

（一）内容包装标准

我国国家标准《信息技术　学习、教育和培训　内容包装》（GB/T 26222—2010）主要是以 IMS CP V1.1.4 和 V1.2 公开草案版本为基础制定的。

GB/T 26222—2010 中的信息模型描述了实施内容包装所需的数据元素、它们的组织结构、允许的实例、数据类型以及取值空间，用于在内容创作工具、学习管理系统和运行时环境之间实现基于网络的内容之间的互操作。

该标准给出的内容包装信息模型描述了内容包装信息模型各组件之间的关系。如图 3-14 所示，包由两个主要元素组成：一个为描述包中的学习内容及其内容组织形式的内容清单文件，另一个为一些实际的资源文件。包交换文件是包对应的一个物理文件，是一种通过网络传输结构化信息的简便形式（推荐用 zip 压缩来组合包交换文件），包含一个顶级内容清单文件以及该内容清单文件中引用的所有资源文件。

① 中华人民共和国教育部. 信息技术　学习、教育和培训　内容包装：GB/T 26222—2010[S]. 北京：中国标准出版社，2011。

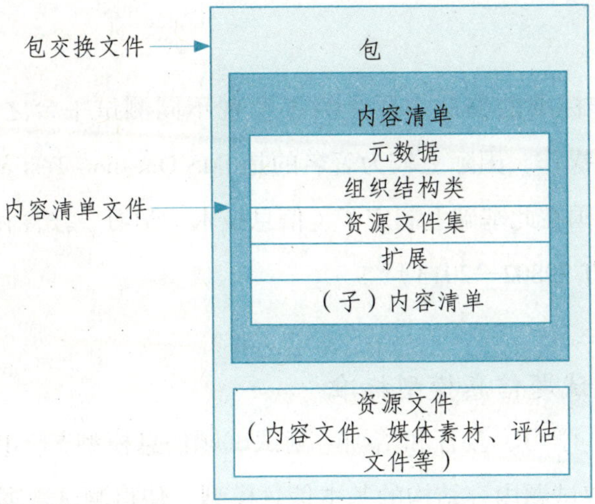

图 3-14 《信息技术　学习、教育和培训　内容包装》中的内容包装信息模型概念图

我国国家标准《信息技术　学习、教育和培训　内容包装 XML 绑定》（GB/T 29809—2013）对内容包装的 XML 绑定格式进行了规定。

（二）应用

内容包装标准主要用于将资源描述与资源内容文件整体打包，以便其在不同系统之间交换。在实际应用中，各种类型、各种粒度的资源（如教学素材、微课（程）、教学案例、网络课程等）的打包均可以采用内容包装规范。例如：对于教学素材，可以将对素材进行描述的元数据文件和素材文件一起打包为一个 zip 文件；对于微课资源，可以将微视频、教学设计、教学反思、课件等物理文件与相应的元数据描述文件按照内容包装规范的形式打包成一个 zip 文件。打包后的资源可以在不同资源库之间或资源库与学习系统之间进行交换。

三、测试互操作

测试互操作标准的编制主要是为了实现不同测试平台之间内容（包括试题、试卷）的互操作。国际上较为著名的是IMS Question Test and Interoperability（QTI）规范，我国在此基础上制定了《信息技术　学习、教育和培训　测试试题信息模型》(GB/T 29802—2013)[①]。

（一）测试试题信息模型标准

《信息技术　学习、教育和培训　测试试题信息模型》(GB/T 29802—2013)规定了一个测试/试题内容结构的基本信息模型，使得测试数据能被不同的学习管理系统、内容开发系统、资源库等平台互用，最终满足测试/试题内容的互操作需求。该标准主要用于：（1）提供一种与平台无关的存储和交换题项（items，即试题）及测试（test,即试卷）的内容格式；（2）支持跨平台的题项库的部署；（3）支持在一个学习或评估发布系统中部署不同来源的题项、题项库和测试；（4）提供一致的测试结果报告。

GB/T 29802—2013给出的QTI体系结构由系统组件、数据结构和主要角色三部分构成（见图3-15）。其中，关键系统组件包括开发工具、题项库、测试构建工具、评估递送系统和学习系统；主要数据结构包括评估题项和评估测试（以下分别简称为题项和测试）；主要角色包括开发者、题项库管理者、测试构造者、监视者、计分者、指导者和应试者。

该标准详细定义了两种主要数据结构——题项和测试。题项主要包括呈现给应试者的题目本身的信息，以及对应试者回答的响应处理（计分信息）和反馈信息等。测试是由一组题项构成，同时定义了一套与这些题项对应的规则，用于描

① 中华人民共和国教育部．信息技术　学习、教育和培训　测试试题信息模型：GB/T 29802—2013[S]．北京：中国标准出版社，2014．

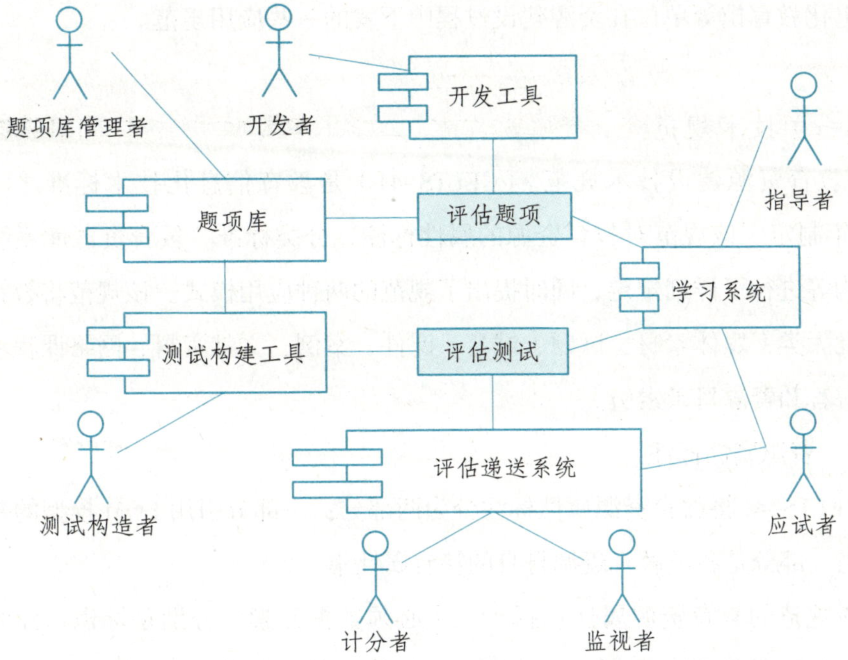

图 3-15 《信息技术 学习、教育和培训 测试试题信息模型》中的 QTI 体系结构

述应试者可以看到哪些题项、题项的顺序、应试者与题项的交互方式等。这些规则不仅描述了测试的有效路径，还描述了何时将应试者的回答提交给响应处理、何时给予测试的反馈信息等。

（二）应用

测试互操作标准主要用于对试卷和试题类型的资源进行结构化描述，生成符合 QTI 标准的文档，使得试卷、试题类资源可以在不同系统之间交换共享。

四、资源建设规则

资源建设规范是依据前面相关标准在实际应用中指导资源建设的相关规范。除了教育信息化技术标准中关于资源建设的标准，以下还列举了近些年教育部、中央电化教育馆等单位在资源建设过程中下发的一些应用规范。

（一）技术规范

《教育资源建设技术规范》（CELTS-41）是教育信息化技术标准之一，于2002年制定。该规范对教育资源的属性标注、分类标准、教育资源库系统的体系结构等进行了详细规定，同时提出了规范的两种应用模式。该规范将教育资源分为九大类：媒体素材、试题、试卷、课件、案例、文献资料、网络课程、常见问题解答和资源目录索引。

1．资源属性标注

CELTS-41将教育资源属性标注分为两部分：一部分引用LOM模型的基本框架，另一部分是各类教育资源自身的特有属性集。

该规范的教育资源属性包括十三个必须数据元素，分别是标识、标题、语种、描述、关键字、贡献（生存期）、贡献（元元数据）、元数据方案、语种（元元数据）、格式、学习资源类型、目的（分类）和分类路径；还包括十二个可选数据元素（通用可选集），分别是版本、大小、位置、终端用户类型、适用对象、典型学习时间、费用、版权和限制、描述（权利）、实体（评注）、日期（评注）和描述（评注）；另外，针对九大类资源，该规范定义了分类数据元素（分类扩展集）。同时，该规范还规定了学习资源类型、目的、环境、贡献—角色、技术要求—名称和关系—类型等词汇表数据类型的取值范围。

2．资源分类体系

CELTS-41 提出了教育资源的分类标准。该分类标准既包括对每类资源都适用并与资源组织建设过程密切相关的通用分类，即一级分类，又根据不同资源的特殊属性，提供更细一级的分类。在资源建设内容规划和具体实施阶段，对于有特殊用途的分类方法，该规范允许使用者进行适当扩展。例如，可以将学科、适用对象和素材类型这三种分类方法进行排列组合，产生六种分类体系。

3. 资源库系统的体系结构

CELTS-41 提出了教育资源库系统功能结构。在内容建设的基础上，资源库系统的功能主要包括系统管理和资源管理两部分（见图 3-16）。

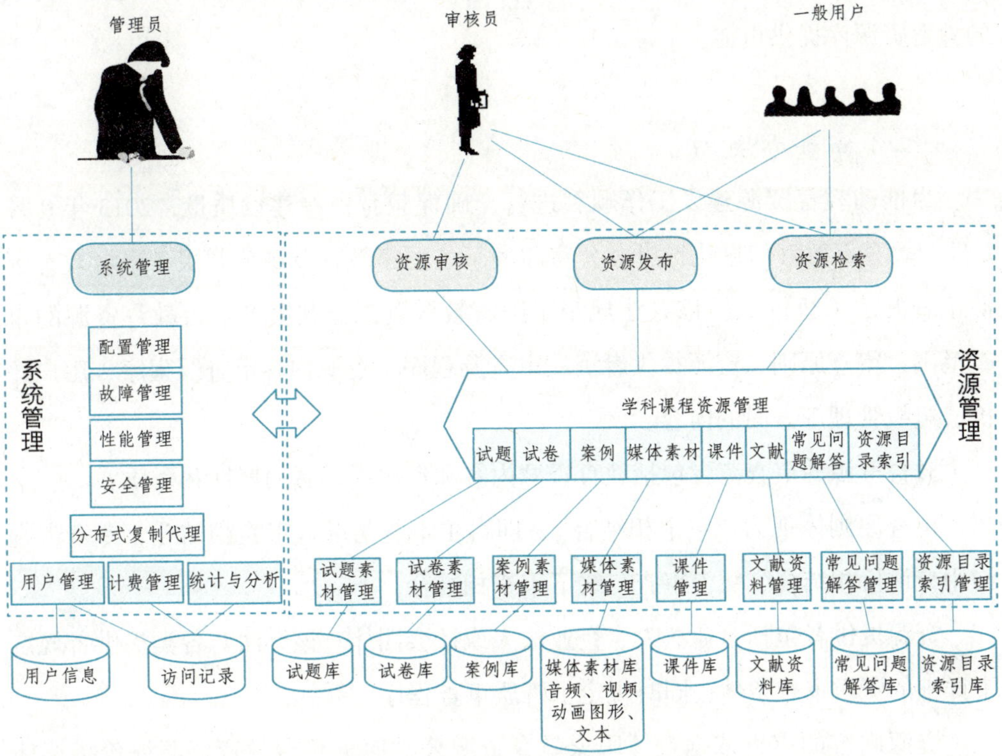

图 3-16 《教育资源建设技术规范》中的教育资源库系统功能结构图

4. 应用模式

CELTS-41 提出了规范的两种应用模式，分别是基本应用和扩展应用。

在实际的资源建设中，使用者可以采用 CELTS-41 中的教育资源分类方法和教育资源属性标注，同时令资源库系统具备 CELTS-41 所定义的基本功能，从而保证资源建设顺利地实施，以及区域范围内教育资源的高效利用和共享。这些构成 CELTS-41 的基本应用层次。

扩展应用层次主要是基于 XML 标记语言展开。通过对资源属性进行 XML 绑定，可以实现对资源进行基于内容的定向检索，提高在互联网上搜索教育资源的效率；也可以为不同系统之间的数据交换提供标准的数据交换文档格式，为教育资源的多种表现形式和多种加工处理方式提供可能；同时为实现自扩充式、开放的教育资源库提供可能。

（二）审查办法

为推动教育资源建设工作顺利进行，确保教育资源建设质量，2013 年 9 月 2 日，教育部教育信息化推进办公室印发了《国家教育资源公共服务平台教育资源审查办法（暂行）》。该办法规定了国家教育资源公共服务平台教育资源的审查范围、审查原则、资源提供者资质审查及程序、资源内容审查及程序、用户评价、组织管理等方面的内容。

教育资源的审查范围包括教育资源内容和资源提供者的属性和资质。

审查原则体现为“三个相结合”，即自主审查与准入审查相结合、专家审查与用户评价相结合、线上审查与线下审查相结合。

资源提供者包括事业法人、企业法人或社会团体。该办法对各类提供者规定了详细的资质审查条件，同时规定了资质审查程序。

资源内容的审查依据是《国家教育资源公共服务平台教育资源评价指标体系》。该评价指标体系明确了教育资源的分类（国家教育资源公共服务平台中的教育资源分为教学素材、教学课件、网络课程、虚拟仿真系统、教育游戏、教学案例、数字图书、数字教材、教学工具、学习网站等十类），对每种类型给予了清晰的概念界定；并针对每类教育资源制定了具体的评价指标，该评价指标由一级指标、二级指标、评价标准及权重构成。

资源内容审查程序包括两个环节：一是技术检测和初审，按照相关的技术要求和规范进行；二是专家评审，按照国家教育资源公共服务平台的相关评价指标进行。通过审查的教育资源在国家教育资源公共服务平台上线应用。

用户评价是对上线的资源进行应用效果的评价，主要通过下载量和评分等方式进行。根据用户评价情况，平台决定对资源的进一步处理。对于用户使用率和满意度较高且保持持续更新的资源，平台将其作为国家教育资源中心的推荐资源或典藏资源；而对于用户评价不高且未能保持持续更新的资源，平台可以对其进行下线处理。

为了落实资源审查工作，教育部教育信息化牵头司局和相关业务司局组织成立国家教育资源公共服务平台资源专家审查委员会，该委员会由教育行政人员、课程和学科专家、教育技术专家、教研员、学校校长和一线教师等组成。

（三）开放 API 接口规范

2014 年 1 月，中央电化教育馆发布了《国家教育资源公共服务平台开放 API 接口规范》。该规范是国家教育资源公共服务平台上汇聚资源和应用的接口规范，资源/应用提供商依据该规范向平台提供资源和应用服务。

该规范设计了 API 访问鉴权、用户接口、支付接口和消息接口共四类接口。

（1）API 访问鉴权接口是应用调用平台开放 API 之前，请求获取访问令牌的一种接口。应用使用访问凭证（如 APPID、时间戳等）获取访问令牌，之后可以携带访问令牌请求调用平台 API。

（2）用户接口是为应用提供获取用户信息的接口。通过用户接口，应用可以获取当前登录用户信息、用户基本信息，批量获取信息，获取用户好友以及用户班级信息。

（3）支付接口是根据用户购买应用中的商品，应用向平台申请扣费，平台进行扣费并与合作伙伴进行分成的接口。

（4）消息接口是为应用提供向用户发送消息的接口。应用调用该接口向用户发送消息，或以用户的身份向用户好友发送消息。

第四节 资源库和资源平台建设与应用

一、国家教育资源公共服务平台

国家教育资源公共服务平台是《教育信息化十年发展规划（2011—2020年）》明确提出的建设任务之一。教育部组织有关单位于2012年年初启动了国家教育资源公共服务平台建设工作。2012年12月28日，国家教育资源公共服务平台正式开通上线试运行。

国家教育资源公共服务平台充分依托现有公共基础设施，利用云计算等技术，逐步推动与区域教育资源平台和企业资源服务平台的互联互通，共同服务于各级各类教育，为资源提供者和资源使用者搭建起网络交流、共享和应用环境。在国家教育资源公共服务平台的建设与应用过程中，将逐步探索“企业竞争提供、政府评估准入、学校自主选择”的资源建设新机制，逐步形成政府购买公益服务与市场提供个性化服务相结合的资源共建共享新模式，最大范围、最大程度地开放共享优质教育资源。[①]

（一）资源类型

国家教育资源公共服务平台集成了由中央电化教育馆、各地电教馆以及第三方合作企业提供的优质数字教育资源，主要包括同步资源（基础教育）、中高考、网校课程、慕课等栏目，同时一些特定资源建设项目也以专栏的方式提供相关资源，包括教学点数字教育资源、民族资源、专题资源等。

① 教育信息化推进办公室．国家教育资源公共服务平台开通[EB/OL]．[2016-05-18]．http://www.moe.edu.cn/publicfiles/business/htmlfiles/moe/s5889/201301/146438.html.

1. 同步资源

同步资源集成了来自国家基础教育资源网、“一师一优课、一课一名师”活动等资源建设项目中的资源，同时也通过链接的方式集成了来自外部网站（如百度文库）的部分资源。

同步资源提供多种维度的分类浏览方式，如学段、学科、教材版本（教材目录）、年级、资源类型等（见图 3-17）。其中，资源类型按照一种扁平的分类方式呈现，包括资源包、教学设计、教学课件、课堂实录、素材、微课、习题、工具、数字教材、实验、课标解读、教材教法分析等。同时，同步资源也提供“云一下”的综合检索方式。

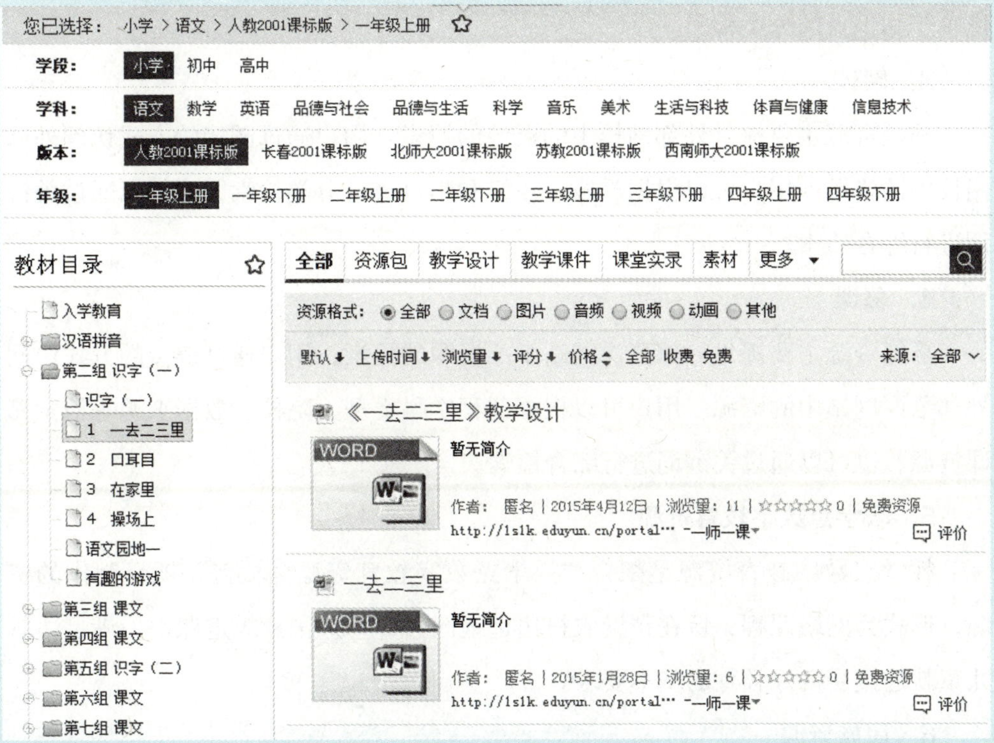

图 3-17 国家教育资源公共服务平台同步资源栏目中的资源分类浏览示例

每个资源包含了以下要素：（1）资源内容，对于主要媒体格式的资源，能够提供在线显示；（2）资源元数据，包括标题、贡献者、贡献时间、资源类型、格式、描述、所在课程；（3）资源访问的统计信息，包括浏览人数、评论条数、评价等级；（4）用户评论与评价；（5）推荐资源，包括标题、浏览量。

同步资源与之前的国家基础教育资源网相比，在资源来源、资源浏览维度、资源分类形式、资源内容呈现方式等方面都有较大的改善，可用性更高。

2. 中高考

中高考资源主要提供外部中高考资源的检索，用户通过链接的方式访问外部网站中的资源。中高考资源分为权威辅导、考试卷库和题库。用户可以根据学段、学科等属性进行分类浏览，也可以通过关键词进行综合检索。题库资源还提供基于知识点的分类检索。

3. 网校

网校资源主要提供外部网校中的资源的检索，用户通过链接的方式访问外部网校中的资源。用户可以根据学段、年级和学科进行分类检索，也可以通过关键词进行综合检索。

4. 慕课

慕课资源主要提供外部慕课网站中的资源的检索，用户通过链接的方式访问外部慕课网站中的资源。用户可以根据课程学科类型、院校、数据来源等检索慕课资源，也可以通过关键词进行综合检索。

5. 教学点数字教育资源

教学点数字教育资源是配合“教学点数字教育资源全覆盖”项目制作的资源，形式为网络课程，旨在帮助农村边远地区开齐开好国家规定课程，满足适龄儿童就近接受良好教育的基本要求。

6. 民族资源

民资资源提供蒙语、藏语、维吾尔语、彝语、朝鲜语、哈萨克语等语种的数字资源，涉及民族语言文化、学科知识点、汉语会话教学等内容。

7. 专题资源

专题资源提供核心价值观、法制、行为养成、安全、心理健康、民族团结、国防、体育与健康、艺术、科普、家庭和学校管理等专题的数字资源，以视频资源或国家基础教育资源网中的素材资源为主。

（二）资源服务

1. 空间服务

国家教育资源公共服务平台在提供资源上传下载服务的基础上，强调以学习空间为核心的资源推送，把不同用户所需要的适当资源送入不同的个人空间，以教师的教学空间应用带动学生、家长和学校的空间应用。

教师空间为教师提供便捷的教学平台，主要服务包括网络备课、在线答疑、在线课堂、同步课堂、网络作业、资源推送等。学生空间为学生提供信息化学习平台，主要服务包括资源推送、在线答疑、名师课程、名师导学、电子作业等。家长空间为家长提供家校互动的交流平台，主要服务包括家校互动、孩子作业、课程安排、班级公告、孩子订单、充值服务等。学校空间为学校提供模块化、个性化的教育信息化管理，主要服务包括学校主页、班级管理、学生管理、资源管理、校班通、系统管理等。

2. 第三方服务与应用

国家教育资源公共服务平台提供了多种第三方应用，包括备课授课、互动课堂、协作互动、网络课程、网络教研、作业测评、数字图书馆、语言学习等八大类型，其中有一些是收费应用。

（三）应用模式

在应用方面，利用平台中的资源，结合教师空间和学生空间的服务功能，国家教育资源公共服务平台为教育教学提供专递课堂、名师课堂、名校网校和网络协作教研四个类型的十种服务应用模式[①]，各类应用模式涉及的资源类型、空间类型以及主要的应用功能见表 3-2。

表 3-2 国家教育资源公共服务平台的应用模式

应用类型	应用模式	资源类型	空间类型	应用功能
专递课堂	同步课堂	网络课程	机构/学校空间、教师空间	同步组织教学
	推送资源	各类资源	教师空间	教师备课、上课、进行教学评价
	探究性学习	探究性学习工具和资源	教师空间、学生空间	教师开展探究式、讨论式、参与式教学，学生自行组织探究性学习
名师课堂	名师讲堂	微课	教师空间、学生空间	名师讲解学科重点难点，教师开设讲座，学生自愿参加
	“名师”导学	网络课程	教师空间、学生空间	将教师课堂讲授与智能学习系统（“名师”）的诊断与导学相结合，实现差异化教学和个性化指导
名校网校	网校选课	网络课程（高中选修）	教师空间、学生空间	开展高中选修课的教与学活动
	网校辅学	网络课程	学生空间	根据学生学习风格和知识能力水平推送资源和服务，满足个性化学习需求
网络协作教研	跨区域网络协作教研	各类工具	机构空间（教研社区）、教师空间	利用“虚拟教研社区”功能，组织不同区域教师开展协作教研活动
	区域网络协作教研	各类工具	机构空间（教研社区）、教师空间	通过教研社区提供的虚拟课堂、合作交流工具、知识建构工具、反思总结工具，开展网络协作教研
	名师工作室	各类工具	教师空间	教师选择与自己教学相关的专家或专家团队的工作室，获得持续的教学科研相关服务

① 中央电化教育馆. 国家教育资源公共服务平台及数字资源中心建设情况[EB/OL]. [2016-05-18]. http://wenku.baidu.com/link?url=9YrTnguBKelRWa6YW1HMDYDXbXwIxfwmQd8KNpcuOiMq4tj-vyO5YAxkN1KtazwRYSB6GROEMouAQrmHKyAmt7xU3PxF2M_z-vr_VO1nOd3.

二、地方教育机构建立的资源平台

各地各级教育机构建立了功能和形式多样的资源平台，这里主要分析省级资源平台。根据中国省级教育信息综合网站排行榜提供的信息[①]，结合 Alexa 网站上最近三个月（2016 年 5 月 18 日查询）的网站平均排名等数据，我们选择十个省级教育资源网站为对象，对其资源类型、资源服务和资源建设方式进行综合分析。

表 3-3　十个省级教育资源平台

资源平台名称	网址
安徽基础教育资源应用平台	www.ahedu.cn
浙江教育资源公共服务平台	yun.zjer.cn
北京市中小学资源平台	resportal.edures.bjedu.cn
河南省基础教育资源公共服务平台	www.hner.cn
湖南省基础教育资源网	www.hnzyzx.com
粤教云公共服务平台	yjy.edugd.cn
江西省基础教育资源网	www.jxjyzy.com
江苏基础教育云计算服务平台	be.jse.edu.cn
上海教育资源库	www.sherc.net
新疆基础教育资源公共服务平台	edu.xjcxedu.com

（一）资源类型

各地教育机构建设的资源平台均提供以教学素材、课件为主的多种类型的资源，资源量从几十万到几百万不等。

① 中国教育信息化期刊．中国省级教育信息综合网站月度排行榜[J]．中国教育信息化，2014(15)：93．

资源分类主要依据 CELTS–42 标准，如北京、上海、浙江等地的资源网就是采用这种分类标准。一些资源网根据当地资源建设情况侧重设置了更具体的分类。例如，粤教云将资源分为“数字教材”“同步资源”“资源超市”等类型，安徽、新疆、甘肃等地的资源库将“教学设计”“试题试卷”作为单独的资源类型。“微课”正逐渐成为一种单独的资源类型。一些 CELTS 标准中的二级分类，如“媒体素材”下设的图片、音视频等类型，有时也被作为一级分类，以便于用户直接浏览。

对于非 CELTS–42 标准的资源类型，不同的资源库在资源类型的命名上有差异。例如，关于试题试卷的分类名包括习题、试卷、试题试卷、试题库、习题与试题等，而 CELTS–42 用了一个比较学术的名称——“量规集”。

虽然各资源库中已有大量资源，但是各类型的资源数量分布不均，素材类资源占据绝大部分。例如，根据北京资源网所依托的 CORES 教育资源平台（http://www.cores.cn/）上的数据统计（2014 年 11 月 12 日查询），课件、量规集（题库）、案例和素材类资源的占比分别为 11%、1%、6% 和 71%。而在另一项关于用户资源需求的调查中，就“用户最需要的是哪一类型的资源”这一问题，50% 的用户选择课件类资源，25% 选择题库类资源，14% 选择案例类资源，素材类资源只有 11% 选择。由此可见，在目前资源库的建设中，用户需求与资源库的资源类型分布明显不匹配。

（二）资源服务

1. 基础服务

资源平台提供的基础服务主要是资源检索、查看和下载。

资源检索包括分类导航和条件检索两种形式。目前分类导航主要支持按照学科、年级、媒体格式、资源类型等属性进行逐级浏览。在学科下面，一些资源平台提供按教材体系（章节）或知识点体系浏览的方式，这可以进一步缩小检索范围，便于用户查找到需要的资源。新疆等少数民族较多的省份的平台还提供按照语种分类浏览资源的功能。

资源查看主要包括查看资源元数据（属性）和资源预览。一些资源平台只提供在线查看元数据的功能，具体资源需要下载后查看，而安徽、河南、江西等地的资源平台提供在线查看资源的功能。安徽资源平台还支持用户在线直接查看“资源包”类型资源（如 zip 文件）中的具体资源列表，之后再点击每个资源进行在线查看，用户友好性大大加强。

资源平台均提供资源下载的功能，但具有不同程度的约束限制，如注册用户可下载、需要使用积分下载等。

2. 拓展服务

在基础服务的基础上，为了收集资源的使用情况，一般平台还提供资源收藏、点评/评级、举报等功能。这些功能采集的用户反馈信息可以用于对资源进行综合评价；同时，根据用户使用资源的情况及用户反馈的信息，在深入分析挖掘的基础上，平台还可以提供资源推荐等服务。拓展服务具体包括以下形式。

（1）**相关资源与推荐资源。**根据用户访问过的资源，列出相关资源；结合用户访问行为、资源内容等进行综合推荐。“推荐资源”比“相关资源”更具针对性和个性化，大部分平台都提供此类功能。

（2）**资源足迹。**允许用户查看其他用户对该资源的使用情况（如什么时间进行过什么操作）。例如，粤教云、浙江、湖南的资源平台提供此类功能。

（3）**下载过此资源的用户还下载过的资源。**例如，浙江资源平台提供此功能。

（4）**资源排行。**设置最新资源和热门资源等资源排行列表。

（5）**用户排行。**根据上传资源、下载资源等用户使用情况，设置用户排行。例如，江西平台设置上传之星、下载之星等排行。这种服务在一定程度上可以鼓励和促进用户对资源的使用。

3. 专题资源

在资源平台上设置专题资源栏目，选择一些用户感兴趣的专题，依据其特点将资源库中的资源进行挑选、重组呈现给用户，这是提高资源利用率的一种有效方式。

北京资源平台设置的推荐资源专区包含主题资源网、101 网校习题与试卷专区、教案网、速慧教育-初中同步教材等多个不同来源和用途的资源区。例如，对于主题资源网，由编辑按照学科、学段内容等主题对平台中的资源进行精心整理，依据主题集中展示资源，目前设置的主题包括动漫课堂练习、Microsoft Office Word 2007 技巧、源代码专题、自主学练等。江苏资源平台则是设置了义务教育课程标准资源（包括案例解读、示范课例、专家解读等）以及音乐课件、物理实验、地理视频素材库等多种不同专题的资源栏目。这两个平台的共同特点是所有类型的专题资源通过统一的形式呈现，同时提供相应的资源服务。

4. 资源需求区

为了更好地满足用户对资源的需求，一些平台设置了“资源需求区”，用户可以在其中发布对资源的需求，其他用户给予帮助，既可以提供资源，也可以提供查找到相关资源的信息。需求的发布与解决可以基于“积分”进行。例如，江西资源平台设置了“资源征集系统”，用户使用自己的积分发布需求（征集资源），而成功应征的用户可以获取相应的积分作为奖励。

5. 资源超市

资源超市是一种资源交易的形式，在这里一些企业提供收费资源，用户根据需要进行购买使用。这种方式在政府购买资源的基础上，提供了一种竞争机制，让更多资源厂商的资源能够在平台上进行交易，用户自主选择，企业也可以获得收益，从而形成一种新的资源建设和共建共享模式。

目前一些资源平台正在进行这方面的尝试，通过积分（电子货币）进行资源交易。例如，粤教云中的资源超市就是一个专门的资源交易平台，安徽资源平台也提供了“资源市场”，这些资源超市提供“购物车”，帮助用户选购资源。

6. 积分管理

资源需求区和资源超市等服务通常会用到“积分”这个媒介来支持交易的开

展，资源需求方支出积分，资源供给方获取积分。在资源交易尚未真正货币化的阶段，江西资源平台制定了积分管理的规则，用户通过对资源的一系列行为（对资源的操作）可以获取或消费积分。

能够获取积分的行为包括登录、在线、浏览/收藏/下载/分享/购买/上传/纠错/修订/审核资源、评级、点评、上传的资源被推荐/被购买等。而对于消极行为，如上传资源审核未通过、上传资源被取消发布、恶意评论等，则会被扣除相应积分。当然，随着资源交易的成熟，现金购买积分将会是获取积分的主要方式。获取的积分可以用于下载资源或发布资源需求、个人征集资源等。

在本报告的研究过程中，各省级资源平台的建设发生了较大变化，从2014年年底到2015年年底，多个省级资源平台（如浙江教育平台）借鉴国家教育资源公共服务平台的功能进行了平台升级改造，强化了学习空间应用，并与国家平台进行有效的对接。一些省级资源平台改造之后，原有的一些功能不再保留，如河南资源平台的“资源需求区”、浙江资源平台的“资源超市”等。

（三）资源建设方式

1. 购买资源

购买资源是指从资源提供商处购买现成的资源，再将其汇集到资源平台中。北京、上海等多地的资源库都采用这种方式建设资源，这些资源来自多个资源厂商。

2. 开发资源

开发资源是指自我设计和开发特色资源。大多数资源库都包含相当数量的自建资源，如江西资源库中的高中新课程和义务教育课程等。

3. 征集资源

征集资源是指各地举办一些资源征集活动，征集的优秀资源也是资源库的重要组成部分。

4. 用户共享资源

用户共享资源是指用户可以向资源库上传自己的作品或者提供优秀资源的链

接，实现资源共享。平台一般通过积分奖励或其他资源共享机制鼓励用户共享优质资源。

三、相关企业建立的资源平台

近年来进行资源建设的企业数量较多，这里主要从 2014 年 1 月中央电化教育馆公布的首批通过资源提供者资质审核的单位以及各地教育机构所依托的主要资源建设单位中选择部分企业，对其建设的资源平台进行分析。这些资源平台大体上分为资源库、网校、专门学科学习平台、专门类型的资源平台和资源服务平台五种形式。另外，在互联网上存在大量教育资源，这里也将其归为一类，即互联网资源平台。

（一）资源库

资源库形式的资源平台与前面的国家资源库、地方教育机构建设的资源库在形式上类似，通过建立一个包含各类资源的统一的资源库，提供资源检索等相关服务。

资源库形式的平台提供的资源类型主要以教学素材、教学课件、教学案例（视频）为主，主要提供的服务包括资源检索、资源推荐等，使用对象以教师为主。很多此类的企业资源库已被地方教育机构所采用，或者将库中的资源汇聚到教育机构的资源平台上，通过免费或付费方式供用户访问。例如：CORES 聚材网（http://bj.edu.cores.cn/）汇集了来自其他多个厂商的资源，该资源平台及其资源被北京教育资源网采用；101 网校精品资源库（http://school101.chinaedu.com/）汇集了基础教育各学科、各类别、多版本的四十余万条教育资源，定期进行资源更新，是北京教育资源网的资源提供单位之一；慧学网（http://www.eduhzy.com/jyzy/index.jhtml）为浙江、湖南、上海的教育资源网提供平台建设的服务或提供资源。

（二）网校

网校形式的资源平台主要提供网络课程类型的资源，以及网络学习平台。与资源库聚焦于资源检索服务不同，网校形式的平台提供的服务以课程学习支持为主，在提供课程学习资源的同时，还支持练习、测试等学习环节，记录学生学习情况，引导学生开展个性化学习。该类平台以学生为主要的使用对象，同时也为教师、学校和家长提供相关的服务。

网校形式的平台一般独立运作，用户通过购买课程获得相关课程内容和学习支持。例如：北京四中网校通过诊、学、练、测等环节帮助学生利用网络开展课程学习；学而思网校提供学期同步课、专题课程等，课程内容以教师视频讲解为主；简单学习网主要提供中学网络学习课程等资源，以及听、练、问和复习等学习效果管理服务。

（三）专门学科学习平台

专门学科学习平台与网校平台类似，但一般只专注于提供某一门学科的学习资源与学习服务，目前面向英语学习的较多。该类平台以学生为主要的使用对象，同时也为教师、家长提供相关服务，用户可通过充值来购买服务。例如：说宝堂的爱乐其网站（http://www.alo7.com/）提供少儿英语学习数码教材、课件、学习平台、测评等多种资源及服务；敏特教育（http://www.mintelcn.com/）提供敏特英语网络学习系统，涵盖小学到高中多类学习课程（包括词汇记忆、同步学、在线练习和测试等系统），满足英语学习者不同阶段的需求。

（四）专门类型的资源平台

专门类型的资源平台提供某一类型的资源及服务，资源类型包括图书、期刊、试题库等。与资源库类的平台相类似，专门类型的资源平台提供的资源服务以资源检索和查看为主，还包括资源推荐等相关服务。这些平台主要通过机构购买的方式向机构用户提供服务，服务对象包括教师、学生等。目前，以提供图书类资源为主的平台有中文在线旗下的书香中国（http://www.chineseall.cn/）、超星（http://chaoxing.com/）等，提供期刊类资源的平台主要有万方（http://www.wanfangdata.com.cn/）、知网（http://www.cnki.net/）等，以提供试题资源为主的平台有易题库（http://www.yitiku.cn/）等。

（五）资源服务平台

除了上述以资源提供为主的平台，还有一些平台以资源为出发点进行服务延伸，形成了具有特色的资源服务模式。例如：人教社的门户网站人教网（http://www.pep.com.cn/）尝试以网络出版和优质数字资源的形式来服务广大中小学师生，在提供免费资源的同时，还拓展了咨询、科研、互动、答疑等多方面的网络增值服务；教师网络培训和服务平台（http://px.pep.com.cn/）是人教社根据教材培训工作的实际需要，为基础教育全体教师和教研员提供以人教版教材体系为核心的优质培训资源和服务的专业网络平台，主要包括“培训资源”“在线课堂”“互助答疑”“交流社区”四个功能模块，所有选用人教版教师教学用书的用户除了可以免费使用各种最新的优质资源外，还可享受线上线下一体化的培训服务。

（六）互联网资源平台

一些互联网厂商在其平台上提供了大量教学资源，这些资源多数免费，也有些是收费的（如百度文库部分资源的下载）。该类平台提供的资源通常侧重某种媒体形式。例如，百度文库教育专区（http://wenku.baidu.com/portal/browse/zoneedu）主要提供文档类资源，爱奇艺教育（http://edu.iqiyi.com/）、优酷网（http://edu.youku.com/）、网易公开课（http://open.163.com/）等各大视频网站开设的教育频道主要提供视频类资源。这些资源都可以成为教育资源库的补充。例如，国家教育资源公共服务平台就通过外部链接的方式集成了百度文库中的部分相关资源，大大扩大了用户检索资源的范围。

第四章 电子书包终端

第一节 电子书包概述

一、电子书包

（一）电子书包内涵

在传统教学中，学生利用纸质的图书、学习资料进行学习，辅助使用各类可携带的实体教具学具，并将这些图书、资料、教具或学具装入各类材料制作的包裹当中，这个“包裹”是人们对于“书包”一词最直观的理解。随着技术的发展，各类数字化终端设备被引入教学当中，数字化教育资源、服务都集成到终端上，师生可以手持终端设备方便地进行教学和学习。当数字资源和教学过程被转移到数字化终端上进行时，人们借鉴传统教学的用语，创造性地提出了“电子书包”这个概念。

在国外，“电子书包”这一名词没有得到明确的界定，不同国家的数字化教与学研究者与实践者根据应用方式的不同提出各自的定义。例如，在美国有“一对一数字化学习项目”，通常指在学生人手一台便携终端设备（如 iPad）的情况下进行数字化方式的教学与学习。在国内，最初人们从硬件装备领域的视角，将电子书包看作一种教学中使用的电子产品，尤其是以移动终端为代表的电子产品，如手持阅读器、智能手机、平板电脑等。随着理论和实践研究的不断深化，研究者逐渐意识到，电子书包不单指一台设备，而是需要配合相应的软硬件环境和教学资源一起使用，因此可以从平台和资源的角度界定电子书包的内涵。例如，高志丽指出：“电子书包是若干电子书按照科学的结构整合而成的教学资源包，包含学生学习需要的教材、教辅、工具书等。电子书除阅读、批注功能外，可以用声音、视频、动画等多媒体创设生动、形象的教学情境，提供方便快捷的查询功能，有针对性强、能及时反馈指导、可自主生成的海量练习，能进行问题积累、错题收集、资源及时更新的学习工具。”① 仇勇平提出：“电子书包是一个以学生为主体，个人电子终端和网络学习资源为载体的，贯穿于预习、上课、作业、辅导、测评等学习各环节，覆盖课前、课中、课后学习环境的数字化学与教的系统平台。”② 从以上定义可以看出，研究者对电子书包的理解涉及“实”和“虚”两种倾向，其中“实”是指教学过程中使用的终端设备，“虚”是指教学过程中应用的资源或平台。这种从有形物质到无形内容的定位变化表明，研究者意识到了电子书包应用于教育教学的特殊情境，在理解电子书包内涵时不能忽略其教育属性。

考虑到教学是一个复杂的情景，既承担知识传输的任务又充满多向的交互行为，需要电子书包在多方面提供支持，因此有些研究者认为电子书包应该是一个综合、全面、系统、上位的指导性概念。例如，李勇认为：“电子书包是以平板电脑为学习工具，以丰富的学习资源为支撑的数字化学习方式。一对一互动学习是电子书包的特征，以学习者为中心、面向学习过程、实现大数据应用是电子书包的发展方向。”③ 祝智庭等指出：“电子书包就好比学生的个人学习环境，除了要能支持每一个学生随时随地学习连接，还要能提供满足每一个学生需求的个性化学习体验。”④《新闻出版业“十二五”时期发展规划》⑤提出：“研究开发以

① 高志丽．电子书包将成为学习的主要工具[J]．出版参考，2010(7)：11．
② 仇勇平．电子书包：建设数字化课程环境[J]．上海教育，2011(Z2)：40-41．
③ 李勇．电子书包应用的误区与发展方向[J]．中小学信息技术教育，2014(6)：27-30．
④ 祝智庭，郁晓华．电子书包系统及其功能建模[J]．电化教育研究，2011(4)：24-27+34．
⑤ 中华人民共和国新闻出版总署．中华人民共和国新闻出版总署新闻出版业“十二五”时期发展规划[EB/OL]．[2015-03-03]．http://www.gov.cn/gongbao/content/2011/content_1987387.htm．

网络环境为依托，由移动终端设备、电子教学服务平台、资源加工出版支撑体系以及教育教学数字内容共同构建，参与者通过使用终端设备来进行教学活动的电子书包工程。”华东师范大学电子课本与电子书包标准研究团队编制的《电子课本与电子书包术语》国家标准草案明确提出：“电子书包是一种个人学习的信息化环境的集成体，它整合包括了电子课本的内容（资源）、电子课本阅读器（设施）、虚拟学具（工具）、数字化学习终端（设施），及连通无缝学习服务（平台）。”这几种定义是分别从数字化学习方式、个人学习环境、教学活动工程、信息化环境集成体等角度来理解电子书包，代表了不同专业领域学者的不同解读。其中，教育学和教育技术学领域的专家从教育本质和技术支持的角度来综合考虑电子书包的特性，出版领域专家从行业内容支持的角度定义了电子书包的运作，而标准编制组则从具体组成部分的视角清晰界定了电子书包的构成。尽管上述定义的表述方式和侧重点有所不同，但是它们对于电子书包内涵的理解有一定的相似性：从教育理念上讲，电子书包需要支持教与学方式变革，体现一定教育理论或理想；从组成内容上讲，电子书包需要集成网络及硬件设备、软件工具、数字化学习内容与资源。

综合各学者对电子书包内涵的理解，本报告将电子书包理解为：一种数字化教学环境，包括在现代教育理念统合下的硬件设施（以个人学习终端为核心，还包括一体机、投影仪、网络设备等）、资源（如以数字教材为核心的数字化教学资源、学习工具等）、与教育教学相关的其他工具软件（如教学平台、学习服务平台、个人学习终端操作系统、数据管理软件、课堂管理软件等）。其中，教学活动过程中师生可手持、可操作的个人学习终端设备被称为“电子书包终端”，它是整合了数字教材阅读器、虚拟学具等资源与软件，以及连通无缝学习服务的个人学习终端。

（二）电子书包教学应用的构成要素

无论从何种角度解读电子书包，我们都会注意到，电子书包需要支持复杂的教与学需求，不仅要在环境与资源配置上力求完善与适切，还要能在真实教学过程中有效应用。若要在真实的环境中利用电子书包开展教学，除了依赖数字资源外，还需要硬件环境的支撑和软件环境的支持，以及应用模式的实践（见图 4-1）。

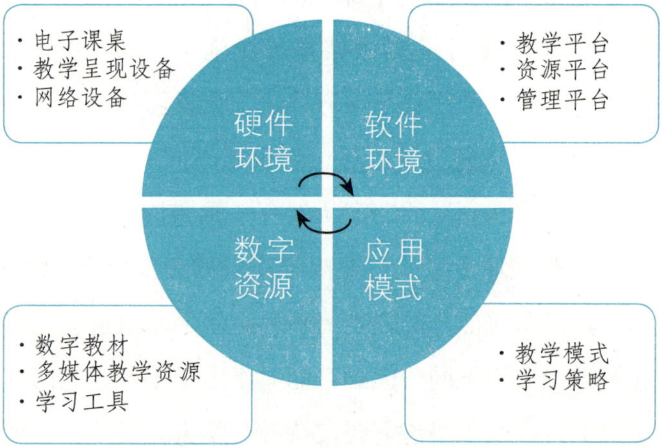

图 4-1　电子书包教学应用的构成要素

硬件环境主要指数字化学习环境中的硬件配置，包括电子课桌、教学呈现设备、网络设备等。电子课桌是学生学习的主要设备，与传统课桌不同，电子课桌还需要提供容纳个人学习终端的空间，配备充电功能。目前在电子书包项目实践过程中，部分地区配备了可以保存、锁定个人学习终端的特殊课桌，每间教室内安放一到两台专用终端充电车或充电柜。教学呈现设备是指数字化学习环境中用于呈现各类学习内容的设备，既包括在教室固定配置的电子白板、LED 显示器、触控式一体机、投影仪、实物投影等，也包括教师和学生可手持、可操作的个人学习终端，如笔记本电脑、平板电脑、智能手机等。其中，个人学习终端的形式和数量因具体配置环境而定，如小组内（四至六人）配置一台或学生人手一台。网络设备是指在教室内部署的网络连接设备，通过这些有线或无线连接设备可以达到联通互联网的效果。当师生使用多终端开展课堂教学时，往往不方便使用有线网络连接，在这种情况下，多以在教室内布置一到两台无线接入点（Access Point，AP）设备（以下简称为无线 AP）的方式来实现网络连接。

软件环境指在教学呈现设备上配置的教与学系统或工具平台，包括教学平台、资源平台和管理平台。其中，教学平台主要支持数字化学习环境下教学过程的推进；资源平台主要利用网络、数据库等为教师和学生提供资源；管理平台主要具备数字化环境下的教务、教学管理功能，保障教学有序进行。

这里提到的数字资源承袭第三章中的定义，即为数字化的教育资源，是指以数字信号在互联网上进行传输并可以在教学活动中被应用的教育信息，包括数字教材、多媒体教学资源、学习工具等。其中，数字教材是教学过程中教师教和学生学的主要内容；多媒体教学资源是可供师生使用的元素材，包括文档、图片、动画、视频、交互课件等形式；学习工具是为支持教师展示和学生体验、探究、表达等而配置的教学相关软件或 App 应用程序。

应用模式指基于信息化教学策略，在教与学活动中通过综合应用电子书包软件、硬件和资源，实现技术与教育教学深度融合及良好教学效果的相对稳定的教学行为或活动流程。由于技术因素的介入，传统的教学模式和学习策略受到了极大的冲击，以往的教育经验已经不能完全解释当下的电子书包课堂教学规律。在这种情况下，就需要结合理论研究与实践探索，探究和发现新型教学模式和学习策略。

二、电子书包终端

在《科技编辑大辞典》中，终端是指借助于通信信道连接到本地区或远距离主系统上的一种设备[①]。按照此定义，电子书包硬件环境所包含的要素中能够与

① 中国知网．百科“终端”[EB/OL]．[2015-03-03]．http://epub.cnki.net/KNS/brief/result.aspx?dbprefix=CRPD．

其他硬件进行关联，具备消息发送或数据交互功能的任何形态的装置或设备都应被称为电子书包终端，可能包括了实现用户操作、网络连接、数据存储的设备，以及与教与学系统联通的服务器等。然而这种解读视角过于泛泛，既没有对电子书包硬件环境中不同功能、不同作用的终端加以辨别和区分，也没有关注电子书包终端在教学环境中使用的特殊情境，因此并不适用于延伸定义“电子书包终端”。在数字化教与学的语境下界定电子书包终端的范围，应考虑在此环境中必备的、提供教学应用功能的、与其他设备联通且交换关键数据的终端设备，如一体机、电子白板、台式 PC、个人学习终端等。相比于传统的多媒体教室、计算机教室、网络教室，电子书包教学环境的特点是除了那些固定式设备，师生还配备了可供用户灵活操作、自在移动的终端设备，以支持个性化、互动性、移动性学习。因此，本报告仅将用户可手持、可操作的个人学习终端设备，如笔记本电脑、平板电脑、智能手机等，纳入电子书包终端的讨论范围，而不讨论其他形态的设备。

电子书包终端作为数字化学习环境下师生使用的主要设备，具有移动性、便捷性的特点。但是单纯的移动设备并不具备教育的特性，只有在承载了特定的教学内容、配备了相关系统功能时，才能支持教与学的进行。目前，学术界与产业界都普遍认同电子书包终端不能仅包含一台移动设备，还需要集成教与学相关的功能、资源、服务。通过上文“电子书包教学应用的构成要素”一节的分析可以发现，在硬件环境、软件环境、数字资源、应用模式四要素构成的体系中，个人学习终端是硬件环境的重要组成部分，既是教与学软件、工具、平台搭载的载体，又是数字资源制作、使用、存储的媒介，还是应用模式建构过程中必要的支持要素。在新型数字化教与学环境中，个人学习终端已成为联结教学内容、师生互动、教学模式的重要纽带。因此，对电子书包终端的理解，应该综合考虑其移动操作、承载资源、联通服务的特性。我国国家标准《信息技术　学习、教育和培训　电子书包终端规范》（征求意见稿）给出了电子书包终端的确切定义，将电子书包终端理解为“整合了数字教材（或电子课本）阅读器、虚拟学具以及连通无缝学习服务的个人学习终端”。本报告参考这一界定，将电子书包终端定义为：电子书包终端指电子书包系统中供师生手持操作的个人学习终端设备，是整合了数字教材阅读器、虚拟学具等资源与软件，以及连通无缝学习服务的个人学习终端。

目前在教育教学中常见的电子书包终端包括笔记本电脑、电纸书、上网本、平板电脑、智能手机等。随着技术的发展，个人学习终端在软件和硬件上都将不断更新，其支持学习的能力会不断增强，配置功能也会愈发完整，相应的，电子书包终端的概念也将愈加丰富和完善。

第二节　电子书包终端标准

一、标准研制概况

电子书包的教育实践涉及资源、软件、硬件的建设与相关产业的发展，在这过程中，来自不同领域的利益相关者均有所参与。从研究角度考虑，涉及研究机构，如高校、研究院等；从内容、软件、硬件建设角度考虑，涉及内容、技术、设备、服务的提供者，如出版社、教育信息化相关企业等；从实践推进角度考虑，涉及多角色的使用者，如教育监管部门、学校、家庭与社会。整体来说，电子书包的利益相关者涵盖了教育、出版、计算机与互联网等多个领域的企事业单位。在这种情况下，为了便于电子书包的建设与发展，需要制定统一的标准和规范作为指导和保障。

电子书包终端是电子书包体系中重要的教育设备，其相关标准的研制和推行对于辅助学术界研究、推动产品应用、提供行业规范指导都具有重大意义。从研究角度，研制电子书包终端标准有利于梳理产品现状、抽象技术和功能模型、探索发展趋势，进而为学术界深入研究电子书包提供参考。从应用角度，应用者能够在标准或规范的指导下选择适切的终端设备开展实践应用，这可有效避免终端之间巨大差异所造成的应用壁垒。从行业发展角度，电子书包终端设备技术、必备功能、测试与检测要求等标准的推行，可指导电子书包终端厂商制造符合一定要求的高质量电子书包终端产品，在保障行业规范性的同时，也促进了产业良性发展，并为国家管理提供了便利。因此，基于上述考虑，有必要从国家、行业、地方、企业等不同层次开展电子书包终端相关标准的研制工作。

在国家标准层面，我国的电子书包标准研制工作于2010年启动，全国信息技术标准化技术委员会及教育部教育信息化技术标准委员会下属的电子课本与电子书包标准专题组围绕电子课本、虚拟学具、学习服务、学习终端和总体架构五个专题开展相关标准的研制工作，目前已形成一项终端相关标准《信息技术 学习、教育和培训 电子书包终端规范》。该标准从技术要求、测试方法、检验规则等方面对电子书包终端应达到的要求进行了规范。

在行业标准层面，《数字化教育装备平板电脑移动学习终端一般要求》是一项较为重要的行业性标准，由中华人民共和国教育部提出，由全国教学仪器标准化技术委员会归口。该标准以电子书包终端典型设备——平板电脑为对象，从终端硬件、功能需求、手写输入、使用环境等方面规定了平板电脑应达到的要求。

在地区标准层面，例如，四川省于2014年5月发布了《中小学电子书包应用系统建设规范》①。该规范从电子书包教学应用、教学资源、自主学习、教学分析评价、教学管理、典型案例等六个方面描述了电子书包应具备的功能和应用场景，偏重于功能、资源和实践指导。

在企业标准层面，例如，诺亚舟在2012年6月率先发布了电子书包企业标准。与国家标准、行业标准不同，该标准结合企业产品特色，将标准内容与诺亚舟“云学习”系统相结合，致力于改变目前标准中对优质学习资源关注不足及普

① 四川省质量技术监督局.《公共用纺织产品基本安全技术规范 第1部分：医疗场所用》等23项地方标准备案申报目录[EB/OL]. [2016-06-27]. http://www.sczj.gov.cn/xxgk/tzgg_1/2011_gg/201405/t20140519_184712.html.

遍重硬轻软的情况①。

从自身属性来看，电子书包终端除了是一类信息化产品，更重要的是作为一类数字化学习用具而被人们接受。因此，来自信息技术领域和教育行业的标准极为值得关注，以下将对这两个领域内提出的标准进行详细说明。

二、信息技术领域的电子书包终端规范

（一）研制情况

2010 年，电子课本与电子书包标准专题组成立，研制电子课本与电子书包标准体系。2013 年 12 月，该体系中的终端相关标准《信息技术 学习、教育和培训 电子书包终端规范》（以下简称为《电子书包终端规范》）在国家标准化管理委员会完成了国家标准立项，成为 2013 年第二批国家标准制修订计划中的标准研制项目。

电子课本与电子书包标准专题组中的学习终端标准专题项目组联合协调华东师范大学、中国电信、英特尔等多家学校和企业，共同开展标准研制工作。《电子书包终端规范》主要描述并界定了电子课本与电子书包标准体系框架模型中学习终端部分的要求。该规范以电子书包终端产品为出发点，基于用户视角围绕其教学特性和可靠、安全、易用、开放等特性，结合厂商提案和已有规范，从技术要求、测试方法、检验规则等方面进行要求。《电子书包终端规范》的设计思路见图 4-2。

从已完成的《电子书包终端规范》（征求意见稿）来看，该标准实际包含三个部分，分别是电子书包终端技术要求，测试方法和检验规则，以及标志、包装、运输和存储要求。《电子书包终端规范》详细描述了电子书包终端应达到和

① 腾讯．诺亚舟全国首发“电子书包”企业标准[EB/OL]．[2016-06-30]．http://digi.tech.qq.com/a/20120615/001551.htm．

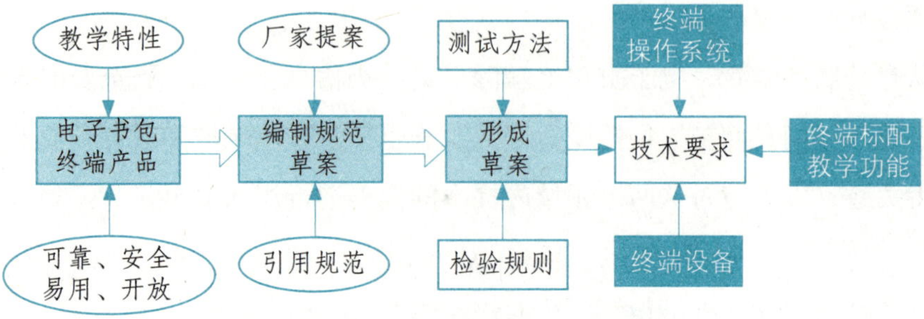

图 4–2 《电子书包终端规范》设计思路①

具备的最低标准，但并未对功能具体实现方式加以限定，也未对终端与学具及服务之间的关联做明确阐述，其中涉及的各技术属性值、测试方法达标值等均是在充分参考国内外已有定义基础上结合实际情况商定而成。

1. 电子书包终端技术要求

《电子书包终端规范》技术要求部分从终端设备、终端操作系统和终端标配教学功能三个维度规定了电子书包学习终端应满足的技术要求。终端设备维度，详细描述了电子书包终端可用性方面的最低标准，从外观、一般性能（运算性能、存储、多媒体处理与显示、输入方式、接口与网络连接等）、安全性、可靠性、易用性、使用环境等方面提出了具体要求。其中涉及的笔式输入、防尘、防水、防碎、重量、电池与电源等技术要素的要求都已考虑到了设备的使用主体——学生的行为特点。终端操作系统维度，从应用角度出发，限定电子书包终端在教学应用过程中应具备的性能，如操作系统对多任务处理、多媒体处理、网络浏览器等方面的支持能力。终端标配教学功能维度，从用户及教学需求出发，针对“课前、课中、课后”三个应用场景抽象电子书包应用需求，最终从学生视角定义电子书包应配置的基本教学功能，主要包括学习桌面、学习工具、课堂管理、数据管理、使用管理、系统还原等。具体内容如表 4–1 所示。

① 钱冬明，管珏琪，郭玮．电子书包终端技术规范设计研究[J]．华东师范大学学报（自然科学版），2012(2)：91-98.

表 4-1　电子书包终端技术要求内容结构

要求维度	内容	
设备	外观	
	一般性能	运算性能、显示、存储、音视频、接口、网络连接等
	终端安全性	防火等级、设备材料、防盗等
	终端可靠性	防跌落、防水、防尘、防碎等
	终端易用性	便携、重量、无障碍使用等
	使用环境	气候环境、机械环境、电磁兼容性等
操作系统	支持多任务处理、多媒体处理、网络浏览器等	
标配教学功能	学习桌面	
	基本学具	阅读器、电子词典等
	学科相关的学具（可选）	根据实际应用需求，为用户预置
	课堂管理功能（可选）	电子点名、显示信息分享与控制、随堂测验
	作业与考试功能（可选）	
	数据管理功能	数据交换、数据备份存储（本地、远程）
	使用管理功能	使用时间管理、上网管理、程序运行管理
	系统还原功能	

2. 电子书包终端测试方法和检验规则

《电子书包终端规范》的测试方法和检验规则部分是指导电子书包终端设计开发者对产品进行自检或第三方检测机构、认证机构对某电子书包终端产品进行检测的基本参考依据。这部分内容对电子书包终端技术要求中的每一个分项要求都给出了具体的测试方法和检验规则。

3. 电子书包终端标志、包装、运输和存储要求

《电子书包终端规范》的标志、包装、运输和存储要求部分对电子书包终端产品包装箱内所附文件应包含的说明信息、电子书包终端产品的包装要求以及电子书包终端的运输和存储环境要求进行了规范。

（二）应用情况

电子书包终端标准的研制，为教育信息化行业规范发展、应用系统推进、教育实践指导提供了参考和建议。多地的电子书包相关产业建设和实践过程，都在一定程度上参考了现有的标准，结合自身需求开展电子书包研发或教育应用。

以上海市闵行区为例，该区在 2012 年启动了“数字化环境建设与学生学习方式变革的实践研究”项目（以下简称为闵行区电子书包项目），旨在开展以学生为中心的自主化个性学习，着眼于为学生提供更便捷的教育服务，从而改变课堂教学模式，构建数字化学习环境。在项目启动之初，项目组在华东师范大学上海数字化教育装备工程技术研究中心的指导和协助下，参照《电子书包终端规范》中相关的标准参数，制定了闵行区电子书包项目招标相关文件。

个人学习终端是闵行区电子书包项目中重要的硬件设备之一，兼顾一般数码产品的性能和教学特性，因此在应用中需要依照相关标准对其生产、采购和应用进行规范。闵行区电子书包项目的《终端设备技术指标方案》以试点学生适用为原则，从 CPU、主板、内存、制作工艺、热设计功耗、硬盘容量、显卡/网卡、音频系统、键盘、屏幕、电池、续航保障、接口、摄像头、手写笔、操作系统、材质、重量、预装软件名称、数字化教室软件、课堂教学工具软件、手写输入软件、手写笔记软件、绘画软件、阅读器软件、摄像头配套软件、学习工具和资源、电子书包客户端、节能环保、保修、价格等方面对学生使用的终端设备进行规范建议，为闵行区电子书包项目终端设备的购置限定最低标准。结合自身编制《电子书包终端规范》国家标准的经验，基于闵行区实际情况，华东师范大学上海数字化教育装备工程技术研究中心针对闵行区《终端设备技术指标方案》草稿中的具体指标内容提出了改进建议，结合专家论证意见，为区域设备购置提供参考。

在《电子书包终端规范》的指导建议下，闵行区电子书包区域性实践得以顺利开展和推进。这也为标准后续改进和更新提供了实践层面的参考。

三、教育领域的移动学习终端要求

2014 年 8 月，全国教学仪器标准化技术委员会印发了《数字化教育装备中小学数字化校园建设规范》《数字化教育装备数字化教室通用规范》《数字化教育装备平板电脑移动学习终端一般要求》和《隐形二维码点读教学系统要求》四项教育行业标准的征求意见稿，面向全社会征求意见①。该系列标准由中华人民共和国教育部提出，由全国教学仪器标准化技术委员会归口，其中与电子书包终端相关的是《数字化教育装备平板电脑移动学习终端一般要求》（以下简称为《移动学习终端一般要求》）。这项标准虽然没有直接使用“电子书包”一词，但若进行分析则不难发现，其中所说的“平板电脑移动学习终端”实际上是当前电子书包终端中最为常见的一类。因此本报告有必要对这个标准进行一些初步分析。

根据已公开的《移动学习终端一般要求》（征求意见稿），该标准包括对平板电脑移动学习终端的各种要求和对应的试验方法、测试项目与判据两部分。《移动学习终端一般要求》与《电子书包终端规范》相比，在基本结构上差别不大，只是将后者中的电子书包终端技术要求及标志、包装、运输和存储这两类要求做了合并。

在《移动学习终端一般要求》中，对平板电脑移动学习终端的要求包括硬件的安全要求、硬件的卫生与环保要求、可靠性与稳定性要求、外观与便携性要求、使用功能要求、应用环境要求，以及标志、说明书、包装、运输和贮存要求。试验方法、测试项目与判据部分，则给出了各项要求的具体试验和检测

① 宁波市学校装备管理与电化教育中心. 关于征求教育装备数字化四项标准（征求意见稿）意见的通知[EB/OL]. [2015-03-03]. http://www.nbedu.gov.cn/zwgk/article/show_article.asp?ArticleID=45655.

细则。

总体来看，《电子书包终端规范》和《移动学习终端一般要求》这两个标准在内容结构和关注点上是较为一致的。这也说明了各相关领域在电子书包终端（尤其是以平板电脑为代表的终端）的标准化方面取得了初步的一致。

四、与电子书包终端相关的其他标准

在电子书包终端标准研制的同时，相关行业也在各自领域的研究和技术发展基础之上，结合实际需求研制一些与电子书包终端相关的标准。例如，电子书（包括数字教材）在电子书包体系中具有承载学习内容的作用，电子书阅读器（软件）是电子书包终端必须包含的软件之一，因此电子书阅读器（软件）的标准与电子书包终端标准实际上是密切相关的，也需予以关注。

2002 年，原信息产业部发布了《电子图书阅读器通用规范》（GB/T 18787—2002）[①]。该标准规定了电子图书阅读器（硬件）的技术要求，试验方法，检验规则，以及标志、包装、运输和贮存，适用于各种类型的电子图书阅读器，以及具有图书阅读功能的其他便携式电子产品。（注：GB/T 18787—2002 于 2017 年 1 月 1 日由“信息技术 电子书”系列标准取代）

2013 年 2 月 28 日，原新闻出版总署发布了《数字阅读终端内容呈现格式》行业标准[②]。该标准的核心技术是以方正阿帕比的 CEBX 版式文档技术为基础。

① 中华人民共和国信息产业部．电子图书阅读器通用规范：GB/T 18787—2002[S]．北京：中国标准出版社，2002.

② 北京方正阿帕比技术有限公司．CEBX 成为我国《数字阅读终端内容呈现格式》行业标准的技术基础[EB/OL]．[2015-03-03]．http://newspaper.apabi.com/news/1/2013/0329/653.html.

第三节 电子书包终端的发展

一、电子书包终端发展概述

如前文所述，要构建一个完整的电子书包教学环境，需要完善的物理环境、功能齐全的软件环境、充足实用的数字资源和恰当有效的教学模式予以支持。电子书包终端是教师和学生进行数字化学习的主要工具，也是物理环境和软件环境连接的端口，承担着搭载数字化教与学平台和资源的任务。随着计算机科学技术的发展，电子书包终端的类型愈发丰富，搭载的系统愈发成熟，配置的功能也越来越完善。

（一）终端类型

教育信息化是随着信息时代来临而形成的教育新趋势，其与信息技术的联系极为紧密。在最初的电化教育阶段，学校在教室中配置投影机、电视机、录音机、台式计算机等设备，主要使用者为授课教师。随着教育教学理念的发展，学生的主体地位不断显现，课内外的数字化学习方式逐渐多样，此时学生也可以利用数字化终端设备进行学习。除了用于展示内容的录音机、电视机、复读机之外，学生可使用的终端类型逐渐丰富起来，如台式计算机、笔记本电脑、学习机、点读机、早教机、学生平板电脑、电纸书、平板电脑、智能手机等。上述诸多终端成为电子书包终端的典型代表，纷纷为数字时代学习助力。

（二）操作系统

最初的计算机并没有操作系统，人们需要通过各种操作按钮来控制计算机。20 世纪 70 年代中期开始出现了计算机操作系统，在其后来的发展中，从以单用户、单任务为特征的第一个阶段（如 C-DOS、M-DOS、TRS-DOS、S-DOS），到以多用户、多道作业和分时为特征的第二阶段，用户对于计算机技术的使用愈来愈得心应手，使用效率也大大提高。现代计算机操作系统的典型代表有 Unix、Windows、Linux、Operating System/2 等，其中微软公司研制的 Windows 系统已经成为世界上使用率最高的计算机操作系统。早期的 Windows 95、Windows XP 和 Windows 7 都是深受用户喜爱、具有里程碑意义的操作系统；2012 年，主打扁平化风格、触控式设计的 Windows 8 横空出世，它具有独特的 metro 开始界面和触控式交互系统，被称作具有革命性变化的操作系统；2015 年，最新版系统 Windows 10 正式投入市场，其产生的效果还有待进一步观察。Linux 系统诞生于 1991 年，是一个基于 POSIX 和 Unix 的多用户、多任务、支持多线程和多 CPU 的操作系统，可供用户免费使用和传播。Linux 继承了 Unix 以网络为核心的设计思想，性能较为稳定。Mac 系统是苹果机专用系统，目前最新版为 2015 年发布的 OS X 10.11（代号 El Capitan）。OS X 操作系统界面独特，突出了形象的图标和人机对话等特点。

伴随着智能手机、平板电脑等移动设备的出现及普及，各系统开发公司也开始研制适配新型终端的操作系统，其中较为典型的是苹果公司生产的 iOS 系统和谷歌生产的 Android 系统。iOS 系统于 2007 年 Macworld 大会上首次亮相，最初是设计给 iPhone 使用的，后来被陆续套用到 iPod touch、iPad、Apple TV 等产品上。iOS 系统界面简洁，操作方便，同时搭载苹果应用商店 App Store，用户可以方便地安装和卸载应用，账户安全性强。但是由于 iOS 系统封闭性较强，部分网站无法在该系统环境下正常浏览，且常用的基于 Windows 平台的应用程序适配度不高，因此 iOS 在教育中的普及应用受到制约。Android 系统是一种基于 Linux 的开源操作系统，主要用于移动设备，如智能手机和平板电脑，由谷歌和开放手机联盟领导及开发。Android 系统在智能手机领域发展飞速，2014 年谷歌正式发布了 Android 5.0（代号 Lollipop）版本，接着又在 2015 年陆续更新了 Android 5.1、Android 5.2、Android 5.3 等版本，并于 2015 年 9 月正式发布了 Android 6.0（代号 Marshmallow）版本。免费和开放的特性使 Android 系统具有大众化的特点，便于各类应用接入。但在保持开放性和自由度的同时，Android 系统也存在技术开发市场规范性不足、应用质量良莠不齐、用户体验尚待改进等问题。

（三）配置功能

最初的计算机被用于处理大量计算问题，存在容量小、运行速度慢、功能少等局限。后来伴随着硬件、软件、网络技术的成熟，计算机的存储容量和运行速度也大幅度提高，大部分计算机都配置了蓝牙、红外、USB 接口、读卡器、光驱、有线/无线网卡、摄像头及麦克、音视频输出接口等硬件模块，支持网络连接、信息传输及多媒体摄录。自智能手机和平板电脑进入市场后，触控技术也逐渐得到普及，考虑到触控屏幕的操作便捷、用户体验良好等特点，现在部分笔记本电脑和台式计算机也逐渐采用了这种技术。

硬件技术的成熟也促进了软件应用市场的繁荣，能够应用于电子书包的教育应用越加丰富。目前，除了计算机主流配置的网页浏览、文档处理、多媒体播放、下载、实时通信等软件之外，配合教育教学的需求，教学平台、学习平台、资源平台、测评平台、课堂交互系统、学科相关软件等平台和工具也相继被开发和使用。

二、电子书包终端发展现状

（一）产品市场现状

教育信息化的推进依靠技术的支持，而技术的发展和实现离不开产业和市场的支撑。自电子书包进入教育行业的发展进程之中，相应终端产品的市场也同步建立起来，各大生产商纷纷投入生产，制造适用于教育教学的电子书包终端产品。目前教育教学中常见的终端包括笔记本电脑、学习机、点读机、早教机、电纸书、平板电脑、智能手机等。其中，点读机、早教机多用于早教或由学生家庭自主使用，智能手机多用于成人教育、移动学习，在基础教育阶段的电子书包实践中，笔记本电脑和平板电脑的使用率较高。

对于笔记本电脑，根据ZDC互联网消费调研中心《2015—2016年中国笔记本电脑市场研究年度报告》[①]（报告数据截至2015年12月31日），整体市场关注度最高的三大品牌为联想（29.8%）、华硕（18.6%）、惠普（9%）。操作系统方面，2013年微软推出的Windows 8模块化操作系统使得触控技术的优势得到了更好的体现，虽然触控笔记本在自身技术和应用软件方面还处于起步阶段，但其价值却已经得到用户和各大厂商的认可。搭载Windows操作系统的产品是市场的绝对主流，其中Windows 8系统产品在2015年获得73.99%的关注比例。另外，自笔记本电脑能够配置固态硬盘（Solid State Drives，SSD）以后，因SSD存储速度快的特点，该类笔记本受到了广大用户的关注和好评，其中采用64 GB及更小SSD容量的笔记本相对更受欢迎，获得37.27%的关注比例。

对于平板电脑，根据ZDC互联网消费调研中心《2015—2016年中国平板电脑市场研究年度报告》[②]（报告数据截至2015年12月31日），关注度前三的品牌为苹果、三星、台电。从平板电脑所采用的操作系统来看，2015年采用Android系统的产品占据市场主导地位，其占比达到41.09%，较iOS系统高出近5个百分点，而Windows系统产品占比则相对较低。从屏幕尺寸来看，9.0～9.9英寸屏幕的平板相对来说最受用户青睐，获得28.89%的关注比例。从价格上看，在2015年中国平板电脑市场上，售价为1 000～1 999元的产品的关注度相对集中，达到29.97%，接近三成；其次为3 000～3 999元的产品，获得26.84%的关注比例；2 000～2 999元的平板的关注比例也超两成；999元及以下的平板的关注度则不足两成。

① ZDC互联网消费调研中心. 2015—2016年中国笔记本电脑市场研究年度报告[R/OL]. [2016-06-08]. http://zdc.zol.com.cn/562/5620127_all.html.

② ZDC互联网消费调研中心. 2015—2016年中国平板电脑市场研究年度报告[R/OL]. [2016-06-08]. http://zdc.zol.com.cn/560/5608786_all.html#p5609112.

（二）教育应用现状

据有关资料，电子书包最早于1999年在新加坡中学实验推广，而后法国、马来西亚也开展了实验推广。新世纪初，北京、上海等几个国内城市开展过电子书包试点项目，但并未实现大规模应用。随着数字化进程的加快及相关技术的不断成熟，2010年前后电子书包教学应用再度兴起。我国台湾地区、香港地区也分别于2009年、2011年实施了电子书包试验计划。在大陆地区，在教育职能部门指导下，多数学校结合自身需求，联合企业支持，进行具有学校特色的电子书包项目试点。试点地区主要以笔记本电脑、平板电脑为学习终端，从班级、学校、区域等各个层级展开实验。

表4-2 国内电子书包项目概览表（部分）

时间	地区	项目简介	技术环境
2001年	北京	“手持式电子教科书在教学中的应用研究”课题	人教电子教材（手持阅读器）
2001年	北京	电子书包试点应用	绿色电子书包“易学宝”
2001年	上海	电子书包试点应用	
2009年	广东省佛山市	南海区南光中英文学校推行“智能课堂”	
2010年	上海虹口区	开展数字化课程环境建设和学习方式变革的试验	
2010年	江苏省扬州市	“电子书进校园”试点	
2011年	浙江省杭州市	电子书包试点应用	
2011年	深圳	电子书包试点应用	三星Galaxy Tab
2011年	北京昌平	电子书包试点应用	iPad
2011年	广东南海	智能课堂	笔记本电脑
2011年	江苏苏州	电子书包试点应用	
2012年	江苏常熟	“学龙电子书包”项目	学生平板

续表

时间	地区	项目简介	技术环境
2012年	广东番禺	电子书包试点应用	
2012年	上海闵行区	基于数字化环境的学习方式变革	上网本（Intel Classmate PC（CMPC）） Android平板
2012年	陕西省	电子书包项目	笔记本电脑 平板
2012年	江苏南京	网络与数字化环境下的教学实验项目	iPad Android平板 Windows平板
2012年	湖北武汉	电子书包项目	平板电脑
2012年	重庆江北区	一对一数字化教学试点	
2012年	浙江省杭州市上城区	电子书包试点应用	平板电脑
2012年	福建省泉州、福州、厦门等城市	部分中小学校开展电子书包试点	
2012年	山东青岛	青岛十九中开展电子书包项目	平板电脑
2013年	四川省成都市青白江区	一对一数字化学习方式——电子书包互动教学试点项目	Windows平板
2013年	江苏常州	电子书包试点应用	平板电脑
2013年	山西太原	基础教育电子书包项目①	
2014年	广东省广州市荔湾区、天河区、越秀区等地区	电子书包试点应用	平板电脑
2014年	吉林省吉林市	吉林市第一实验小学和第二实验小学开展电子书包试点应用②	

① 中国教育装备网．山西启动首家基础教育电子书包项目[EB/OL]．[2016-06-08]．http://www.ceiea.com/html/201303/201303120938261574.shtml.

② 吉林市教育局．吉林市两所小学首批开展“电子书包”教学试点工作[EB/OL]．[2016-06-08]．http://www.ceiea.com/html/201512/201512161111307912.shtml.

续表

时间	地区	项目简介	技术环境
2014年	辽宁省沈阳市大东区	开展电子书包试点应用[①]	
2015年	天津滨海新区	电子书包试点应用	
2015年	山东青岛	电子书包试点应用[②]	青版云课堂
2015年	山东烟台	龙口新一中开展电子书包试点应用[③]	
2015年	黑龙江大庆市	新媒体新技术新应用研究[④]	

随着电子书包项目从2000年的昙花一现到2010年的大范围启动和推广，数字化教与学变革之风也深入到了世界各地。在国内，区域和学校的试点项目大多制定了多年的项目开展计划：前期以配置数字化学习环境所需的软硬件设备为主，中期以教与学普适应用为主，后期以教与学方式变革、技术与课堂教学深度整合探索为主。

在各地的教育实践应用中，试点学校尝试应用了各类电子书包终端，如专门研制的电子书包终端、上网本、笔记本电脑、平板电脑等。以上海市闵行区为例，该区已试点电子书包项目的学校所使用的学生终端产品主要有上网本和平板电脑两种类型，其中上网本为英特尔的CMPC，平板电脑以配备Android系统的联想乐Pad、华为平板这两种型号居多。具体来看，小学学校大多都配置CMPC；部分小学、初中、高中的实验学校以平板电脑作为主要的学生终端；也

① 沈阳网．辽宁：沈阳大东区小学生尝鲜“电子书包”[EB/OL]．[2016-06-08]．http://www.caigou.com.cn/news/20141024185.shtml．

② 青岛财经日报．山东青岛：电子书包革新传统课堂教育[EB/OL]．[2016-06-08]．http://www.edu.cn/xxh/xy/jj/201505/t20150528_1263924.shtml．

③ 人民邮电报社．山东省首批“电子书包”在烟台推广[EB/OL]．[2016-06-08]．http://sd.ifeng.com/news/fengguanqilu/detail_2015_11/05/4524003_0.shtml．

④ 大庆网．黑龙江省大庆市中小学将逐步推广电子书包[EB/OL]．[2016-06-08]．http://www.ceiea.com/html/201507/201507021003145468.shtml．

有部分学校自行配置了学习终端来开展电子书包应用试点，如闵行中学配置了三星平板。与教室相配套的呈现设备主要有 LED 显示器、交互式电子白板，部分学校还配置了数码笔等。电子书包终端的使用大多离不开网络的支持，基于电子书包的教学多数要在具备无线网络的教室中进行。目前各试点学校采用的网络架构方式多为在特定的多媒体教室中搭建无线网络，每间教室中安装一到两台无线 AP，支持四十人左右的班级进行课堂教学。

随着项目的推进，近几年试点电子书包项目的学校越来越多地将平板电脑作为首选终端类型。对照各类型的学生终端可知，专用电子书包终端一般具有较强的教学性能；笔记本电脑功能全面，但是价格较高，重量较重，不便于学生携带；上网本类似于小型笔记本电脑；平板电脑体积小，轻便易携带，功能全面，故而受到越来越多试点学校的青睐。在学校试点过程中，Windows、Android 和 iOS 三个系统的平板都有使用，但是在大规模的区域推进项目中，主要使用的是基于 Windows、Android 的平板电脑。例如，上海市闵行区使用了华为平板，成都市青白江区配置了自带 Windows 8 系统的戴尔平板。

三、电子书包终端发展趋势

（一）硬件性能发展趋势

随着技术的革新，电子书包终端的硬件性能会不断提高。考虑到电子书包在教学应用中的特殊用途，除一般性的更新趋势之外，电子书包终端的硬件性能还应符合一些数字化教与学的特殊需求。

- 终端可靠性：防水、防尘、防摔等性能需提高。
- 支持手写：考虑到教学中手写频率较高，电子书包终端应具备良好的手写、识别功能。
- 电池续航：由于在学校教学过程中充电时间有限，因此未来电子书包终端的电池续航能力需提高，能够满足常态化教学对电子产品使用时间的需求。

- 屏幕：出于对学生视力健康的考虑，电子书包终端应优化反射率，避免眩光，具备防近视功能。
- 触控：结合操作系统的更新，电子书包终端应配备触控式操作屏幕。
- 重量：为减轻学生携带终端的负担，电子书包终端的重量应逐步减轻，以不超过 1 kg 为宜。
- 网络连接：当前电子书包终端接入网络的方式多为连接无线网络。配合无线网络新协议的制定，应保证电子书包终端网络连接模块能够与网络协议良好匹配。同时，电子书包终端还可以配置蓝牙、RFID、4G 或其他网络连接方式。

除了电子书包终端设备外，与之配套使用的无线网络和其他辅助设备也会逐步完善。例如，课堂教学专用、能够安全存放终端设备的课桌椅，便于教学使用的充电车，能够支持高并发、稳定、抗干扰性强的无线网络等，这些都是未来终端相关硬件发展的趋势。

（二）配置功能发展趋势

随着教育信息化的发展，数字化教与学方式逐渐多样，日常教学与学习也越来越多地依赖数字化资源与工具。由此带来的大量数据和资源既不能仅仅依靠本地存储，也不能单独使用而使学习者陷入信息孤岛，利用教育云、大数据分析成为电子书包应用的未来趋势，而电子书包终端则需要能够提供与之对接的功能。

为了给数字化教学提供丰富的内容，教育研究者、相关企业纷纷研发数字资源。这些资源类型丰富、数量庞大，而现今市场上流行的电子书包终端内置硬盘容量多为 32 GB、64 GB、128 GB，受到容量限制，本地可存储、可使用的资源数量有限。为了让用户能够便捷地查找和使用数字资源，“云+端”的电子书包应用模式应运而生，“端”是指师生个人使用的电子书包终端，“云”通常指代国家级、地方级或企业提供的教育信息化服务平台。这种应用模式试图通过“一站式”应用和“云”的理念，打破教育的信息化边界，让教育部门、学校、老师、学生、家长及其他与教育相关的人士（如教育软件开发者）都能进入服务平台，并通过融入教学、管理、学习、娱乐、交流等各类应用工具，让教育真正地实现信息化。云端服务，减轻了本地服务的存储压力，避免了本地数据移动的困扰，支持随时接入随时学习，让教育资源为更多人所用，随时可用。

大数据分析是指对规模巨大的数据进行分析。大数据具有体量大、关系复杂、价值大等特点[①]。随着大数据时代的来临，越来越多的教与学依赖信息技术的支持。在学习过程中，教与学的信息需要被完整记录和保存。电子书包终端可以将学习过程记录下来，并利用大数据分析了解学生学习路径，分析教与学的关键部分，一方面挖掘教与学过程中的共性现象，另一方面有针对性地挖掘学生学习中的个性特征，为教学决策、个性化学习提供帮助。

（三）终端应用趋势

在电子书包项目如火如荼开展的情势下，虽然数字化学习的研究和实践有了新的进展，但是受制于实践中的具体情况，目前电子书包还处于浅层次的应用阶段。一方面，由于多数项目的开展受政策推动，终端及配套设备采用集体采购的模式，因此教师和学生并不能经常性地使用各类学习终端。师生除了在课堂中利用电子书包上课外，在课余时间则较少使用；大部分学校仅在上公开课时大规模使用，平时课堂教学中的使用频率则较低。可以说，电子书包普及程度还有待深化。另一方面，目前应用个人学习终端进行教学与学习的方式较为单一，由于电子书包教与学的研究在同步跟进，尚无明确的研究成果和成熟的经验可以借鉴，因此教师与学生使用电子书包的合理方式还有待探究，教学有效性有待

① 陆璟．大数据及其在教育中的应用[J]．上海教育科研，2013(9)：5-8+22．

验证和提高。

针对当前面临的大规模开展遇到设备瓶颈、应用不深入等问题，电子书包终端的应用未来将向 BYOD (Bring Your Own Device)、常态化、多元化等方向发展。

BYOD 是指改变现有的电子书包终端购买方式，由学生自主购买终端产品，政府和学校购买相关的数字化教学环境配套设施及服务。这种模式便于学生对电子书包终端拥有完整的使用权，可以让学生在教师和家长的指导下在学校和家中自由使用终端进行学习。随着终端产品市场向规模化、规范化发展，终端产品的价格会下降并稳定至普通家庭能够承受的范围。在这种情况下，学生可以自主购买适合的产品，自由使用学习终端，实现课内外贯穿、个性化的学习，而这也将降低推进电子书包大规模应用的成本。

常态化是指电子书包的应用要向常态化课堂发展，不仅仅满足于展示课、公开课，而是深入到实际的日常课堂教学之中，进而全面发挥电子书包对教学的支持作用。电子书包教学要从一堂公开课走向教学常态化应用，首先应消除以使用时间来衡量技术应用常态化程度的误区，即电子书包的应用不在于课堂上长时使用，也不在于学生必须人手一台终端，而是应因课而异、因学生而异，适时、恰当地使用。

多元化是指要深入研究并丰富电子书包的应用形式。电子书包学生终端提供了多种功能，如记录、分享、通信、分析以及特定的教与学功能等，但是现有的应用并没能完全发挥出这些功能的作用，应用方式也集中于资料查询、资源共享、完成任务等形式。在技术的推动下，终端具备的功能将会越来越完善，教与学的形式也可以在技术的助力下越来越丰富。电子书包教学可以同当下教育信息化的热点趋势（如翻转课堂、微课教学等）进行结合，利用终端的功能支持，真正实现以学生为中心，实现个性化、协同化学习。

第四节 电子书包终端产品案例

随着技术的进步，近年来电子书包终端发展迅猛，许多硬件生产商以单独创立品牌或与教育信息化企业联合创立品牌的方式，形成了一批各具特色的电子书包终端产品。其中，一部分产品是厂商专为教育领域设计、研发，具备明显的教育教学所需功能，本报告将其视为专用电子书包终端；另外一部分产品具有通用性，凭借优越的功能和良好的用户体验深得大众青睐，教育行业从业者尝试在教学中应用这类产品，以辅助教育教学的顺利开展，本报告将其视为通用电子书包终端。

一、专用电子书包终端

电子书包终端，本质上是一款面向教与学专用情境的个人学习终端，其应用场景和需求与日常办公、休闲有很大差别。因此，为了满足数字化教与学过程中使用方便、长时待机、保护视力、性能稳定、兼容性强等需求，部分厂商在参照现有移动终端特点的基础上，专为教育领域设计研发了具备特色新功能、配置教育教学所需软硬件的电子书包终端。以下选取市场上的四款终端产品进行介绍。

（一）诺亚舟优学派

“优学派”是创新诺亚舟电子（深圳）有限公司开发生产的一款电子书包终端产品。诺亚舟在其参与的电子书包教育应用项目中，多使用最新出产的优学派系列产品作为学习终端。优学派系列主要有 U50、U30、U21、U19 等产品，其中 U50 为目前的最新产品①。

① 诺亚教育网．优学派[EB/OL]．[2016-05-17]．http://www.noahedu.com/brand/index.html.

图 4-3　优学派产品示意图

1．优学派 U50 基本参数

- 操作系统：Android 5.0
- 处理器：MT8752 八核
- 系统内存：2 GB
- 屏幕：9.7 英寸，2 048 × 1 536 分辨率，Retina 视网膜屏
- 摄像头：前置 200 万像素摄像头，后置 800 万像素摄像头
- 网络：支持 802.11 b/g/n 无线协议，内置蓝牙，支持 4G 上网
- 电池：8 000 mAh 锂电池

2．教育特色功能

优学派系列终端产品集学习资源、学习平台与硬件设备于一体，致力于打造一对一学习个性化优学方案。以 U50 产品为例，该终端产品提供了“同步辅导”“搜学答疑”“优学方案”“名师辅导”“家校系统”等模块。其中，同步辅导

模块围绕教学内容对知识点提炼精析，辅助课内外贯穿学习；搜学答疑模块提供在线提问和拍照上传功能，利用本地和网络的练习资源为学生答疑解惑；优学方案模块根据学生的个性化学习记录，提供与其学习进度和能力相匹配的课内外教学辅导，帮助学生了解自身的学习状况，生成专属的学习档案并根据档案制定私人的学习方法和内容；名师辅导模块整合了名校名师、新东方、方洲优学等辅导机构的名师视频课例；家校系统模块支持家长利用手机随时随地查看孩子的学习进度，查看学习进度报告。

（二）枣尚电子书包

“枣尚”电子书包是广东省东莞市金禄电子科技有限公司开发的产品，枣尚10.1英寸手持平板电脑是电子书包整体解决方案中学生使用的主要终端设备①。

1. 枣尚电子书包终端基本参数

枣尚10.1英寸电子书包终端搭载Android系统，拥有四核CPU，支持3G、WI-FI等无线网络，内置摄像头、蓝牙、扬声器、双摄像头、麦克风及USB等

图4-4 枣尚产品示意图

① 枣尚．枣尚无纸化教育[EB/OL]．[2015-03-03]．http://www.eduzao.com/.

常用接口，屏幕清晰，电池续航长达 8～10 小时。终端配置高端，便于随时联网，让学生随时随地畅通学习。

2．教育特色功能

枣尚电子书包终端集成了 Office、mail 等常用软件，支持常用的音频格式、视频格式，允许使用者阅读各类格式的电子书；拥有原笔迹手写技术，在各软件使用过程中均支持原笔记书写呈现；内嵌课堂管理系统、多媒体教学互动系统、无纸化讲授软件系统，满足各学科的数字化教学要求；集合丰富的多媒体教学资源，包括电子课本、Flash 点读教材、黄冈名师视频、试题考试、奥数辅导、知识扩展、学前教育、经典国学等，既支持本地学习，也支持在线学习；链接与电子书包兼容的教育云平台，通过教育云平台，实现学生资源、教师资源、学校资源的互通和共享，提高资源使用率。

（三）101 同学派

101 同学派是福建省华渔教育科技有限公司专门针对中小学生开发的一款学生平板电脑，包括 ND2.5 和 ND3 两种主要型号。101 同学派力求利用移动互联网，帮助学生搭建一个完整的学习生态圈，学生通过使用相关学习平台和工具，可以免费获得海量教育学习资源。[①]

1．ND2.5 同学派基本参数

ND2.5 同学派配置了高精度手写笔，该手写笔在大小上接近普通铅笔，具有 1 024 级的压感；配置 10.1 英寸液晶显示屏，屏幕分辨率为 1 920×1 200；搭配 500 万像素摄像头，摄像头可实现 190 度旋转拍摄。

2．教育特色功能

101 同学派配置的高精度手写笔，在硬件设计上考虑了学生的使用习惯。屏幕可以根据环境智能化自动调整亮度，有效保护视力。当学生眼睛距离屏幕过近

① 网龙华渔教育．101 同学派[EB/OL]．[2016-05-17]．http://pad.101.com/．

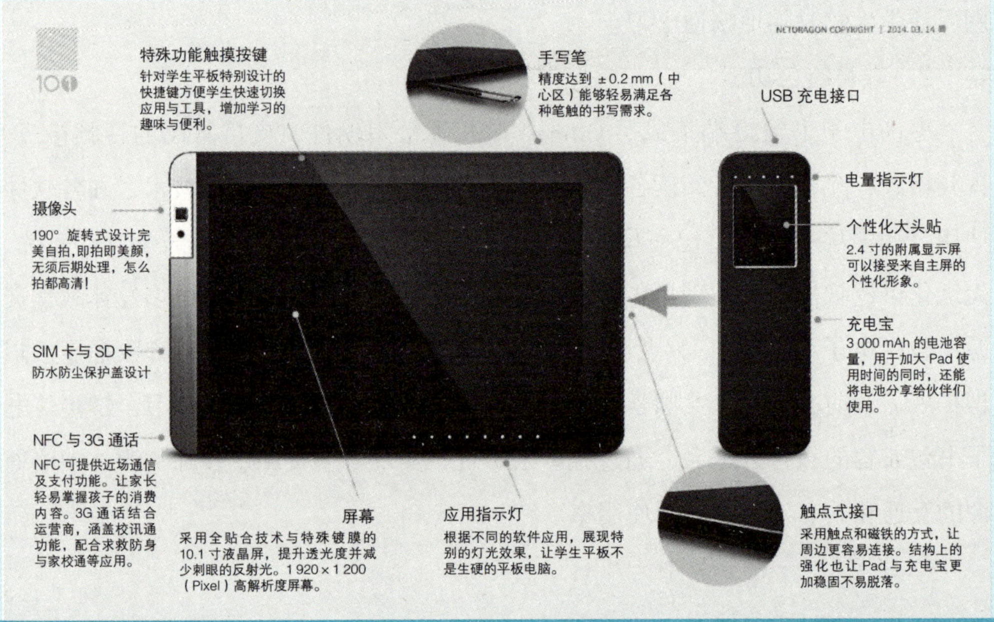

图 4-5 101 同学派产品示意图

时（视线距离低于 40 厘米），屏幕主动弹出提示，提醒学生调整至正确的使用姿势，这对于低年级学生使用电子书包终端时的坐姿不正确、影响视力等问题能够起到提示作用。

（四）英特尔教育平板

2014 年，英特尔在英国伦敦召开的 Bett 2014 技术大会上发布了一款教育平板电脑①。

① 赛迪网．英特尔发布最新款教育平板电脑和学生 PC[EB/OL]．[2016-06-08]．http://www.ccidnet.com/2014/0124/5339511.shtml.

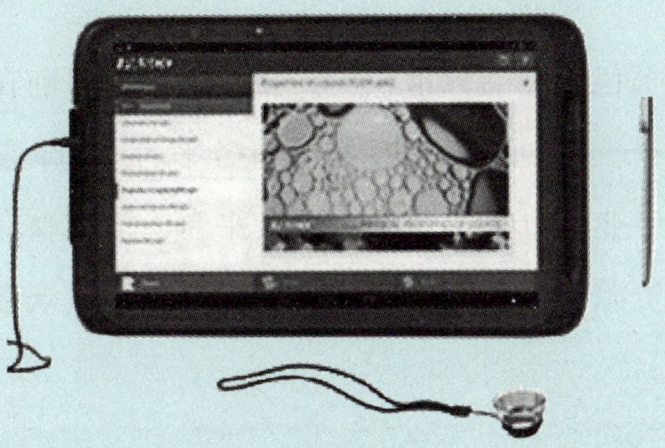

图 4-6　英特尔教育平板示意图①

1. **英特尔教育平板基本参数**

英特尔教育平板电脑搭载 Android 4.2 系统，配备双核英特尔 Atom 处理器 Z2520（1.2 GHz），支持英特尔多线程技术，最多可支持 4 个同步应用线程；内置英特尔图形媒体加速器显卡内核，以及每秒 30 帧的 1080p 全高清硬件加速视频编码和解码器；搭配前置和后置摄像头；平均续航时间为 12 小时。

2. **教育特色功能**

英特尔教育平板电脑采用了防摔设计，能够承受住从普通课桌高度（即 70 厘米）的位置摔落，同时还具备防水和防尘的功能。另外，该产品还配备了很多面向儿童的功能，如机身两侧的橡胶缓冲器、可以防止意外触碰的电源键、外形酷似钢笔的触控笔、磁搭锁工具和温度感应器。这些功能可帮助学生浏览极小和极大的图片，以及测量和分析环境数据。学生还可以利用平板中的传感器更好地进行探究性实验，而这有利于学生创新思维和科学思维的发展。

① IT 之家．英特尔教育 PC/平板设计出炉[EB/OL]．[2016-06-08]．http://www.ithome.com/html/win8/70870.htm．

二、通用电子书包终端

市场上专用电子书包终端的数量较少，相对来说，目前在电子书包试点过程中更为常见的应用模式是“通用终端+学习服务平台”，即选择一款通用的电子书包终端设备，安装专业的电子书包学习服务平台，形成整套服务方案，为师生的教与学提供设备、资源与服务。通用终端的类型、数量众多，以下从中选取部分常见案例进行介绍。

（一）三星 Galaxy Tab A with S pen 平板

1. Galaxy Tab A with S pen 基本参数①

- 操作系统：Android 5.0
- 处理器：1.2 GHz，四核
- 系统内存：2 GB
- 存储容量：16 GB，支持 SD 存储卡
- 屏幕：9.7 英寸，1 024 × 768 分辨率，TFT 屏幕
- 网络：双频（2.4 GHz 和 5 GHz），支持 802.11 a/b/g/n 无线协议
- 重量：487 g

图 4-7　三星 Galaxy Tab A with S pen 产品示意图

2. 教育特色功能

Galaxy Tab A with S Pen 平板中的 S Pen 手写笔，迎合电子手写功能在教育行业的需求，让学生在学习过程中既能进行高效的智能化学习，又不荒废对传统书写的练习。S Pen 手写笔采用优于电阻、电容的电磁笔技术，让笔头精度更高，

① 三星（中国）投资有限公司. Galaxy Tab A with S Pen 9.7[EB/OL]. [2016-05-27]. http://www.samsung.com/cn/business/business-products/mobile-phones/tab/SM-P555CZWACHN?subsubtype=galaxy-tab-a.

反应更灵敏，具有更好的书写体验。在手指误触的情况下，Galaxy Tab A with S Pen 会优先识别笔头，防止发生误碰误触的情况。除了书写功能，Galaxy Tab A with S Pen 还配备了配合 S Pen 使用的独有软件 S Planner，以实现日程管理功能，无论是日程选择、管理还是记录都可以用 S Pen 去操作与书写，有助于培养孩子形成有条理、有计划的良好习惯。①

（二）联想 Yoga 平板

1. Yoga 2 pro 平板基本参数②

- 操作系统：Android 4.4
- 处理器：Intel Z3745 四核处理器，主频最高达 1.86 GHz
- 系统内存：DDR3，2 GB
- 存储容量：32 GB
- 屏幕：13.3 英寸，2 560 × 1 440 分辨率，IPS 高清广视角硬屏
- 触控：10 点触控
- 摄像头：前置 160 万像素高清摄像头，后置 800 万像素高清摄像头
- 网络：支持 802.11 a/b/g/n 无线协议，支持 MIMO，双频（2.4 GHz 和 5 GHz）
- 蓝牙：蓝牙 4.0
- 音频接口：3.5 mm 耳机口
- 接口类型：Micro USB/Micro-SD 卡槽（支持 64 GB 扩展）
- 传感器：重力感应器、振动马达、霍尔效应传感器、磁感应器、电子指南针、环境光传感器
- 电池：9 600 mAh 锂离子电池
- 重量：950 g

① 环球网．三星 Galaxy Tab A with S Pen 主打“神笔教育”[EB/OL]．[2015-08-18]．http://finance.huanqiu.com/roll/2015-07/6937014.html.

② 联想集团．Yoga 2 pro 产品介绍[EB/OL]．[2016-06-06]．http://appserver.lenovo.com.cn/Lenovo_Product_Detail.aspx?CategoryCode=A21B07C10&gdsid=A2100022903.

图 4-8 Yoga 2 pro 产品示意图

2. 教育特色功能

联想 Yoga 平板独创卷轴支架设计，相比于一般平板，在阅读、站立、触控三种应用模式中有较为明显的便捷优势，能够提升学生阅读、单手操作、打字的用户体验。对于阅读模式，传统的平板需要用户双手端着才能在行走中使用，Yoga 平板则借助卷轴支架，提供舒适的单手持握体验，而且非常轻的重量也十分便于学生的移动学习。对于站立模式，传统平板电脑如果不借助外接配件，则只能保持平躺的状态，影响观看效果，而 Yoga 平板可凭借卷轴支架实现自由站立，解放了学生的双手，便于他们更舒适地观看微课、听音频、视频通话。对于触控模式，Yoga 平板的卷轴可提供适当的倾斜角度，有了这个角度，学生可以轻松打字、记笔记、做作业、浏览网页等。①

① 中国教育新闻网．联想·知好乐电子书包智能化学习系统发布[EB/OL]．[2016-06-06]．http://www.jyb.cn/zhuangbei/szxy/201406/t20140624_587451.html.

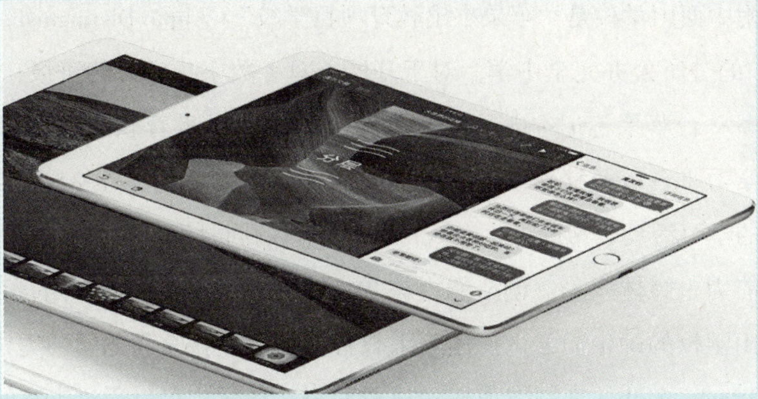

图 4-9 iPad Pro 产品示意图

（三）苹果 iPad 平板

1. iPad Pro 基本参数[①]

- 操作系统：iOS 9
- CPU：64 位架构的 A9X 芯片，M9 协处理器
- 屏幕：12.9 英寸，2 732 × 2 048 分辨率，264 ppi，Retina 显示屏
- 网络：无线网络（802.11 a/b/g/n/ac），双频（2.4 GHz 和 5 GHz），支持 HT80 的 MIMO 技术
- 蓝牙：支持蓝牙 4.2
- 电池：内置 38.5 Wh 可充电锂聚合物电池，续航时间 10 小时左右，具体时间视使用环境而定
- 重量：713 g（WLAN 机型）
- 其他：Touch ID、三轴陀螺仪、加速感应器、气压计、环境光传感器

① Apple Inc. iPad Pro 产品介绍[EB/OL]. [2016-06-06]. http://www.apple.com/cn/ipad-pro/.

2. 特色应用

人大附中西山学校是“苹果杰出教育项目学校”（Apple Distinguished Program School）中的一所公办完全中学。对于开展 1 对 1 数字化学习的班级，该校为师生每人配备一台苹果笔记本电脑。借助 App Store 上的教育软件和工具、社群媒体网站的学习平台以及移动学习设备，教师可以开展学生全情参与、高效互动、实时反馈的学习活动，帮助学生在获得学科知识的同时提升批判性思维、协作能力、沟通能力、媒体素养、创造能力等 21 世纪技能。① 在各学科的学习中，人大附中西山学校的师生们尝试使用苹果教育产品来发掘全新的学习方法。例如：教师运用 iBooks Author 来制作动态 iPad 教科书，让学生可以通过丰富的 3D 图像和音频、视频内容参与学习②；生物学科教师在完成常规生物课程教学外，还研发了“走进百草原”“生命奇迹、佳片有约”等选修课程③。

（四）壹人壹本 E 人 E 本平板

1. E 人 E 本 T9 平板基本参数④

- 操作系统：Android 4.4
- CPU：高通 MSM8974
- 系统内存：2 GB
- 存储容量：32 GB
- 屏幕：7.86 英寸，2 048 × 1 536 分辨率，IPS 广视角屏
- 触控：电容触控 + 电磁笔（多指触控 + 原笔迹手写）

① 人大附中西山学校．1 对 1 学习项目[EB/OL]．[2015-08-18]．http://www.rdfzxsxx.cn/domain/110.

② Apple Inc. Apple 教育应用案例[EB/OL]．[2015-08-18]．http://www.apple.com/cn/education/real-stories/rdfz/#video-rdfz.

③ 人大附中西山学校．人大附中西山学校艺术团简介[EB/OL]．[2015-08-18]．http://www.rdfzxsxx.cn/Page/401.

④ 北京壹人壹本信息科技有限公司．E 人 E 本 -T9[EB/OL]．[2016-06-27]．http://www.eben.cn/businesstablet/t9.

- 摄像头：前置 200 万像素摄像头，后置 1 300 万像素摄像头
- 网络：中国移动、电信、联通，2G/3G/4G
- 蓝牙：蓝牙 4.0
- 接口：USB 2.0、Micro USB 2.0、3.5 mm 耳机接口、Micro SIM/USIM 插槽
- GPS：内置 GPS、AGPS，支持全球定位
- 电池：5 800 mAh 锂电池
- 重量：400 g

2. 教育特色功能

E 人 E 本平板的原笔迹书写和记录过程有利于实现学生学习过程的本色记录，保证学生书写情况不失真，对于低年级学生汉字书写的学习能够提供帮助。该功能还支持学习思路的书写、回放及分享，保证课堂笔记能够实时存档及查询，有助于实现针对性辅导，提高学生的学习效率和学习兴趣。

第五章 电子书包学习服务与电子书包产业发展

第一节 电子书包学习服务概述

一、基本概念

对电子书包进行研究与实践的核心价值，在于通过电子书包向中小学生提供更好的学习服务。电子书包能够对学生提供的学习服务是多方面的，其中比较典型的有学习内容服务、学习互动服务、搜索查询服务、学习管理服务等。从服务形式来看，电子书包可为学生提供技术功能支持、内容支持和人工支持等形式的服务。从学习者所处的社会学习环境来看，电子书包可为学生提供本机学习服务、班级学习服务和社会学习服务三个不同层次的学习服务。其中，本机学习服务对学习者个人的单独学习提供支持，班级学习服务对学习者在课堂内的协作、交流提供支持，社会学习服务对学习者课外的基于网络的学习提供支持。[①]从服务的提供来源来看，电子书包的学习服务可分为由单纯电子书包终端提供的本地服务和基于互联网的网络服务。

目前学界对电子书包的学习服务尚没有统一认识。从已有的电子书包解决

① 吴永和，祝智庭，何超．电子课本与电子书包技术标准体系框架的研究[J]．华东师范大学学报（自然科学版），2012(2)：70-80.

方案案例中，我们也很难看到科学、成体系的电子书包服务分类。因此可以认为，关于电子书包学习服务的研究和实践目前才刚刚起步，仍然很不成熟。但考虑到电子书包的学习服务对于电子书包本身发展的重要性，本章还是试图通过一些理论研究和案例分析对电子书包学习服务进行一些浅显的论述。为了便于分析，本报告将电子书包学习服务定义为：在电子书包系统中，由电子书包终端直接提供或通过电子书包终端间接提供的支持教学活动和学生学习活动的各类服务的总和。

图 5-1 所示的是电子书包学习服务的一个简单模型。从这个模型中可以看到，直接面向用户教与学活动的是以电子书包终端为代表的各类终端硬件。在所有学习服务中，有一部分是由终端设备直接提供的，如电子书包终端自带的系统、学习软件、数字资源等，此外还有大量服务需要通过终端设备与学习服务平台的互操作行为来提供。学习服务平台一般具备资源集成、课堂互动、在线评测、个人空间、用户管理等服务模块，并与电子书包中的各类终端设备有专用的接口，可以将平台上提供的各项学习服务通过终端提供给学生。除了终端设备与平台外，还有一部分学习服务所必需的资源、数据和应用服务系统则被放在整个模型的最底层，如常见的数字资源库、管理数据库、数据分析系统等。学习服务平台能够访问这些数据库或应用，获得相关的内容或服务信息，再通过终端将它们发送至学生，从而提供相关服务。

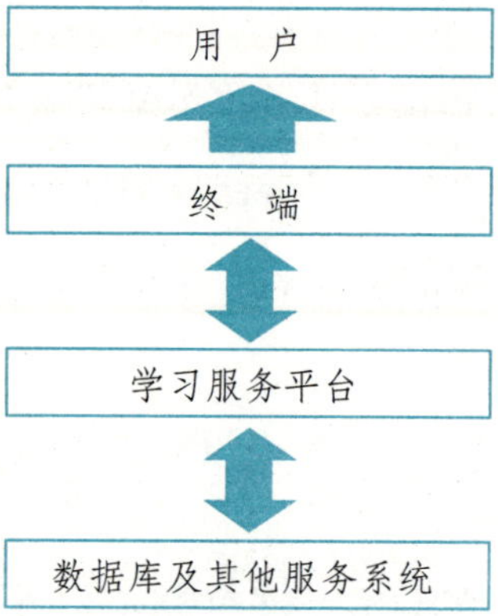

图5-1 电子书包学习服务模型

二、电子书包学习服务的相关标准

从上述关于电子书包学习服务的概念描述中不难看出，电子书包提供的学习服务涉及终端、平台和底层数据库、应用等多个部分。这些部分之间能否实现有效的互操作就成为服务能否正常提供的一个关键问题，而这个问题需要通过相关标准的制定来解决。

我国目前关于电子书包服务标准的研究处于起步阶段。2010 年以来全国信息技术标准化技术委员会及教育部教育信息化技术标准委员会下属的电子课本与电子书包标准专题组等一些学术组织已经对电子书包学习服务标准进行了研究，并形成了一些有价值的成果。其中，祝智庭等业内专家研究了包含电子书包学习服务在内的电子课本与电子书包标准体系框架（标准引用组谱）；吴战杰等人在该标准体系框架下进一步对“电子书包学习服务标准框架”和“核心学习服务类型标准”

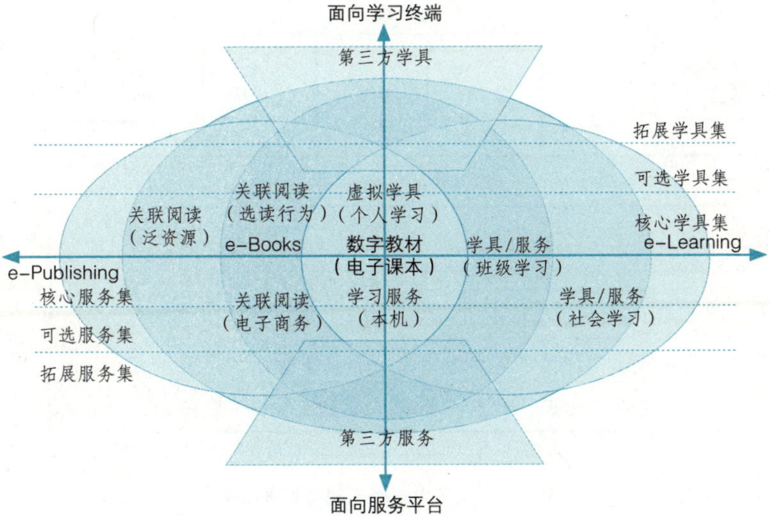

图 5-2　电子书包系统标准体系①

① 祝智庭，郁晓华. 电子书包系统及其功能建模[J]. 电化教育研究，2011(4):24-27+34.

进行了研究；此外，工业和信息化部牵头的“云电子书包国际标准推进工作组”、华中师范大学等单位组织也启动了与电子书包学习服务相关的一些标准研究工作。

（一）电子书包学习服务标准框架

吴战杰等人对电子书包学习服务标准提出了一个标准框架（见图 5–3）。电子书包学习服务标准研究主要解决以下三个问题：（1）提高以数字教材为核心的电子书包内容系统与其他相关支持系统的互操作，提高系统的灵活性、可共享性及可重用性；（2）解决数字教材、虚拟学具及电子书包相关服务之间的互操作问题，解决各个不同系统之间的数据交换问题，解决数字化学习的内容及电子书包相关服务提供者、服务消费者之间的技术障碍；（3）提高系统的集成灵活度，通过与其他系统的数据交换，整合已有的各类数字化学习技术系统。

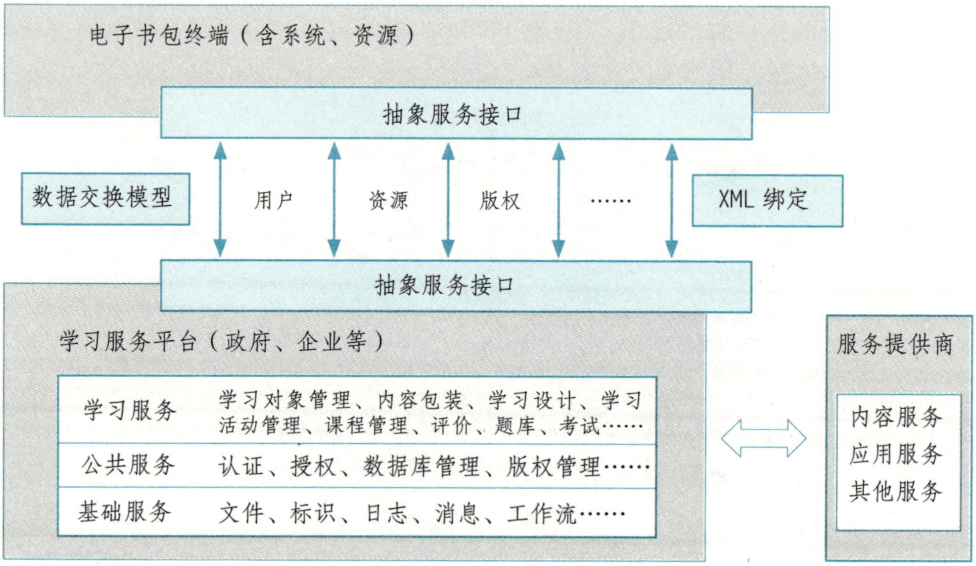

图 5–3　电子书包学习服务标准框架

在这个标准框架中，电子书包学习服务的来源包括三个部分，分别是电子书包终端（包括其操作系统、内置的各种资源和应用软件）、学习服务平台（政府、企业等提供）和服务提供商。同时，该标准框架也表明了电子书包终端、学习服务平台以及拓展服务三者之间的关系，即电子书包的学习服务平台通过与电子书包终端的各种数据交换和互操作来对用户提供各种基础服务，并整合第三方服务提供商的特色服务，以支撑用户在教与学活动中的共性需求和个性化需求。

该标准框架将学习服务平台划分为基础服务层、公共服务层和学习服务层，每层提供一类服务，一个特定的层依靠下层提供的服务并向上一层的实体提供服务。其中，基础服务层主要向公共服务层提供服务，包括数据信息存储、交换和数据通信，该层支持在物理通信之间的数据结构交换、消息传递和相当的交易需求、对应服务的访问点或接口；公共服务层处于基础服务层和学习服务层之间，主要向学习服务层提供应用所需的一般和通用服务，如认证授权、数据库管理、版权管理、用户信息跟踪等；学习服务层是最终面向学习者的服务层，提供包括课程管理、内容管理、学习活动、测试评价等在内的面向终端用户的一系列学习相关服务，学习服务层的服务是建立在公共服务层的基础之上，向下调取公共服务层提供的服务。

电子书包终端与学习服务平台之间通过抽象服务接口进行数据交换，用户、资源、版权、课本等都通过这些抽象服务接口进行传递。服务提供商为学习服务平台提供一些包括内容服务、学习服务等在内的服务，每一个接口提供一个服务。

上述标准的提出，主要基于以下几种典型学习服务应用场景。

（1）**课堂应用。**上课时学生利用电子书包来获取各种资源，获得数字教材和教师提供的支持课堂学习活动的各类资源，课后学生利用电子书包可以获得其他机构提供的课后辅导、学习资源、测试等各类服务。

（2）**区域平台应用。**教育局建立本区域的信息化系统平台，区域的电子书包学习服务平台整合各家企业的相关服务，提供资源、平台、学习、管理等统一的信息化服务。

（3）**数字教材及其他数字化课程资源出版。**出版社与内容提供商建立直接面向电子书包与数字教材的资源服务。

（4）**基于服务接口的单独服务。**电子书包学习服务平台通过接口为电子书包提供各种服务，包括用户、资源、版权、课本、测试等。

（5）**用户角色差异性服务。**依据用户角色的不同，主要为教师、学生两种角色开放不同的服务。例如：面向教师可提供学习设计、学习活动管理、组成试卷、布置作业等服务；学生可以进行交互式、探索性学习，能够自行练习和评价等。

（6）**资源库的生成与应用服务。**在资源方面，主要支持实现题库资源、教学素材、共享资料等基础资源的管理，包括资源的上传、审核、检索、呈现（浏览各类标准化电子文档，如 PDF、Word、PPT、Flash、视频和声音文件）、转换等。

（7）**数字资源版权服务。**从终端鉴定、监控、跟踪电子书包内容的合法性等方面为数字版权提供保护。

（8）**学业评价服务。**以试题、试卷为中心，对学生考试、学业水平测试、平时表现进行评价。长期记录学习者的相关测试信息，提供长期的形成性评价服务。

（二）核心学习服务类型标准

在上述电子书包学习服务标准框架下，电子书包系统的学习服务可以提供多维度、全面性的学习服务支撑，以软件、平台、系统等形态为教与学当中的内容、资源、应用、管理提供帮助和支持。基于相关的应用场景，吴战杰等人进一步提出了核心学习服务类型标准，其中具体包括以下九种核心学习服务。

（1）**内容资源管理服务。**提供数字教材及各类数字资源的内容管理服务，包括资源检索、导入、信息互换服务等；提供对不同数字内容的重组与拆分服务，以支持数字资源复用；提供内容资源的权限管理服务、交易服务和课程内容服务接口。

（2）**学习者管理服务。**通过收集学习者参与活动的数据，建立学习行为模型，基于数据分析的方式来跟踪与管理学习者。

（3）**组管理服务。**对由多个学习者构成的学习组或其他相关组织，通过信息交换来提供管理服务。

（4）**学习活动管理服务。**支持学习者或教师创设各种学习活动，并对这些学习活动的过程、结果及生成性内容进行管理。

（5）**课程管理服务。**支持教师的在线课程建设，提供课程设计、课程开发等服务，以及对学生提供课程推送、课程选择等管理服务。

（6）**题库服务。**为学习者或教师提供题库相关服务，包括自动推送练习、支持人工或自动组成试卷等。

（7）**评价服务。**抽取学习者使用数字教材和其他数字资源（如在线练习题）进行学习的过程信息、学习统计数据，并进行数据分析，支持学习诊断，将结果予以反馈。

（8）**学习设计服务。**依据对学习者学习目标、学习行为的分析和评价，为学习者提供各类学习规划。

（9）**个性化服务。**通过内容组织与知识建构，为学习者提供个性化的学习内容与环境，并可通过接口引入第三方服务，为个性化服务提供支持。

（三）电子书包学习服务其他标准

2013 年 11 月 29 日，经工业和信息化部批准，“云电子书包国际标准推进工作组”正式成立。工作组按照产业链分工设立七个专题组，涵盖了云电子书包产业链上下游多家业内知名企业、科研院所、行业协会、标准机构，力图通过建立标准体系解决云电子书包产业硬件开发、软件设计、资源共享交流、人机互动平台和后台操作应用规范等瓶颈问题。[①]这个标准体系中将涉及与电子书包学习服务相关的内容。

2014 年 5 月 15 日，四川省质量技术监督局批准发布了含《中小学电子书包应用系统建设规范》（DB51/T 1778—2014）在内的 23 项地方标准，该标准自 2014 年 6 月 1 日起开始实施。这是国内首次正式发布实施的一项与电子书包学习

① 人民网．云电子书包国际标准推进工作组在合肥成立[EB/OL]．[2015-03-03]．http://money.163.com/13/1202/10/9F3773N400254TI5.html#from=keyscan．

服务相关的标准。

在学习服务标准方面（注：这里指一般的学习服务，不限于电子书包学习服务），华中师范大学组织研究团队编制《信息技术　学习、教育和培训　教育云服务：框架》和《学习与服务－数字版权管理接口》标准，目前处于研制阶段。《信息技术　学习、教育和培训　教育云服务：框架》标准是目前已立项研究的国家标准，旨在解决各地区、各企业自主研发的教育云之间的互联互通、数据与服务共享问题，消除教育信息化过程中产生的信息孤岛。该标准拟建立的教育云服务标准框架包括了教育云基础规范、教育云支撑技术相关规范、教育云应用相关规范和教育运营服务相关规范等四类从低到高分布的系列标准，以及贯穿于教育云服务各个层面的教育云安全规范和云间协议。[①]《学习与服务－数字版权管理接口》标准则重点解决虚拟实验教学平台开发和资源整合所涉及的互操作接口问题。

三、电子书包学习服务的实际应用类型

在电子书包系统的研究和实践过程中，结合教与学的需求和实践反馈，电子书包学习服务的应用通常着重关注利用特定的学习平台或系统，为教师和学生提供电子书包相关支持。目前在实际应用中的电子书包学习服务相关功能主要包含以下几种。

（1）教学管理类。主要提供教学管理功能，如教师端控制学生端屏幕的锁定或解除锁定、发布指令、发送文件等。

（2）课堂互动类。提供课堂教学所需功能，如举手、提问、投票、资源播放展示、标记书写等。

① 吴砥，彭娴，张家琼，等．教育云服务标准体系研究[J]．开放教育研究，2015，21（5）：92-100．

（3）**测评检测类。**提供丰富的试题库，支持自动组卷和阅卷，提供答题情况的及时批改、统计、反馈等功能，能够进行教学质量的检测和判断。

（4）**课程学习类。**提供课程系统安排功能，支持课程学习、资源共享、课后讨论、多维评价等。

（5）**资源平台类。**提供丰富的数字化学习资源，支持用户上传、下载、编辑或修改等。

在实际使用过程中，各类系统和平台往往集多种功能于一身，结合教与学需求侧重于某一类别功能的具体实现。在当今教学实践中，电子书包实践项目试点所使用的教与学系统或平台多种多样，如英特尔一对一数字化学习解决方案、天闻数媒的 AiSchool 数字教育解决方案、学龙网的基于教育云服务的电子书包解决方案等，这些系统或平台实际上都整合了教学管理、课堂互动、测评、资源等多种服务类型。

第二节　电子书包典型学习服务分析

在实践中，电子书包所提供的学习服务比较复杂。由于电子书包是一种面向教育信息化的整体解决方案，因此其提供的学习服务应当是面向学习全流程的。总体来说，目前对电子书包学习服务的研究和实践仍处于起步阶段，无论理论设计还是实际产品都较缺乏系统性。本节尝试基于对实际案例的归纳总结来对电子书包学习服务进行一些梳理和分析。

一、电子书包学习服务的层次类型

在电子书包系统中，学习服务有很多分类维度。从实际案例来看，根据服务来源对电子书包学习服务进行类型划分是比较简单而清晰的做法。在电子书包实际案例中，学习服务的基本模型如本章第一节的图 5–1 所示，只不过具体的产品设计会更多地兼顾产品研发的实操性，并在基本模型的基础上优化形成具体的电子书包学习服务产品模式。

图 5–4 所示的是大多数电子书包产品中所采用的学习服务提供模式。与图 5–1 相比，这种实际中常见的学习服务提供模式也分为三层。其中，第一层主要是由电子书包终端提供的学习服务，并将其他终端硬件与电子书包终端联系起来；第二层的学习服务平台本身整合了一些数据库或半独立的应用服务系统；第三层则是第三方数据库和应用服务系统，以及学习服务平台自带的数据库和应用服务系统。因此，我们大致可以从学习服务的来源角度，将电子书包学习服务分为电子书包终端提供的学习服务、电子书包学习服务平台（包括平台内整合的数据库及独立服务系统）提供的学习服务，以及平台之外的第三方学习服务三个基本类型。

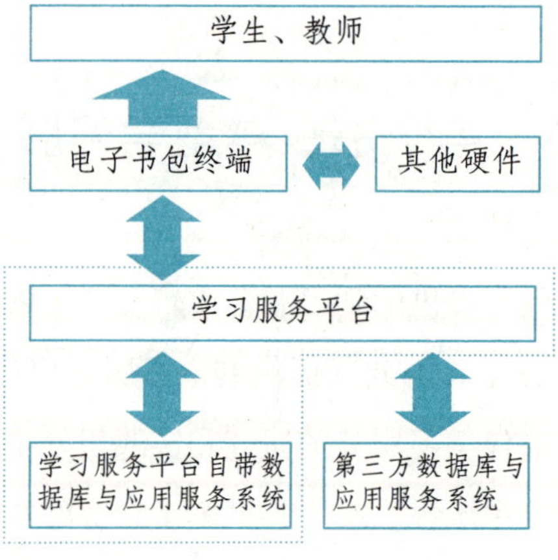

图 5–4　电子书包实际产品中的学习服务提供模式

电子书包产品中采用这样的学习服务提供模式有实践方面的优点。电子书包是一种完整的教育信息化解决方案，其学习服务的提供必然有主次之分。在众多学习服务中，那些对于支持开展有效教学不可或缺的学习服务构成了电子书包的基础学习服务，而其他学习服务则可根据实践中的特殊需求进行选择。从图 5–4

所示的模式中我们不难发现，电子书包的基础服务包括了电子书包终端、学习服务平台及其自带的数据库与应用服务系统，其他硬件和第三方服务则成为可选的拓展服务。这就使电子书包学习服务的研发变得可控，使用变得便捷。学习服务的研发者、提供者无须在研发时兼顾所有繁杂的个性化服务需求，用户也不用被各种自己用不上的学习服务所干扰。

二、电子书包终端的学习服务

电子书包终端直接向教师、学生提供的学习服务包括数字化学习内容服务，以及一些软硬件功能服务。在实践中，有相当一部分的电子书包终端本身内置了以数字教材为代表的各种学习内容资源，教师可以参考这些学习内容资源组织教学活动，学生则可以通过学习内容资源直接获取相关知识。除了提供内容服务外，电子书包终端还通过一些具备学习功能的软件和硬件为教师或学生提供学习服务。在前文所述的电子书包终端相关内容中，已经涉及了这样的软件和硬件，如摄像头、手写笔、电子图书（包括数字教材）阅读软件、Office 等。

除了直接提供的学习服务，电子书包终端还会为学习者提供一些间接的学习服务。所谓间接学习服务，是指这些服务部分地存在于电子书包终端中，但仅通过电子书包终端无法独立使用，包括一些与在线服务端配套使用的终端应用程序，学习内容的在线更新程序，以及其他各类与在线教学系统、学习服务平台对接的接口等。

（一）内容服务

在整个电子书包系统中，学习内容资源主要通过电子书包终端呈现和被用户使用。因此，电子书包的内容服务是电子书包终端提供的一种直接服务。对于在电子书包终端中呈现或被用户使用的各种内容资源本身，本报告第二章、第三章中有较为详细的论述，这里则主要从服务的角度对这些内容资源做一些简单的分析。

首先，电子书包是一种教育信息化的解决方案，内容服务是电子书包所有学习服务的核心。其实我们从“电子书包”这个名称上就可以有所了解，“书包”是书的载体，而书是学习内容的载体，因此内容的存在决定了“书包”的存在。数字化学习内容的呈现是电子书包最基础的服务功能。

其次，电子书包的教育本质属性主要通过内容服务展现。电子书包因信息技术的发展而出现，但电子书包真正能够获得教育领域的普遍认可与应用则需要信息技术与教育教学的深度融合。电子书包的技术属性是显然的，而电子书包的教育属性则主要体现在其所包含的数字资源的内容以及内容的层次与结构上。电子书包在设计、开发和应用时所遵循的课程理念、教学逻辑、教学策略、教学模式等，最终体现在学习内容的选择和编排上。

最后，如果我们将电子书包视为一种数字教育出版产品形态，那么内容服务则是电子书包的根本。在传统出版领域（图书、报纸、期刊、音像制品等），内容信息服务是出版的核心价值。而在数字出版领域，由于信息技术的引入，产品能够提供的服务比传统出版更为多元化。但无论在产品中引入何种技术，数字出版产品之所以具有出版属性，而不同于一般意义上的IT产品，就是因为数字出版所提供的服务仍是以内容为核心，其他服务是围绕和配套内容服务而存在的。这一点对电子书包来说也同样适用。

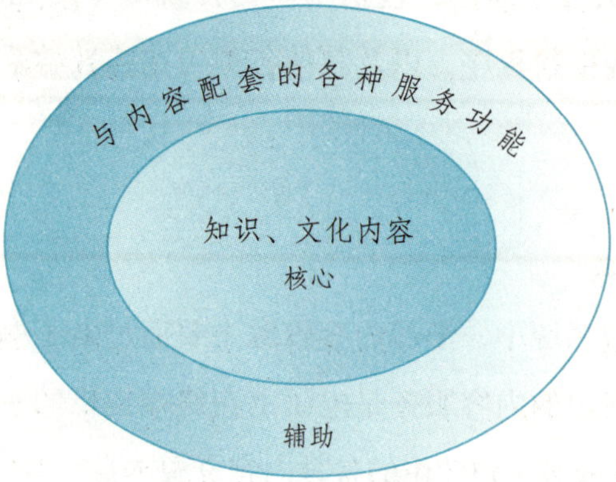

图 5-5　数字出版的服务结构层次

（二）软硬件功能服务

除了内容服务外，电子书包终端所携带的软件、硬件功能是其为学生、教师提供学习服务的另一个主要方式。本报告的第四章列举了一些电子书包终端产品样例，通过这些样例，我们可以归纳出几类常见的基于软硬件功能的电子书包终端学习服务，分别是阅读呈现软件、创作型软件、通信交流软件、专用学科软件以及信息输入设备（硬件）及其配套软件。

阅读呈现软件在所有电子书包终端中都是必备的，并且也是电子书包得以提供内容服务的前提。这类软件包括数字教材阅读器、文本资源阅读器、图视浏览器、视频播放器、音频播放器等。这些阅读呈现软件提供基本的内容呈现功能，有些也整合了一些内容编辑功能。除了学习内容专用的阅读呈现软件外，各种网页浏览器也可以被归到此类。

创作型软件是指支持学生、教师创建或编辑文本、图片、音频、视频、动画、课件及其他多媒体形态的教学资源或成果作品的软件。常见的创作型软件包括 Office、课件编辑器、画图及图片处理软件、电子书编辑器、音视频采集和编辑软件等。创作型软件对于电子书包的个性化学习服务来说是十分必要的。面对个性化需求时，电子书包原本提供的内容服务往往无法令人满意，毕竟每个学生、教师的个性需求之间存在差异，因此电子书包终端需要提供一些可供用户自行创作的工具。一般来说，教师需要能够制作各类教学素材、课件等教学资源的工具，学生则需要类似工具来创作能表征学习成果的作品。

通信交流是基于互联网的教与学过程中的一种常见行为。电子书包作为一种以互联网为基础的信息化教学解决方案，需要提供相应的学习服务来支持通信交流。在教与学过程中，交流的角色包括教师、学生、家长等，涉及的交流方式则包括一对一交流、一对多交流和多对多交流。电子书包终端内预装的通信交流软件一般包括电子邮件和即时通信软件。其中，电子邮件一般是非即时的，可以支持一对一或一对多的交流方式，一般用于正式或大量信息的交流，如教学过程中一些重要通知的发送或一些特殊作业的布置等；即时通信软件则能够支持一对

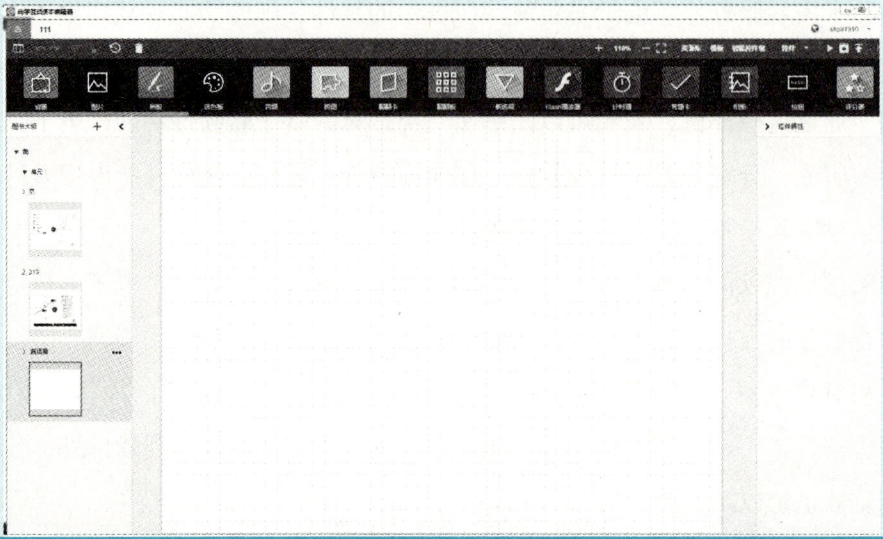

图 5-6　课件 / 电子课本创作工具

一、一对多、多对多的交流模式，在信息交互上比电子邮件更为及时，也是一些学习讨论活动中所必备的工具软件，但由于即时通信软件中的角色参与复杂，交互的信息也比较混乱，因此即时通信软件并不能完全替代电子邮件。电子书包终端提供的电子邮件和即时通信功能需要通过终端安装的客户端与网络上的服务端共同完成，和其他依赖或部分依赖网络的学习服务一样，我们在电子书包终端服务中讨论它们只是为了论述方便。实际上，电子书包系统是一个整体，所提供的学习服务往往是难以割裂的。

在基础教育阶段，一些学科经过多年的信息化探索，已经产生了一些面向学科教学的专用教学软件。例如，数学学科的几何画板、中小学计算器，物理学科的虚拟实验室，以及地理学科的测绘地图软件等，都是其中代表。有些电子书包终端预装了少量学科教学软件，从而向学生和教师提供专门的学科服务。在学科教学中，这些专用教学软件往往能结合学科课程的具体要求提供内容情境生成、虚拟探究、特殊数据处理等功能，这些功能能够支持一些特殊的教学设计，帮助

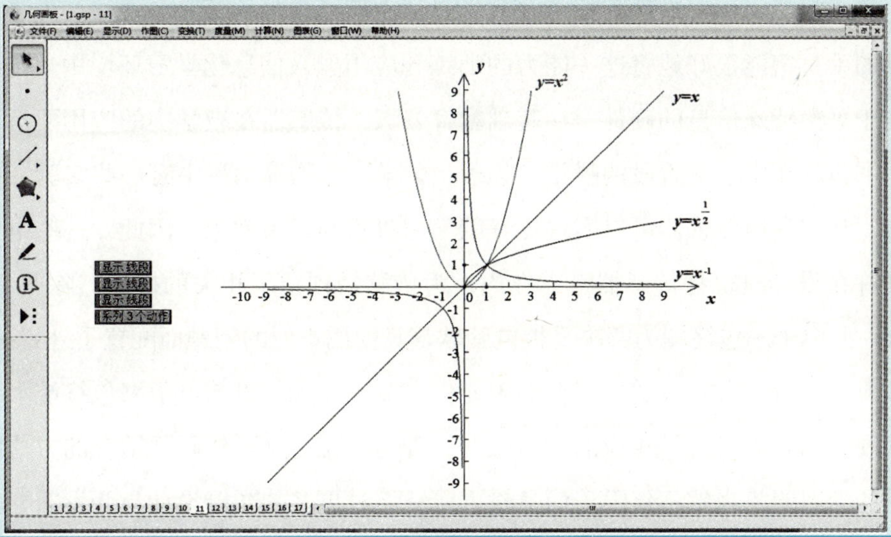

图 5-7　数学学科专用教学软件——几何画板

师生更好地完成教学任务。

信息输入设备（硬件）及其配套软件是电子书包终端提供的一类基于软件和硬件结合的常见学习服务。在电子书包系统中，用户的信息输入往往是多元化的。常见电子书包终端提供的纯软件型的输入功能很难完全满足学习需要，因此电子书包终端常配有针对特定信息或特定信息输入方式的硬件及配套软件，以满足不同的信息输入需求。一般来说，这种软硬件结合的学习服务可分为两种形式：一种是电子书包学习终端自带的硬件及其配套软件，另一种是可以与电子书包终端进行物理连接的外部设备及其配套设备。前者中最常见的是摄像头和手写笔，后者中较为常见的是平板电脑的传感器和外置键盘。第四章曾介绍过，一些电子书包终端产品带有摄像头和手写笔。摄像头在电子书包实际应用中常被用来拍摄学生用纸笔方式完成的作业、练习、作图、笔记等内容，形成以数字形式保存或用于传播的图片。还有一些电子书包终端的摄像头配有视距测量和智能化自动调整亮度的智能软件，能够提供更多的学习服务。电子书包终端配置的手写笔主要是为了使电子书包在应用时能够与传统教学更好地衔接与过渡。在基础教育阶段，学生的书写能力一直是课程标准及升学考试中所要求的一项必备技能，电子书包提供的手写笔能很好地将这一能力的训练和应用融入信息化学习环境中。传感器是用于采集特殊信息的硬件，在基础教育领域，传感器在教学中的应用要远早于电子书包。在中小学阶段的科学、物理、化学、生物等学科中有一些实验或探究学习，其中利用传感器可以实现更好的学习过程与学习效果。因此，一些电子书包硬件在设计时也将传感器考虑在内，为传感器预留了相关的接口。除此之外，还有一些电子书包终端为解决平板电脑软键盘使用不便的问题而配置了外置键盘。总体看来，对于实际教学中存在的多元信息输入需求，目前电子书包终端大多采用软硬件结合方式提供相应的学习服务。理论上说，这种软硬件结合的方式能够提供的学习服务当然不仅限于信息输入，只不过更多的功能设计与开发需要基于对实际数字化教学策略及模式的进一步深入研究来进行。

（三）间接学习服务

由于电子书包终端本身的容量和功能局限，电子书包系统中的全部学习服务功能不可能都集中在终端上，特别是在网络环境中，许多学习服务只能基于网络实现。因此，电子书包终端除了提供内容服务、软硬件功能等直接服务，还需要提供一些间接学习服务。间接服务的服务主体一般是网络上的服务端，包括学校层级的电子书包学习服务平台（或教学系统）和区域层级的电子书包学习服务平台。间接学习服务主要由电子书包学习服务平台提供，电子书包终端为这些平台提供的服务预留接口和服务的终端应用程序，使这些学习服务最终能够到达用户那里。

三、电子书包学习服务平台的学习服务

如前文所述，电子书包系统中学习服务的提供需要分层次进行。这是因为电子书包的任一组成部分，包括以数字教材为核心的数字内容资源、电子书包终

端、电子书包学习服务平台等，本身在性能、功能、特点等方面都存在一定局限，无法提供全部的学习服务。正因如此，我们可以粗略地分出层次来讨论电子书包的学习服务。

电子书包学习服务平台是配合电子书包终端使用，并通过电子书包终端向用户提供各类学习服务的一个子系统。从服务对象和功能特点来看，学习服务平台大致可分为学校学习服务平台（一般也被称为电子书包教学系统）和区域学习服务平台两种类型。两者都是通过与电子书包终端的对接来提供学习服务的，但差别在于学习服务的覆盖范围不同，并且服务内容和方式也因覆盖范围的不同而有所差异。

（一）学校学习服务平台

学校级的电子书包学习服务平台，通常也被称为电子书包教学系统（为了与区域电子书包学习服务平台区分，以下统称为电子书包教学系统），是安装在中小学校校内服务器，并主要面向课堂教学的一种电子书包学习服务平台。目前在电子书包产业中有一定影响力的企业大多都设计研发了各自的电子书包教学系统。总体来看，这些电子书包教学系统提供的学习服务大致包括资源库服务、课堂互动服务、在线作业服务、学习评价服务、校本化课程服务、个人学习空间服务、在线交流服务、学习管理服务、第三方服务接入等类型。

1. 资源库服务

资源库服务是一种常见的电子书包学习内容服务，一般的电子书包教学系统或区域学习服务平台都可以提供这类服务，但两者的内容服务特点有所不同。对于通过学习服务平台提供的资源库服务，用户在获取专业学习内容时可以不再受到电子书包终端的性能、容量限制，可以根据自己的实际需求选择更为合适的学习资源。适用于电子书包的资源库可分为数字教材库、教学素材库和题库三类，也有些资源库将三者合一。

数字教材库用于向学生和教师提供最核心的学习内容——数字教材。本报告

第二章重点介绍了国家课程数字教材。在电子书包教学系统中，除了国家课程数字教材外，还可包括校本化的数字教材。校本化数字教材可分为两类：一类是校本课程数字教材，即用于学校自己开设的课程的数字教材；另一类是校本化的国家课程的数字教材，即学校根据自身实际情况对国家课程进行适当改造后形成的数字教材。校本化数字教材通常以成体系的数字讲义、数字学案等形式存在，也是采用电子书包进行教学活动的基本内容资源。电子书包教学系统中整合数字教材库并提供相应的内容服务具有三方面的优势。首先，作为校内使用的电子书包服务平台，电子书包教学系统能够充分发挥校内网络在速度、带宽等方面的优势。数字教材由于是一种集成资源，具有较大容量（相对于碎片化资源而言），又是学生的必备学习资源，因此在下载、更新时会产生较大的并发流量。显然，相对于外网宽带，校内网络对这种大流量下载的承载力更强，传输效率更高。其次，通过电子书包教学系统下载和更新数字教材更便于学校的教学管理。通过查看数字教材库的下载数据，教师和其他教学管理人员能够很清晰地知道学生是否都已获取或更新了数字教材。最后，校本化的数字教材一般只针对本校学生和教师使用，因此整合于电子书包教学系统的数字教材库更适合于这类校本化数字教材的存放、下载及更新。

教学素材库是一种辅助性的资源库，内容一般包括文本、图片、音频、视频、动画、课件等。这些素材可用于编辑生成一些学习软件、教学课件，或通过依据教学设计的选择和组织，构成符合某种教学策略或教学模式的学习内容资源集合。教学素材库一般以学科知识体系或某版本教科书的目录体系为导航，其中的内容一般需要教师根据教学设计进行挑选和组织之后才能应用于教学中。教学素材库自身一般不带有教育理念或教学逻辑，其能否被有效使用比较依赖于教师自身对课程、教学的理解和具体的教学设计。这是教学素材库与数字教材库在内容服务方面最大的区别。除了提供学习内容的服务外，教学素材库还具备基本的检索、导航功能，有些还提供课件编辑和素材导出组织的功能。

题库是一种比较特殊的资源库，顾名思义，是以题目为主要内容的资源库。

学生通过做题来实现对知识的熟练掌握与认知内化是当前我国基础教育中普遍采用的教学方法之一。电子书包系统也需要提供相应的内容服务来支撑在信息技术环境中开展习题训练。题库中的题目一般可分为客观题和主观题两种。客观题是答案具有唯一确定性的题目，包括选择题、判断题、连线题和一些简单的填空题等；主观题则是答案本身不具有唯一性的题目，不同人作答的内容可以不一样，该类题目包括论述题、计算题（计算过程是可变的，但计算结果一般唯一）、作文等。电子书包教学系统中的题库一般还包含智能组卷、自动批阅（针对客观题）、数据统计等辅助功能，以帮助学生和教师更高效地使用题库。在实际产品案例中，题库也可以与作业系统和学习评价系统进行整合，提供更为综合的学习服务。

2. 课堂互动服务

课堂互动系统是电子书包教学系统中直接面向课堂教学活动的学习服务，其主要特征是基于课堂中的网络将教师终端与学生终端关联为一个整体环境。在电子书包提供的诸多学习服务中，课堂互动是电子书包教学系统的核心服务，这是因为其他学习服务可以通过其他途径提供，而课堂互动只能由电子书包教学系统的各项功能来提供。常见的课堂互动服务功能包括教师对全体学生的信息发布与终端控制（一对多）、学生对教师的信息反馈（多对一）和师生、生生之间的信息互动（多对多）三种情况。通过对全体学生的信息发布与终端控制功能，教师可以向学生发布课堂任务、习题等各类文档，可以将自己终端上正在显示或播放的内容对学生进行广播发布，控制学生终端锁屏或关机。类似的，学生可以通过信息反馈功能将自己学习终端内的文档、图片、视频等上传并发送给教师终端，或将一些题目（主要是客观题）的作答结果发送至电子书包教学系统，再由系统将信息汇集、统计后发送至教师终端。师生、生生之间的信息互动包括学生之间的内容发送，以及师生、生生之间的终端显示同步等。在教学实践中，采用不同电子书包教学模式所形成的课堂行为不同，课堂互动相应的支持功能也有差别。

3. 在线作业服务

在线作业是电子书包教学活动的一种特色。由于在电子书包教学解决方案中学生是人手一台终端，因此每个学生可以通过学习终端完成教师布置的作业。在线作业的形式一般有两种：一种是比较传统的在线习题作业，另一种则是活动式作业。在线习题作业是一种教师向学生发送题目，学生答题后再反馈给教师的在线作业形式，是传统习题作业的网络形态。在线习题作业中的客观题一般可以由电子书包教学系统进行自动批改并统计数据，主观题则由教师进行批改。活动式作业是一种相对开放的作业形式，一般是由教师通过系统的在线作业功能向学生发布活动目标或任务，由学生在课下通过完成相应的活动来落实某些学习目标，并且还需要学生通过电子书包教学系统将活动的过程、结果等信息发送给教师。此外，翻转课堂等教学模式中的预习活动，虽然不是传统意义上的课后作业，但在电子书包的教学应用中，在本质上也相当于一个课前作业，在形式上综合了活动式作业和在线习题作业的特点。

4. 学习评价服务

学习评价是教学活动的必要环节。在电子书包环境中，由于学生的学习过程与学习行为不同于传统教学，因此一些电子书包教学系统中设计并提供了相应的评价服务功能。电子书包教学系统中的评价功能一般分为学习结果评价和学习过程评价两种。学习结果评价主要是与题库配套，通过考试、测验等形式考查每个学生的学业水平，并通过智能统计、分析形成能够反映班级或年级的整体教学成效的数据结果。这种学习结果评价与传统教学中的测验、考试评价类似，只是增加了对数据的统计与分析。相比之下，学习过程评价则更能体现电子书包学习评价服务的特点。电子书包教学系统的过程评价通常是通过行为数据或关键指标来进行，部分系统还可以通过复杂分析给出学生学习成长过程的可视化评价结果。学习过程评价充分发挥了电子书包教学系统在数据采集、数字保存和数据分析方面的优势，可以将学生长时间的学习过程记录下来并依据一定方式进行分析。当然，电子书包提供的过程性学习评价还有一定的局限性，主要问题在于学生的许多学习活动并不发生在电子书包系统中，因此与此相关的行为数据无法被保存和分析，而这也就导致了学习过程评价不够准确。目前，有些电子书包教学系统采用了通过教师人为干预将学生重要线下学习行为转化为关键指标录入系统的方式，以弥补当前电子书包进行学习过程评价的不足。

5. 校本化课程服务

课程服务是将前面论述的内容服务、课堂互动服务、在线作业服务、学习评价服务按照一定课程设计与课程结构进行有机组合而形成的综合学习服务。电子书包教学系统提供的课程属于在线校本化课程，一般包括两种类型：一类是与学校常规课程计划中所列的学科课程相配套的辅助性课程，另一类是完整的独立在线课程。当前各学校的电子书包教学多处于实验阶段，这就意味着学校中的主体课程计划并不依赖电子书包，毕竟仍有大量不参与电子书包实验的学生仍然在进行传统的课程学习。如果我们将传统的学科课程视为主干课程，那么电子书包教学系统提供的课程则是与主干课程配套的辅助课程。例如，一些电子书包教学系统中设有学科微课程模块，课程内容包括课前预习、课后复习、习题讲解等。这些微课程从课程的系统性角度看，并不能构成一套完整的在线课程，尤其是微课程本身较为零散，不成体系。但若将这些微课程与主干学科课程放在一起就可以发现，主干学科课程本身已有完整的体系，微课程则在课前、课后等环节对主干课程起到补充作用。除了提供辅助性课程外，电子书包教学系统还可以类似在线课程平台，向学生提供完整的独立在线课程。这些独立在线课程本身属于校本课程范畴，具有完整的课程要素及课程结构，包括课程目标、课程内容、课程资源（包括校本课程数字教材等）、课程实施（包含在线教学互动）和课程评价机制等要素。这些独立在线课程能够减少教师的重复劳动，提高开课效率，并为更多的学生提供课程选择。

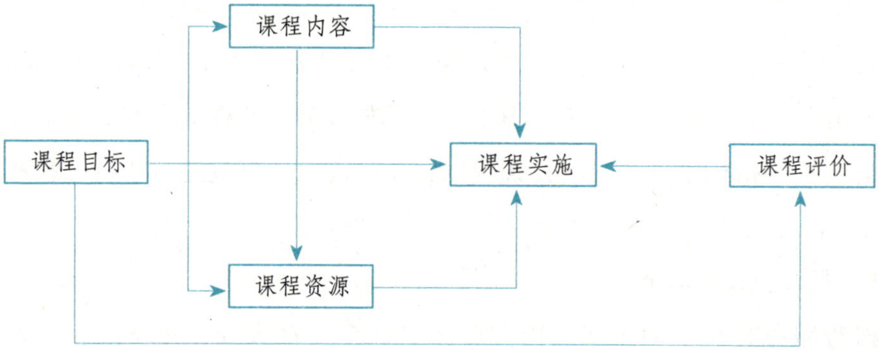

图 5-8 电子书包独立在线课程的中观结构

6. 个人学习空间服务

“人人通”学习空间是目前基础教育信息化“三通两平台”计划中的重要组成部分，是学生或教师在校内网络上完成自主学习、自我展示、交流互动、资源存储的个人学习虚拟空间。目前，部分电子书包教学系统提供个人学习空间的相关服务，其常见功能包括日志、资源（资料）、好友（朋友圈）、个性化界面等。但整体来看，电子书包教学系统提供的个人学习空间服务目前还处于尝试阶段，还有许多设计、应用方面的空白需要进一步探索。

7. 在线交流服务

电子书包教学系统提供的在线交流服务一般可以分为两类：一类是面向教师的备课交流系统，另一类是面向教学的虚拟教室。协同备课目前已经成为中小学中常见的教师备课方式，这种备课方式不仅效率高，而且有助于教师队伍整体水平的提高。在电子书包系统中，一般由电子书包教学平台提供教师在线备课交流的相关服务，以支撑教师之间的协同备课。虚拟教室是指在教学系统中开设一个虚拟空间，将课堂的实际场景延伸至网络中。虚拟教室的相关研究与实践在国内已有超过十年的历史，相关实验已证明虚拟课堂与真实课堂的结合能够更好地调动学生学习的积极性，在作文、开放性讨论等方面有着良好的使用效果，同时也能够发挥信息技术支持时空异步互动的特点。电子书包教学系统提供的虚拟课堂一般以论坛、讨论组等形式出现，另外，教学系统还提供虚拟课堂的创设、管理等一系列功能。

8. 学习管理服务

在电子书包教学系统中，学习管理服务主要以学生和教师为对象，管理的具体功能包括学生和教师的电子书包教学使用情况监控、电子书包使用行为大数据收集、学习内容智能推送。对非专用型电子书包终端来说，学习管理服务还需要提供终端使用控制方面的管理，其重点是防止学生滥用终端进行非学习相关的娱乐活动。至少从当前实践来看，电子书包终端本身的各种功能并非都对学生的学习有益，特别是非专用型电子书包终端具有的娱乐功能很容易对学生的数字化学习造成严重干扰。正因如此，目前已有部分电子书包研发企业针对 iPad 和部分 Android 系统的平板电脑，专门设计了端使用控制的应用，并将其整合到电子书包教学系统中。

9. 第三方服务接入

如图 5-4 所示，电子书包教学系统中可以引入一些系统本身没有的第三方服务，包括内容服务、软硬件功能服务等。能够提供第三方服务接入的电子书包教学系统，应该具有支持自身服务功能扩展的技术架构，如服务模块扩展功能或具有标准化的第三方服务接口等。对校内的电子书包教学系统来说，如果该学校所在地区建有区域级的电子书包学习服务平台，那么区域学习服务平台也可以被视为一种第三方服务。这种情况下，电子书包教学系统应具备与区域学习服务平台进行信息互通和操作的机制，能够从区域学习服务平台获取数字资源及其他服务。

（二）区域学习服务平台

广义上的区域学习服务平台有很多，我们关注的是其中能够纳入电子书包系统的学习服务平台。在电子书包系统中，区域学习服务平台的核心特征是能够与电子书包终端对接，并能够对一定行政区域内的多所学校提供学习服务。与学校中的电子书包教学系统不同的是，区域学习服务平台由于面向更多的学校、学生、教师，因此更为强调所提供的学习服务应具有区域共性。反之，个性化的学习服务仍应该由校内的电子书包教学系统来提供。

区域学习服务平台提供的学习服务大致包括资源库服务、区域网络课程服务、学习空间与线上交流服务、学习管理服务、第三方服务接入等类型。

1. 资源库服务

前面已经分析过校内电子书包教学系统所提供的资源库服务（内容服务），区域学习服务平台一般也有资源库，但与学校中的资源库相比，这类资源库更多的是提供权威、标准、共性特点突出的资源。例如，区域学习服务平台中的数字教材库可以提供各类国家课程数字教材和地方课程数字教材，这些数字教材可被发送至学校中的电子书包教学系统供学生在校内下载、使用，也可直接经由学生的电子书包终端下载使用。教学素材库和题库与数字教材库类似，可被作为校内各种内容资源库的来源或直接与电子书包终端对接。

2. 区域网络课程服务

区域学习服务平台可以提供地方网络课程的相关服务。与校本网络课程类似，地方网络课程也是由课程视频、配套资源、网络课堂互动、课程评价等子服务按照课程整体设计方式构成。区域网络课程服务可以在一定程度上缓解区域内学校之间的师资、教学水平差异，提高教育公平性。特别是一些开课难度较大的课程，通过区域网络课程服务的方式，可以使更多的学生受益。

此外，如果在区域内有多所学校开展电子书包应用实践，那么区域网络课程还应该包括相关的培训课程，如电子书包教学系统、平台、软硬件、应用理念、教模策略、教学模式的培训，以及应用实践案例分析等。

3. 学习空间与线上交流服务

区域学习服务平台可以提供支持区域内校际间交流的相关服务。特别是针对区域内的电子书包使用或其他教育信息化实践方面，区域学习服务平台应提供具有针对性的交流空间，使电子书包等教育信息化实践探索经验能够在区域范围内分享。

区域学习服务平台中的个人学习空间是校内“人人通”学习空间的一种跨学校集成与管理。理论上说，个人学习空间从学校到区域之间的衔接整合与有效管理需要依据相关标准进行设计。目前，国内个人学习空间的标准研制还未形成可参考的成果，因此区域学习服务平台中的个人学习空间大多尚无法与校内的“人人通”学习空间整合。

4. 学习管理服务

区域中的电子书包学习管理对象与学校中的有一定差异。前文分析过学校中的学习管理服务的主要对象是教师和学生，而在区域学习服务平台中，学习管理服务需要站在行政区域教育管理的角度，以学校为基本单元进行管理。一般区域中的电子书包学习管理服务包括各学校的电子书包实验班级情况和教学应用情况监测、电子书包实验与推广进度管理、电子书包第三方服务管理等。

5. 第三方服务接入

与学校中的电子书包教学系统类似，区域学习服务平台也可以引入第三方服务。区域学习服务平台的第三方服务接入机制与电子书包教学系统基本相同，但在服务内容方面注重区域整体性，引入的服务应是面向整个区域的所有学校、学生和教师。一些不适合单独为学校提供的服务，如区域学业大数据分析等，可以直接接入区域学习服务平台中。

四、第三方学习服务

从本章第一节给出的电子书包学习服务标准框架模型中可以看到，电子书包学习服务还包括“第三方学习服务”这种形式。第三方学习服务是指除了电子书包终端和电子书包学习服务平台（或在线教学系统）以外的具有独立服务内容的学习服务。一般来说，第三方学习服务是置于电子书包学习服务平台（或在线教学系统）之下的一种底层服务，由于电子书包终端的学习服务接口只限于对接在线学习服务平台（或在线教学系统），因此第三方服务尽管在服务内容上独立，但在实际使用时仍需要通过学习服务平台（或在线教学系统）来与电子书包终端对接。

电子书包发展到目前阶段，比较典型和有效的第三方学习服务仍缺少案例。这是因为开发一个能够满足特定教学应用需求的第三方应用的难度，实际上并不低于开发一个学习服务平台，而从实际应用模式来看，第三方服务又必须通过学习服务平台才能真正接触到用户。这就意味着学习服务平台本身必须能够提供远超过第三方学习服务的市场价值，否则第三方学习服务的开发者就不如基于自身的服务性产品特点自行开发一个学习服务平台，以便使其产品能够更直接地面向用户并获取更高的商业价值。当然，目前在基础教育领域内，电子书包的应用仍处于实验阶段，并且尚没有形成能够被教育领域普遍承认和接受的实验成果。这些因素的存在，导致了电子书包第三方学习服务的发展受到了一些阻碍。

尽管目前很少有关于电子书包第三方学习服务的成功案例，但这并不妨碍我们从教学需求的角度对第三方学习服务进行一些简单的分析。目前已知的对电子书包及其他教学信息化应用具有一定意义的第三方服务包括大数据学习分析服务、课程学业认证服务和大型的学科学习工具软件等。大数据学习分析服务可以对学生、教师在电子书包终端的各种操作行为大数据进行分析，并形成一系列关于学习状况、学习态度、教学方法等方面的诊断结论，帮助学生、教师优化学习或教学过程。课程学业认证服务是指在学生完成在线课程学习，或教师进行在线培训后，由权威机构对其学习、培训的过程和结果给予的一种认定。这种认证包括对学生完成课程的学分认定、教师培训的学时认定等形式，能够促进电子书包中各种在线课程的实用效果，提高参与度。大型的学科学习工具软件指那些必须通过网络和学习终端来使用的复杂在线学习工具，如增强现实仿真实验室、虚拟博物馆等。显然上述的这些服务并非是电子书包硬件、学习内容资源的提供者以及学习服务平台的设计开发者能够实现的，这些学习服务将在未来以第三方学习服务的形式被整合进那些被广泛使用的学习服务平台。

第三节　电子书包产业发展概况

一、电子书包产业综述

随着信息技术的不断发展，以移动终端为代表的电子产品日新月异，无论是数字化教学还是数字化出版，都已成为我国当前重要的发展战略。教育现代化的发展需要通过教育信息化引领，在基础教育阶段，电子书包无疑是备受关注的信息化重点领域之一。在出版行业，因应信息化快速发展的大环境，教育出版的数字化升级转型已成为出版行业的重点发展领域之一。长期以来，教育出版的核心价值在于面向教育需求提供相关的内容产品与服务。在信息化大环境中，教育信息化对电子书包的需求很自然就成为教育出版数字化升级的主要方向之一。由于产品与服务既有需求方，又有生产方和提供方，因此电子书包逐渐发展成为一个产业。

从实际情况看，当前国内电子书包产品的主要提供方包括数字出版企业和信息产业类企业。其中，数字出版企业主要提供电子书包体系中的内容资源，而信息产业类企业则主要提供电子书包的终端、网络与系统环境以及个别教学应用软件。此外，两类企业都可以为中小学校提供电子书包系统集成的服务。

总体来看，电子书包的产业模式大致包括三类。第一类是以数字化内容资源为核心产品的产业模式。由于电子书包系统必须包含适用于教学的数字化内容资源才可能有实用价值，因此存在以数字教材为核心的数字化内容资源供求关系几乎是必然的。高质量数字化内容的产品与配套服务一般由数字出版企业提供，但也有少量技术企业参与。第二类是以电子书包终端为主要产品的产业模式。从本报告第四章中不难看出，当前电子书包终端主要是各类型的平板电脑，因此产品与配套服务一般由平板电脑生产企业提供。第二类产业模式中的实际产品可以包含第一类产业模式中的数字化内容资源，也就是将数字化内容资源预装入电子书包终端，进行打包销售。考虑到对单个学生而言打包销售的产品中电子书包终端的价值（通常在生均五六百至两三千元）一般高于数字化内容资源（通常在生均几十到一二百元），因此打包销售的产品仍被视为以电子书包终端为主。第三类是以完整的电子书包体系和服务为产品的产业模式。这类模式中的产品包括数字化内容资源、电子书包终端、电子书包服务平台（含教学互动、管理系统等）、各种教学应用软件，甚至校园和教室内的网络环境、服务器等。

从本报告第四章对电子书包的分析中不难看出，完整的电子书包体系应包括内容、终端、平台、服务等多个方面。而在实际应用中，基础教育相关单位（包括学校或地方教育主管单位）既有可能直接购买完整的电子书包服务（如上海闵行区电子书包项目的服务购买模式），也有可能分别购买内容、终端、平台等部分再自己进行集成或委托其他企业集成（如广东“粤教云”电子书包实验的服务购买模式）。由于两种情况都客观存在，因此也就形成了上述三类电子书包产业模式。

二、电子书包产业现状——基于电子书包标准产业联盟

近年来，我国基础教育电子书包尚未形成大规模的产业形态，但小范围的试点、实验案例很多。一些相关企业单位相继进行了尝试，其中较为典型的有人教社及其下属的人教数字出版有限公司，他们密切关注信息技术对基础教育教学和出版的深刻影响，着眼于一线教育教学的实际需求，对电子书包的资源、终端、服务等方面展开了产品研究和应用实践，研发并推出了第二代“人教数字教材”、人教数字校园（资源）、人教 PAD 样机（终端）、人教 e 学（资源加服务）等一系列与电子书包相关的产品，在业内产生了较大影响。由于研究条件所限，本报告无法对全国的整体产业情况进行全面调研，只能以“电子书包标准产业联盟”为调研对象，对一些行业内较知名的企业进行产业现状调研，希望能见微知著，初步了解当前电子书包的产业情况。

电子书包标准产业联盟是基于全国信息技术标准化技术委员会及教育部教育信息化技术标准委员会下属的电子课本与电子书包标准专题组而成立的一个产业型组织，目前共有成员单位58个（见表5-1），其中包括中国电子技术标准化研究院等9家事业单位或非经营机构，以及49家企业。这49家企业包括了外语教育与研究出版社、安徽教育网络出版有限公司、华东师范大学出版社等多家出版企业，北京壹人壹本信息科技有限公司、深圳易方数码科技有限公司等主要从事平板电脑（电子书包终端）业务的信息技术企业，以及同方知好乐教育科技（北京）有限公司、武汉鼎师教育科技发展有限公司、福建网龙计算机网络信息技术有限公司等专注于电子书包综合服务的企业。可以认为，电子书包标准产业联盟的49家企业在行业内具有一定的代表性。

表5-1　电子书包标准产业联盟的成员单位名单

1	中国电子技术标准化研究院	11	华东师范大学（教育信息化系统工程研究中心）
2	汉王科技股份有限公司	12	北大方正集团有限公司
3	中国软件评测中心	13	大唐电信科技股份有限公司
4	中国长城计算机深圳股份有限公司	14	创而新（北京）信息技术有限公司
5	福州福昕软件开发有限公司	15	天闻数媒科技（北京）有限公司
6	北京邮电大学	16	上海华康计算机技术有限公司
7	北京信息科技大学	17	江苏中科梦兰电子科技有限公司
8	上海盛轩网络科技有限公司	18	明博教育科技有限公司
9	国家中文信息处理设备监督检验中心	19	上海华师京城高新技术开发有限公司
10	上海市电子书产业发展联盟秘书处	20	上海意銮网络科技有限公司

续表

21	中国电信股份有限公司北京研究院	40	**上海微创软件股份有限公司**
22	**飞利浦（中国）投资有限公司**	41	**安徽教育网络出版有限公司**
23	**华东师范大学出版社有限公司**	42	**元太科技工业股份有限公司**
24	新华通讯社新闻信息中心	43	**北京瑞信在线系统技术有限公司**
25	**西安立人科技股份有限公司**	44	**浙江出版集团数字传媒有限公司**
26	**深圳易方数码科技有限公司**	45	**澔奇云信息技术科技（北京）有限公司**
27	**北京壹人壹本信息科技有限公司**	46	**深圳市移通讯联科技股份有限公司**
28	**英特尔亚太研发有限公司**	47	**上海高通半导体有限公司**
29	**大象出版社有限公司**	48	**上海颐合文化传播有限公司**
30	**杭州源朝科技有限公司（平台）**	49	**同方知好乐教育科技（北京）有限公司**
31	**浙江万朋网络技术有限公司**	50	**武汉鼎师教育科技发展有限公司**
32	**上海中文在线文化发展有限公司**	51	**北京天仕博科技有限公司**
33	**深圳市快易典教育科技有限公司**	52	**上海斐讯数据通信技术有限公司**
34	**软通动力信息技术（集团）有限公司**	53	**东莞市金禄电子科技有限公司**
35	**华中师范大学信息与新闻传播学院**	54	**福建网龙计算机网络信息技术有限公司**
36	**外语教育与研究出版社有限责任公司**	55	**北京世纪卓越信息技术有限公司**
37	**江苏可一文化产业集团股份有限公司**	56	**福建星网锐捷网络有限公司**
38	**上海创宏信息技术有限公司**	57	**央数文化（上海）股份有限公司**
39	**TCL 集团股份有限公司**	58	**上海华师智慧信息技术有限公司**

注：表中名称加黑的单位为企业，其他为事业单位或非经营单位。

基于前面所述的三种产业模式，表 5-2 给出了上述 49 家联盟内企业单位在内容资源、电子书包终端和电子书包综合服务等方面的产品情况。目前，49 家企业中已有多数形成了自己的产品，部分企业专注于某一类产品，也有些企业同时涉及三类产品的研发，还有部分企业没有直接推出电子书包产品，但却在研发与电子书包内容、终端、服务平台等相关的局部性技术或应用。

表 5-2 49 家电子书包标准产业联盟成员单位已面市的产品情况

序号	单位名称	内容资源	终端产品	服务平台
1	汉王科技股份有限公司		汉王平板电子书包	汉王云
2	中国长城计算机深圳股份有限公司		GPad、GBook 系列平板电脑	云智方
3	福州福昕软件开发有限公司	福昕阅读器		
4	上海盛轩网络科技有限公司	盛大电子书		
5	北大方正集团有限公司	方正互动课堂教学系统		
6	大唐电信科技股份有限公司			新华瑞德云服务平台、IME— 教育行业即时通信系统
7	创而新（北京）信息技术有限公司	数字教材	汉之派平板电脑	Forclass 教学系统
8	天闻数媒科技（北京）有限公司	数字教材，多媒体数字学习资源	天闻数媒电子书包终端	AiSchool 云课堂
9	上海华康计算机技术有限公司			
10	江苏中科梦兰电子科技有限公司	龙芯多媒体互动教学系统	学龙电子书包终端	学龙智慧课堂、学龙数字化教学系统

续表

序号	单位名称	内容资源	终端产品	服务平台
11	明博教育科技有限公司	优课数字化教学应用系统		
12	上海华师京城高新技术开发有限公司	华师京城虚拟实验室、仿真实验室、云端班班通软件		华师京城教育云
13	上海意銮网络科技有限公司	意学通课堂同步软件		
14	飞利浦（中国）投资有限公司			
15	华东师范大学出版社有限公司	数字教材		
16	西安立人科技股份有限公司			立人智慧教室
17	深圳易方数码科技有限公司		Nextbook 平板电脑	
18	北京壹人壹本信息科技有限公司		E人E本平板电脑	智源E本电子书包服务
19	英特尔亚太研发有限公司		Intel 平板电脑	Intel Cloud
20	大象出版社有限公司	大象数字化教学系统		《基础训练》网络服务平台
21	杭州源朝科技有限公司（平台）			智源数学课堂教与学应用系统、智源数字化校园综合信息平台
22	浙江万朋网络技术有限公司	优质资源班班通		万朋学堂、数字校园、网络学习空间人人通
23	上海中文在线文化发展有限公司	数字教材及其他电子图书		
24	深圳市快易典教育科技有限公司		快易典学生电脑	

续表

序号	单位名称	内容资源	终端产品	服务平台
25	软通动力信息技术（集团）有限公司			软通动力云平台
26	华中师范大学信息与新闻传播学院			
27	外语教育与研究出版社有限责任公司	数字教材及其他外语学习电子图书		
28	江苏可一文化产业集团股份有限公司	数字出版物		
29	上海创宏信息技术有限公司			创宏三维一体教育平台
30	TCL 集团股份有限公司	视频课程		
31	上海微创软件股份有限公司			微创数字化学习环境、智慧数字化校园
32	安徽教育网络出版有限公司	时代书香网		时代教育在线
33	元太科技工业股份有限公司	元太电子书阅读器		
34	北京瑞信在线系统技术有限公司			
35	浙江出版集团数字传媒有限公司	数字教材		
36	满奇云信息技术科技（北京）有限公司			
37	深圳市移通讯联科技股份有限公司			
38	上海高通半导体有限公司			
39	上海颐合文化传播有限公司			
40	同方知好乐教育科技（北京）有限公司	动画教具、微课程、电子教材	电子书包	教育云平台（资源管理、人人通、远程教学）

续表

序号	单位名称	内容资源	终端产品	服务平台
41	武汉鼎师教育科技发展有限公司		鼎师电子书包	鼎师智慧校园
42	北京天仕博科技有限公司		天仕博个性化学习终端	
43	上海斐讯数据通信技术有限公司			斐讯云服务、斐讯数字化校园
44	东莞市金禄电子科技有限公司		枣尚电子书包	
45	福建网龙计算机网络信息技术有限公司		101 同学派	101 社区
46	北京世纪卓越信息技术有限公司			
47	福建星网锐捷网络有限公司			星网锐捷云课堂
48	央数文化（上海）股份有限公司			梦境盒子
49	上海华师智慧信息技术有限公司			

注：表中部分数据来自各联盟单位官网。

在电子书包的产业链条中，涉及的利益相关方不仅有上述所列企业（包括平台运营机构、学习内容提供商、学习服务提供商、硬件设备厂商等），还包括教育主管部门、广大教师和学生等终端用户。其中，教育主管部门为平台的有效运行提供政策支持，是整个系统运行的监管者；平台运营机构为其他利益相关者提供技术服务支持，负责整个平台的稳定运行；学习内容提供商为平台提供各类学习内容，并从学习内容销售中获取经济效益，是学习内容的生产者；学习服务提供商为平台提供各种教育创新应用服务，提供增值服务，如各类教育应用程序及工具；硬件设备厂商为用户提供多种形式的终端等硬件支持；广大教师学生是学习内容以及各种学习服务的实际消费者，通过平台购买需要的教育资源以及教育服务。这样就形成了一个集监管者、生产者、消费者于一体的良性的综合性产业模式。

三、以数字教材为核心的数字化内容资源产业概况

在数字化内容资源产业方面，最值得关注的是数字教材的出版情况。教学资源库产业在我国基础教育领域由来已久，全国各地每年仍有大量的数字化教学资源招标项目。由于这些一般性的数字化教学资源招标项目多年来没有太大变化，且考虑到本报告重点关注的是数字教材与电子书包的发展状况，因此这里对一般性的数字化教学资源产业不做过多分析。

（一）出版领域数字教材研发状况

在我国，截至 2015 年年底共有 76 家出版社出版中小学国家课程教科书。如果按学科学段分类统计，除个别地区使用的义务教育五四制（小学五年、初中四年学制）教科书外，教科书共有 286 套（品种）。这里的 1 套教科书是指 1 家出版社编写或出版的 1 个学段整套的某学科教科书，如人教版小学音乐教科书一年级上册至六年级下册共 12 册，计为 1 套。

本报告对 76 家中小学教材出版社中出版教科书品种最多的 12 家进行了调查。这 12 家出版社目前均已完成或启动、尝试不同形式的数字教材的研发，人民教育出版社、江苏教育出版社、上海教育出版社、中国地图出版社、湖南教育出版社、北京出版社、河北教育出版社等单位开发的数字教材已经覆盖各自出版的全部教科书，其他出版社也在尝试研发部分学科教科书的数字教材。

表 5-3 教科书出版品种最多的 12 家出版社的数字教材研发情况

	出版社	出版教科书数量（套）	数字教材研发情况
1	人民教育出版社	36	已启动中小学全学科全学段的数字教材研发
2	北京师范大学出版社	17	已研发初中、高中阶段教科书的数字教材
3	教育科学出版社	14	开始尝试进行富媒体数字教材研制
4	广东教育出版社	14	尝试研发英语学科数字教材
5	江苏教育出版社	11	已启动全部教科书的数字教材研发
6	上海教育出版社	9	全部教科书已推出数字版本
7	湖北教育出版社	9	尝试研发英语学科数字教材
8	河北教育出版社	8	尝试研发各学科数字教材
9	中国地图出版社	7	全部教科书已推出数字版本
10	湖南教育出版社	6	全部教科书已推出数字版本
11	浙江教育出版社	5	尝试研发部分学科数字教材（光盘版）
12	北京出版社	5	已启动全部教科书的数字教材（光盘版）研发

除上述 12 家出版社外，本报告还调研了其余 64 家有纸质教科书出版的出版社中的 44 家，其中有 14 家出版社在研制或已推出数字教材。基于上述数据不难看出，许多教科书出版企业，特别是在教科书出版领域具有较大影响力的出版社，都已经着手进行数字教材研究和开发工作。而在其他的出版社中，也有相当一部分开始研究数字教材。在传统出版业，教育出版占据了 60% 以上的

产业份额。而纸质教科书则一直是教育出版的核心产品，不但自身产值巨大，并且多数教辅产品通常都需要围绕教科书打造。因此，各出版社在行业整体展开数字化转型升级的现状下开始基于自身出版的纸质教科书启动数字教材的研究开发，也就不足为奇了。

（二）教科书政策对基础教育数字教材产业的影响

从实际产业发展来看，尽管当前一些出版社已经研发出了数字教材，但数字教材产业尚未形成。已有的数字教材目前基本都处于免费试用或实验状态，商业模式和产业机制都尚不清晰。在我国现行的教育、出版等领域的相关法律法规之下，纸质教育出版物的产业模式大致有三类：一是各种教科书，在经过审定后列入“中小学教材目录”，通过各地选用发行；二是推荐类教辅，经由省级教辅评议委员会评议后列入“推荐目录”并选用发行；三是类似大众图书，经由一般图书发行渠道进行发行。

本报告将数字教材定位为数字化的教科书，未来数字教材的出版、发行应首选当前纸质教科书的产业模式，并纳入教科书的相关法律法规的管理范围之中。值得注意的是，2014 年 9 月 30 日，教育部印发了《中小学教科书选用管理暂行办法》。与之前印发的《中小学教材选用管理办法（征求意见稿）》①和《中小学教材编写审定管理暂行办法》②相比，《中小学教科书选用管理暂行办法》中教科书的定义范围发生了变化，从原先的“含图册、电子音像教材、配套教师用书等”变为“含配套教学图册、音像材料等”。在基础教育领域电子教材和数字教材是同义概念，而在《中小学教科书选用管理暂行办法》中原先

① 中华人民共和国教育部．关于《中小学教材选用管理办法（征求意见稿）》公开征求意见的公告[EB/OL]．[2015-10-16]．http://www.moe.gov.cn/jyb_xwfb/s248/201303/t20130326_149309.html.

② 中华人民共和国教育部．中小学教材编写审定管理暂行办法[EB/OL]．[2015-10-16]．http://www.gov.cn/fwxx/bw/jyb/content_2267198.htm.

的“电子音像教材”被改为“音像材料”，意味着电子教材可能暂时无法作为教科书体系中的成员被列入中小学教材目录。这对数字教材未来的产业发展可能产生较大的影响。

另一个产业发展方向，是将数字教材视为一种可推荐的与教科书配套的数字（或电子）教辅材料。但无论作为数字化的教科书还是可推荐的数字（或电子）教辅材料，数字教材未来都必须面临内容审定的问题。

四、电子书包终端与服务产业

2010 年以来，随着人们对移动互联网技术的了解和深入应用，电子书包的实验范围也开始由小变大，到 2013 年，全国多数省份都已经启动或准备启动电子书包小范围实验。其中涉及的电子书包终端与服务（主要是服务平台）主要有以下三种常见的商业模式：一是政府出资，由政府或学校招标购买，学生和教师免费使用（实验性）；二是由电子书包终端或服务平台的生产企业免费提供使用，并进行小范围的实验；三是家长出资购买，学生使用，即 BYOD 模式。目前，第一种模式是最主要的。

对于由政府出资购买电子书包终端这一模式，本报告对部分地区的相关情况进行了调研。从表 5-4 所示的 2012—2013 年部分地区的电子书包招标采购情况可知，除了广州市番禺区进行了较大规模的终端采购外，其他各地的采购数量大多处于 100 台至 3 000 台之间，从规模上看，这些地区所开展的基本属于小规模或中小规模的实验性项目。部分地区在购买电子书包终端的同时，也购买了配套的服务平台及其他支持服务。

表 5-4 2012—2013 年部分地区招标购买电子书包的情况

地区（学校）	招标内容	招标数量（或标的金额）
上海市虹口区（18 所）	Windows 平板终端	2 700 台
上海市闵行区（40 所）	学生上网笔记本、平板电脑	2 800 台、1 200 台
上海市普陀区曹杨实验小学	平板电脑	约 700 台
广东省广州市番禺区（44 所）	平板电脑	13 000 台
广东省佛山市禅城区	电子书包终端	597 台
浙江温州（5 所）	学生电子书包终端、教师终端	400 台
山东威海	电子书包系统、平板电脑	148.77 万元
山东青岛	电子书包产品	330 套
四川成都	平板电脑	98 台
江西南昌（6 所）	学生用平板电脑	660 台
河南北京第二实验小学洛阳分校	学生学习终端、教师教学终端	50 台
陕西省（20 所）	电子白板系统、平板电脑教室、笔记本教室	367.178 万元
安徽省马鞍山市	学生使用终端	310 台

表 5-5 所示的是 2015 年部分地区的电子书包招标采购情况。从招标规模上看，2015 年与 2012—2013 年并没有大差异，学校采购以 1～3 间电子书包教室或 1～2 个班的数量规模为主；从采购的数量和金额上看，所开展的仍是小规模

或中小规模的实验性项目。可以认为，从2013年至2015年，尽管有更多的地方开展了电子书包实验项目，但就各地的采购规模来看，2015年的电子书包产业情况与2013年前后“以试点”为特点的产业情况并没有本质差别。

表5-5 2015年部分地区招标购买电子书包的情况

地区（学校）	招标内容	招标数量（或标的金额）
北京市朝阳区	电子书包服务器、平板电脑、电子书包管理平台、电子书包软件	1 398万元
福建厦门	电子书包	127万元
河南新安县实验初级中学	电子书包终端	80台
江西省电化教育馆	电子书包资源平台软件和课堂管理系统	90万元
华中科技大学附属中学	电子书包	65套
安徽宣城市第八中学	电子书包实验教室	2套
安徽青年路小学	电子书包实验教室	1套
山东省青岛市	电子书包	783万元
四川省成都市金牛区	电子书包	73万元
宁夏回族自治区银川市西夏区实验小学	电子书包实验教室	1套
宁夏回族自治区银川市第十八中学	电子书包实验教室	1套
福建省福州市井大小学	电子书包实验教室	3套

续表

地区（学校）	招标内容	招标数量（或标的金额）
安徽马鞍山市	电子书包课堂教学管理系统、数字化教学资源管理平台、学生使用终端、教师使用终端	分别为 20 套、20 套、1 000 台、20 台
陕西省安康市岚皋县铁佛小学	电子书包终端	50 台

关于各企业电子书包产值方面的具体数据，由于涉及经营保密信息，本报告未能获取到，但从上述表中的数据中可以看出，这些小规模或中小规模的实验并不足以支撑一个现代产业。目前各地开展的电子书包实验多为短期项目、试验型项目，可持续的产业模式和相关机制尚未形成。基于当前电子书包体系在内容资源、终端软硬件和服务等方面的现有水平，电子书包产业仍有相当长的路要走。

当前在教育、出版和信息技术行业，无论是企业还是研究机构都普遍认为电子书包将发展成一个重要产业。从我国现有的基础教育规模、基础教育投入以及社会信息化发展趋势来看，这一产业的形成也具有一定的必然性。但未来电子书包产业的进一步发展还依赖于三个方面的突破。首先，在内容资源方面，需要构建出以数字教材为核心的资源体系。这一体系不是现有各类数字教材与其他数字资源的简单叠加，而是一个建立在教育、技术、出版等诸多方面深度融合的基础上，满足课程、教学各层面实际需求的创新资源体系。在这一体系中，数字教材的研究与开发必须有所突破。其次，需要系统地归纳总结出电子书包的有效应用模式，特别是需要注重电子书包在教学效率、效果方面的实证性研究。一直以来，电子书包在各类公开课、展示课中“表演式”的应用远多于在平时教学中的应用。多数实验仍反映出电子书包在教学实践中作用有限，尤其是在备课环节会增加教师负担的问题，在学生学业评价方面没有明显效果的问题必须得到解决。另外，电子书包硬件与服务的深入研究与实验还存在不足，特别是在对学生身心健康的影响、对学生各种网络行为的控制等方面仍需深入探讨。最后，需要建立一系列基于教学应用的电子书包内容、终端、服务等方面的标准体系，将当前以技术为导向的研发思路转变为基于教育与技术、出版相融合的研发思路。总而言之，电子书包产业的真正形成，必须建立在电子书包确实能满足教学和学习的需求，并对教育提升确实产生实际效果的基础上。

第六章 与数字教材和电子书包相关的数字教育新技术

第一节 相关新技术概述

恰当地运用新技术往往能给传统事物带来新的变革。例如，人们熟知的以诺基亚为典型代表的传统手机被以 iPhone 为典型代表的极致运用新技术的智能手机所颠覆。iPhone 的 iOS 操作系统支持多点触控技术，提供了前所未有的用户体验。此外，亚马逊将推荐系统应用于在线销售，获得了前所未有的成功，实现了线下图书销售难以获得的长尾利润。教育领域的新技术运用同样能为教育信息化提供巨大的变革动力。

近年来信息技术飞速发展，其应用领域不断扩大，而教育信息化领域也在不断应用新的技术来改进教育管理，提升教学效果和教学服务品质。数字教材是引领学生学习方式变革的学习资源和支持工具，而电子书包是数字教材的主要使用环境，二者都代表教学环境发展的趋势。当前，智慧教育已成为引导未来教育信息化发展方向的新理念。在智慧教育理念框架下，教学环境不是常规的学习资源呈现，而是满足教学需求的技术无缝整合体。目前的数字教材与电子书包在产品形式和使用方式上依然有传统教学的影子，但教育信息化的推进已经要求加入符合个性、人文性的内涵，即它们是需要“智慧”的。因此，未来数字教材与电子书包的发展势必要引入新技术。当前与教育信息化发展可能相关的新技术数量繁多，而其中的学习分析和大数据技术、学习经验数据采集技术、知识图谱技术、感知技术非常有可能在数字教材或电子书包中使用，并提升相关产品的应用效果。因此，归纳出这些技术的基本特征，调查它们的案例应用，分析它们在数字教材与电子书包中可能的应用模式，对于我们深入掌握数字教材与电子书包的未来发展趋势是非常重要的。

一、本章中涉及的一些概念术语

本章将涉及计算机领域中的一些技术概念及相关术语。这些概念术语目前在数字教材与电子书包的研究与产品研发、应用中尚未被广泛应用，因此有必要在本章开始部分予以初步介绍。

大数据： 大数据（Big Data，Mega Data），或称巨量资料，指的是需要新处理模式才能具有更强的决策力、洞察发现力和流程优化能力的海量、高增长率和多样化的信息资产[①]。

学习分析： 首届学习分析和知识国际学术会议给出的学习分析技术的定义是，学习分析技术是“测量、收集、分析和报告有关学生及其学习环境的数据，用以理解和优化学习及其产生的环境的技术”[②]。

Tin Can API： 又被称为 Experience API 或 xAPI，是一种新的学习技术规范，用来在泛在环境下采集用户学习经历数据[③]。

情境与情境感知： 情境是指任何可以用来刻画实体情形特征的信息，实体可以是人、位置或是与用户和应用交互相关的物理的或虚拟的对象，包括用户和应

① 杨旭，汤海京，丁刚毅．据科学导论[M]．北京：北京理工大学出版社，2014．
② SIEMENS G. Learning and Knowledge Analytics-Knewton-the future of education?[EB/OL]. [2011-04-14]. http://www.learninganalytics.net/?p=126.
③ Rustici Software. Overview-Tin Can API[EB/OL]. [2015-10-12]. http://tincanapi.com/overview/.

用本身[①]。情境感知是指一个系统利用情境为用户的任务或活动提供相关的信息或服务[②]。

上述概念术语对于理解本章即将介绍的各种新技术的特征，及新技术在数字教材、电子书包中的应用理念、应用方式和应用效果等，是十分重要的。

二、智慧教育——数字教材与电子书包改进升级的基础理论

近年来在信息和通信技术（Information and Communication Technology，ICT）推动下，教育信息技术现已处在快速演进的时期。总体来说，影响和推动教育技术的 ICT 主要包括互联网和移动互联网技术、云计算技术、大数据技术、智能终端操作系统新技术，以及围绕它们发展起来的一系列相关技术。这些 ICT 推动教育信息技术的快速发展，并结合教育技术促生了各种全新的学习形态及相关技术，如移动学习、情境学习、在线学习（包括慕课等）、泛在学习、个性化学习、无缝学习、基于游戏的学习、体感交互学习等。

智慧教育和智慧学习理论是近年来发展起来的新的学习理论。目前智慧教育及该体系下的智慧学习形态逐步被业界接受，已发展成为上述各种学习形态的集大成者。智慧学习是继数字学习、移动学习、泛在学习之后的第四次浪潮。借助信息技术的力量为学习者创建具有感知、推理等智慧特性的学习时空环境，以促进学习者的智慧发展、引起学与教方式的深层变革，可能成为数字学习环境建设发展方向，是推进教育信息化深入发展的趋势之一。[③]

① DEY A K, ABOWD G D, SALBER D. A conceptual framework and a toolkit for supporting the rapid prototyping of context-aware applications[J]. Human-computer interaction, 2001, 16(2): 97-166.

② ABOWD G D, DEY A K, BROWN P J, et al. Towards a better understarding of context and context-awareness[C]//the 1st International Symposium on Handheld and Ubiquitous Computing (HUC 1999), September 27-29, 1999, Karlsruhe. Berlin: Springer, 1999 : 304-307.

③ 冯翔，吴永和，祝智庭. 智慧学习体验设计[J]. 中国电化教育，2013(12): 14-19.

一般来说，智慧教育包括智慧学习环境（Smart Learning Environments）、智慧教学方法和教学模式（Smart Pedagogy and Teaching Mode），以及智慧教育制度（Smart Educational System）①②。智慧学习以高水平的学习体验和学习绩效为目标，需要通过智慧学习环境的搭建和智慧教学法、教学模式的应用，突破传统学习体验和学习绩效的瓶颈。这里所说的智慧学习环境和智慧教学方法都与数字教材、电子书包密切相关。未来数字教材与电子书包的进一步发展，需要围绕建设智慧学习环境及支持智慧教学法和教学模式引入各类新技术（即前文所说的ICT），最终实现学习体验和学习绩效的提升。

简单来讲，智慧学习理论下的数字教材和电子书包所构成的学习环境应该使学习者能够轻松、愉悦、积极地开展学习活动，并且也能够具有很高的学习绩效。这样的学习环境必然要具备较好的学习者交互支持能力，必然要具有对学习者心理、行为的深刻洞察和理解，必然要具备对学习者学习路径提供适时、适当、适地的学习干预的能力，因此必然需要一系列相关的新技术的支持，使其按照智慧学习的要求在各种场景下发挥作用。

三、可用于数字教材与电子书包的新技术类型

基于上述对智慧学习的发展思路及数字教材、电子书包与智慧学习融合应用的分析，我们认为，当前学习分析和大数据技术、学习经验数据采集技术、知识图谱技术、感知技术等四类技术非常适合应用于未来的数字教材和电子书包。在智慧教育理论框架下，智慧教学法和智慧教学模式具有泛在学习、无缝学习、个性化支持和体感互动等典型特点。显然，目前我们已知的数字教材和电子书包很难支持具有这些特征的教学方法和教学模式。将学习分析和大数据技术、学习经

① 祝智庭，贺斌．智慧教育：教育信息化的新境界[J]．电化教育研究，2012(12)：5-13.
② 黄荣怀，杨俊锋，胡永斌．从数字学习环境到智慧学习环境——学习环境的变革与趋势[J]．开放教育研究，2012，18(1)：75-84.

验数据采集技术、知识图谱技术和感知技术融入数字教材和电子书包，使数字教材和电子书包成为智慧学习环境的核心部分，将有可能满足智慧教学法和智慧教学模式的要求，推进智慧学习的关键目标的达成。

图 6–1 是本章选择学习分析和大数据技术、学习经验数据采集技术、知识图谱技术以及感知技术作为智慧教育理论下数字教材和电子书包改进升级的关键技术的逻辑顺序，以下各节将分别对这些技术进行简单的介绍。应该指出的是，这四类技术目前在非教育领域及部分教育领域（不包括数字教材和电子书包）中已经取得了一定的应用成果，但这并不意味着可以直接将它们迁移到数字教材和电子书包中使用。从以往的经验来看，一项在其他领域已成熟应用的技术，若要在基础教育中应用，特别是在教学活动中应用，往往还需要进行针对性的改进。

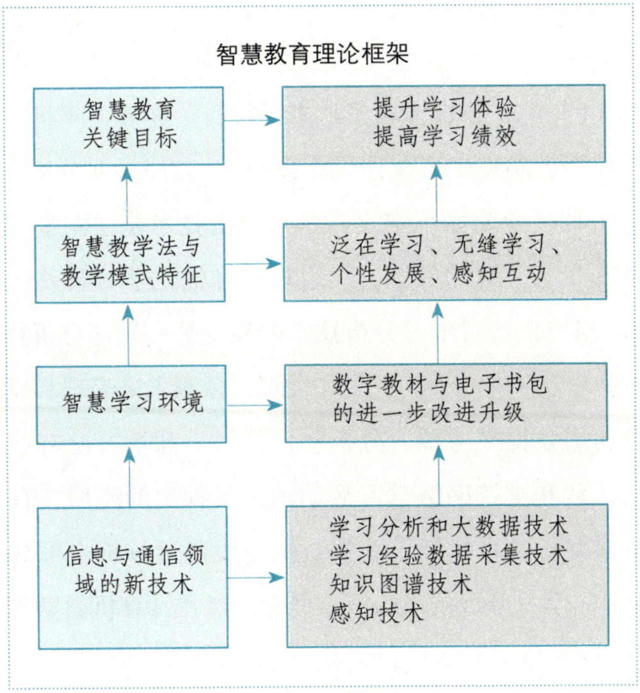

图 6–1　第六章分析框架

实际上，ICT 推陈出新的速度很快，目前可罗列的有可能应用于数字教材和电子书包的新技术数量也极为可观。出于篇幅所限，本章仅列举具有典型性和普遍应用意义的关键技术。其中，学习分析和大数据技术、学习经验数据采集技术对于通过数据来促进教育发展的理论意义和实践意义重大，情境感知、知识图谱、学习分析等技术对于提供个性化学习、无缝学习的意义重大，而体感技术、情境感知技术以及本章涉及的其他技术对于用户体验的提高具有重要意义。

第二节　学习分析和大数据技术

一、学习分析概述

2011 年至 2014 年的《新媒体联盟地平线报告》连续多年将学习分析视为未来几年内影响学习科学技术发展的主要技术之一。首届学习分析和知识国际学术会议对于学习分析技术给出如下定义：学习分析技术是“测量、收集、分析和报告有关学生及其学习环境的数据，用以理解和优化学习及其产生的环境的技术”。EDUCAUSE 研究机构对学习分析技术的界定是：学习分析技术就是利用数据和模型，预测学习者在学习中的进步和表现，预测未来表现和发现潜在问题[①]。

教育工作者利用数据来考核、分析和评估教学和学习已有悠久历史，随着参与网络学习的人数和支持网络学习活动的工具种类的剧增，有关学习行为的数据也在不断增多并更具多样性。这些数据需要通过分析方可帮助评估学习并更有效地支持学习。学习分析技术的核心概念已经在计算机教学管理（Computer-

① 顾小清，张进良，蔡慧英．学习分析：正在浮现中的数据技术[J]．远程教育杂志，2012(1)：18-25．

Managed Instruction，CMI）、计算机人机交互和网络科学等领域存在了几十年，因此从其发展的时间维度来看，学习分析技术可以被看作是 CMI 和基于数据的决策（Data-Driven Decision Making，DDDM）的继承和发展。

CMI 是最早与学习分析技术紧密相关的教育数据应用系统，于 20 世纪 60 年代末应用于教育领域。CMI 是用来为个别化教学程序提供支持的管理信息系统，其最显著的功能在于为个别化教学过程中所需要的决策提供支持，以确定学习者需求并为之提供最适合的学习材料。Brudner 认为 CMI 系统中所存储的数据共计六类，分别是：（1）学生的学术记录、考试成绩集的个性记录；（2）学生的学习目标及学习程序；（3）教学目录及学习指南；（4）测试答案文档及测试文档；（5）学生每日的活动记录；（6）有关的预测及分析数据①。

DDDM 利用计算机的数据运算能力来分析和挖掘数据并为决策提供支持，其功能主要有数据的获取、数据的处理和数据的分析。Wayman 认为目前在学校领域提供数据的信息系统大致有三类，分别是：（1）学生信息系统，记录与提供日常出勤、日程等信息；（2）学习评估系统，提供经常性的学习评估与分析；（3）数据仓库系统，为访问各种类型的历史数据提供接口②。数据分析和数据挖掘工具作为决策的思想引擎，能够导出数据之间的关系，以及超越数据本身的信息，让数据为不同决策者（如学生、教师、教育管理者、教育行政管理者等）的决策提供支持。③所以，基于教育数据的分析与挖掘既可以为国家教育方针或教育政策等宏观层面的教育决策提供数据支持，也可以为学生、教师的学与教等微观层面的决策提供有效的数据支持。

① BRUDNER H J. Computer-managed instruction[J]. Science, 1968, 162(3857): 970-976.

② WAYMAN J C. Involving teachers in data-driven decision making: using computer data systems to support teacher inquiry and reflection[J]. Journal of education for students placed at risk, 2005, 10(3): 295-308.

③ 顾小清，林仕丽，袁海军．教育数据 30 年：从 CMI 到 DDDM[J]．电化教育研究，2010(9): 55-63.

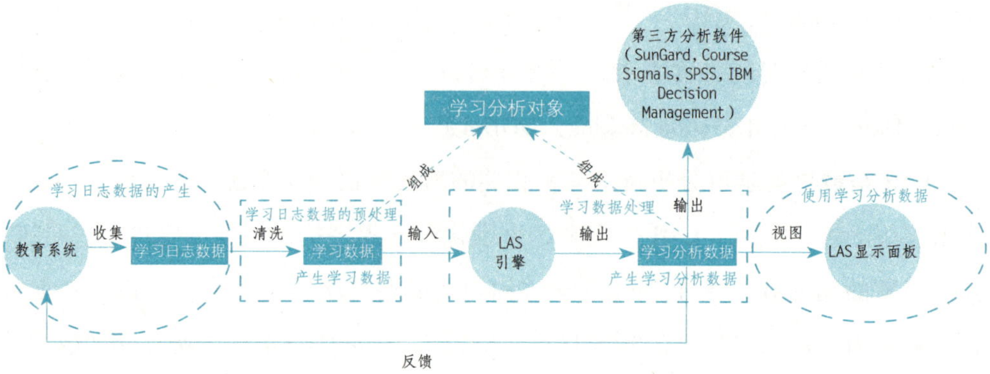

图 6-2 学习分析系统中的数据流

随着在线学习的不断发展，学习经历数据的数量增长迅速，传统的数据存储、处理与分析方法已经难以适应，学习分析的关键基础之一就是大数据技术。

二、大数据技术概述

（一）大数据技术的发展

一般认为，大数据的应用和相关技术起源于互联网开始快速发展的 2000 年左右。网页数量的爆炸性增长，给检索带来了前所未有的挑战。当时，Google 公司快速发展，为了解决海量网页数据的快速索引、存储、检索等问题，该公司发明了 Google File System 以及 Map Reduce 技术，随后又将这些技术以学术论文的形式公开发表。不久，基于这批论文所披露的技术，开源社区开发了如今广为人知的 Hadoop 技术簇。随后几年，大数据技术开始走进大众的视野，并不断地应用于各行各业。

时至今日，大数据已经成为科技界、企业界和政府关注的热点。大数据的潜力最早在科学研究领域（如天文、物理、生物、医疗、地球科学等）得以体现。随着近年来以 Google 等公司为主导的互联网科技公司大量地成功应用大数据技术来增强服务能力和商业竞争力，大数据逐渐走入公众的视野，同时也被各国政府高度重视。2012 年，美国奥巴马政府宣布投资 2 亿美元启动“大数据研究和发展计划”，认为大数据是“未来的新石油”，将“大数据研究”上升为国家战略。

2014 年中国电子技术标准化研究院发布《大数据标准化白皮书》①，提出：“大数据代表着数据从量到质的变化过程，代表着数据作为一种资源在经济与社会实践中扮演越来越重要的角色，相关的技术、产业、应用、政策等环境会与之互相影响、互为促进。”

2014 年工业和信息化部电信研究院发布《大数据白皮书》②，提出：“认识大数据要把握‘资源、技术、应用’三个层次。大数据是具有体量大、结构多样、时效强等特征的数据；处理大数据需采用新型计算架构和智能算法等新技术；大数据的应用强调以新的理念应用于辅助决策、发现新的知识，更强调在线闭环的业务流程优化。因此说，大数据不仅‘大’，而且‘新’，是新资源、新工具和新应用的综合体。”

（二）大数据技术的特征

大数据的特征早期被概括为数量（Volume）、多样性（Variety）和速度（Velocity），随着业界不断实践，对大数据认识的深度和广度也在不断变化。《大数据标准化白皮书》从数量（Volume）、多样性（Variety）、速度（Velocity）、价值（Value）以及真实性（Veracity）五个方面对大数据进行认识和理解。基于此，以下对大数据的五个特征进行描述。

1. 数量

数量也许是与大数据最相关的特征。对于大数据数量的大小，IBM 的《大数据在现实世界中的应用分析报告》③指出，过半数的受访者认为当数据量达到

① 中国电子技术标准化研究院．大数据标准化白皮书[R/OL]．[2015-11-05]．http://www.cesi.cn/uploads/soft/141205/19-141205094T7.pdf．

② 工信部电信研究院．大数据白皮书[R/OL]．[2014-12-05]．http://www.catr.cn/kxyj/qwfb/bps/201405/P020140512339458774820.pdf．

③ IBM．大数据在现实世界中的应用分析报告[R/OL]．[2015-11-05]．https://www.ibm.com/services/forms/signup.do?source=swg-CN_BA-DemandGen&S_PKG=ov10867．

terabyte 和 petabyte 时才称为大数据，而 30% 的受访者不知道“大”对于其组织应该有多大，所有受访者都同意“巨大的数量”在将来甚至会更大。图 6–3 给出了 20 世纪以来数据量依托存储介质的发展情况。

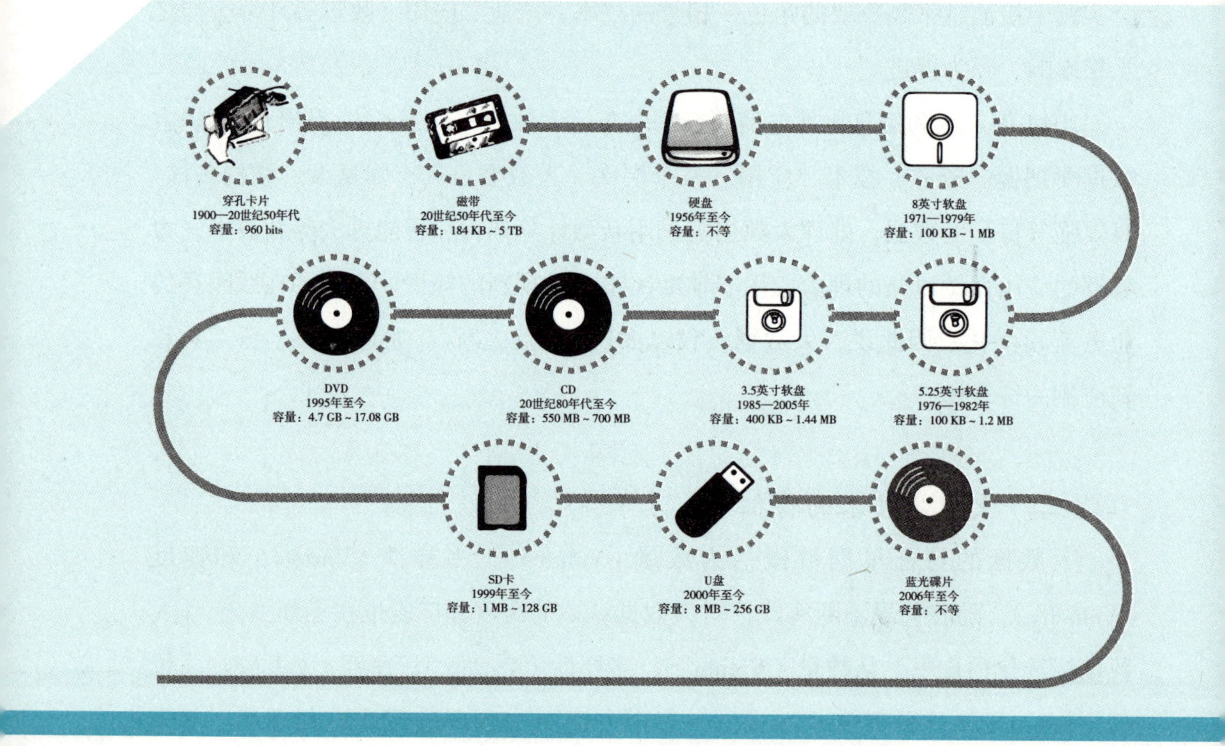

图 6–3　数据量简史①

2. 多样性

不同类型的数据和数据源是大数据的另一特征。企业需要整合并分析来自复杂的传统和非传统信息源的数据，包括企业内部和外部的数据。从数据关系上，数据分为结构化、半结构化和非结构化数据。随着传感器、智能设备和社会协同

① www.businessvalue.com.cn. 存储介质与容器变迁[EB/OL]. [2015-11-05]. http://photocdn.sohu.com/20121009/Img354527259.jpg.

技术的快速发展，数据的类型也不断走向多样化，包括文本、微博、传感器数据、音频、视频、点击流、日志文件等。

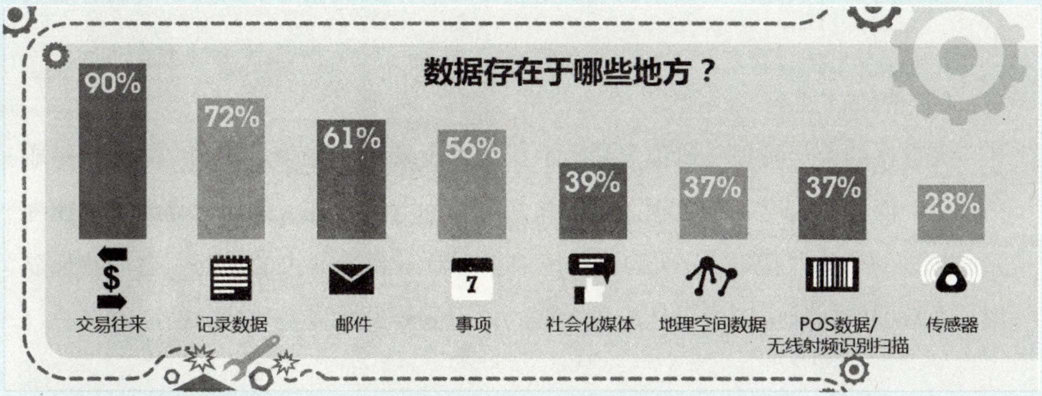

图 6-4　大数据的来源①

3. 速度

大数据是不断更新变化的，速度用于描述这种变化的快慢。随着技术的进步和应用的普及，数据创建、处理和分析的速度在持续增加。加速的原因是数据创建的实时性这一天性，以及需要将流数据结合到业务流程和决策过程中的要求。速度影响数据时延，即从数据创建或获取到数据可以访问的时间差。目前，数据正在以传统系统不可能达到的速度产生、传输、存储和分析。对于对时间敏感的流程，如实时欺诈监测或多渠道“即时”营销，某些类型的数据必须实时地分析，以对业务产生价值。

① PicSays. 大数据，让商业的车轮不停前行[EB/OL]. [2013-05-10]. http://picsays.com/2013/01/09/ibm-big-data/.

4. 真实性

大数据的真实性是指与某些数据类型相关的可靠性，用于反映数据的不确定程度。在大数据技术中，追求高数据质量是一项重要要求和挑战，但是，即使最优秀的数据清理方法也无法消除某些数据固有的不可预测性，如天气、经济或者客户最终的购买决定。大数据的不确定程度对基于大数据分析所做的决策有重大影响。

5. 价值

大数据的价值特征是价值总量大但价值密度低。价值总量显然与数据总量成正相关，而价值密度则与数据总量成负相关。如何通过强大的机器算法更迅速地完成数据的价值“提纯”，成为目前大数据背景下亟待解决的难题。这一特征显现在大数据的实际应用中，使用大数据的机构需要设法提升数据的使用效率。

三、学习分析和大数据技术的应用案例

学习分析和大数据技术的应用十分广泛。据国际数据公司（IDC）调查分析，各国政府也出台了与大数据相关的计划。2012 年，联合国推出了名为“全球脉动”（Global Pulse）的新项目，希望利用大数据预测某些地区的失业率、支出削减或是疾病暴发等情况。2013 年，美国信息技术与创新基金会发布了一份名为《支持数据驱动型创新的技术与政策》的报告，建议世界各国的政策制定者应采取措施，鼓励公共部门和私营部门开展数据驱动型创新[①]。2014 年 5 月，美国发布《大数据：把握机遇，守护价值》白皮书，对美国大数据应用与管理的现状、政策框架和改进建议进行了集中阐述，并提出要警惕大数据应用对隐私、公平等长远价值带来的负面影响。

① 全球政务网. 美国智库建议政府支持数据驱动型创新[EB/OL]. [2015-11-05]. http://www.govinfo.so/news_info.php?id=29383.

我国对于大数据的实质推进则更多地处于科研、应用、产业等相关部门和单位的单个探索实践中。对于部分信息化发展基础较好的地方，其信息化发展规划及产业部署已经明确指出将要推动大数据的发展与应用。在行业领域方面，国内大数据应用关注度主要集中在“智慧城市”“政务”“公共服务”“互联网服务”等方面，在这种大趋势引领下，教育行业也逐渐展开相关探索。例如，2015 年 11 月中央电化教育馆和英特尔公司共同启动“教育大数据分析研究”项目，旨在应用数据挖掘和学习分析工具，在网络学习和面对面学习融合的混合式学习方式下，构建统一的教学行为数据仓库，开发测试学生学习行为与教师教学行为的分析指标体系，实现教育大数据的获取、存储、管理和分析，对目前的教学行为和学生的未来学习趋势进行预测，为学生学习行为和教师教学方式构建全新的评价体系，有效地改善教与学的体验①。

（一）行业应用

百度基于大数据和机器学习进行了广泛的探索。在检索方面，百度推出了商品图像检索引擎，将检索对象由文字扩展到了图像。

商品图像检索，简单来说就是用户上传一张图片，搜索引擎可以根据图片内容从海量商品中找到相同或者相似的商品。设想当你走在大街上，眼馋路人那飘逸的长裙、炫酷的 T 恤，抑或复古高贵的大牌手包，想立即拥有时，你可以立刻拿出手机，秒拍、储存、检索，几步操作就可以找到同款服装。基于这种方式，用户就可直接比价、购买，或进一步搜索其他相似商品，直至满意。

百度深度学习研究院在基于内容的图像搜索引擎基础上，进一步结合图像识别和深度学习技术，推出了商品图像检索引擎。该引擎不仅可以检索图书、CD、海报等带有固定图案的商品，而且还在服装、箱包、鞋等品类的手机实拍图像检

① 赵兴龙．创新评价体系 加速教育变革 中央电化教育馆和英特尔公司共同启动“教育大数据分析研究”项目[J]．中国电化教育，2015(12)：143．

索中有较大技术突破。例如，服装检索，就是图像检索领域一个公认的难题，仅女装就有几十个大类别和上百个属性或风格的细分。已有的基于图像特征的搜索引擎，一般是根据图像的颜色或纹理来查找具有相似颜色、纹理的内容；而使用百度深度学习技术，则可以有效地找到图片中人物与衣服的语义表示，从而更好地实现服装检索（见图 6–5）。①

图 6–5　基于百度深度学习的服装查询

① 百度深度学习研究院．商品图像检索[EB/OL]．[2015-08-15]．http://idl.baidu.com/IDL-news-12.html．

（二）教育应用

1．上海闵行用大数据探索教育管理转型

上海市闵行区从2012年开始探索将大数据应用于教育管理，到2014年已经取得了显著成效。

闵行区探索依托网络平台系统，为每个学生建立电子成长档案。为了搜集数据，学校为每个学生发了一张电子学生证，用于抓取和记录孩子日常行为数据，系统内能自动生成各种数据统计图表。有了大数据支撑，学生的成长跃然于电子空间。去图书馆借了哪些书，参加了哪些社团活动，运动会上拿了什么名次，只需刷一下电子学生证，这些信息都能被记录保存。闵行区学生电子成长档案具有多维度的内容，包括身心健康、学业进步、成长体验、个性技能等方面，并设立了14个一级、38个二级、53个三级数据采集指标。随着学生成长记录的载体从纸质文本转为电子档案，教育理念和评价方式也在悄悄转变。对每个学生来说，这份电子成长档案就是一张全面的综合素质动态发展图，老师和家长能更直观地看到孩子的点滴进步和潜在问题，再有的放矢地引导。有了身体素质、学业成绩、社会实践、公益活动、阅读信息等数据，评价体制导向从单一分数转向多元评价。

教育大数据对教育管理者来说，还提供了“第三只眼”——不是凭印象，而是用客观数据说话，发现教育管理的缺位。闵行区有400多所中小学和幼儿园，每年还平均新增10所学校。按照传统方式，对各所学校的管理往往更注重于学业和教学，其他方面的统计则比较零星。而当前，通过数据的专业解析和深层挖掘，管理者可以找到教育管理中的潜在问题，或者对已经发现的一些教育问题，通过数据佐证找出症结。闵行区还开发试用了教育资金管理软件。每一笔资金、预算在使用后，都会形成数据分析结果，如在科技教育方面花了多少钱、成效如何、和学生科技普及教育的整体水平到底是怎样的关系等。教育资金使用的方方面面都实时产生，进而辅助管理者监督资金是不是管好了，钱有没有花在该花的

地方。[①]

2. 自适应学习系统

Knewton 是一个提供自适应个性化教育平台的公司[②]。学校和出版商可以通过 Knewton 平台为学生提供自适应的学习支持。2011 年，Knewton 与培生教育（Pearson Education）达成合作伙伴关系，为其提供数字化教育服务。2013 年 5 月，Knewton 与培生教育、霍顿米夫林哈考特集团（Houghton Mifflin Harcourt Group）、Triumph Learning、Wiley 数据库和美国亚利桑那州立大学进行合作。2014 年 5 月，合作伙伴增加到 16 家，包括麦克米伦教育（Macmillan Education）、霍顿米夫林哈考特集团、剑桥大学出版社等（见图 6–6）。

Knewton 的自适应教育平台可以帮助使用者构建成熟、实时的学生数据分析。Knewton 细分每个知识点，对每个学生进行单独的分析，令使用者可以得到独一无二的数据帮助。在 2011 年 1 月，亚利桑那州立大学开始使用由 Knewton 提供的个性化学习课程，学生的退课率由 13% 降至 6%，通过率由 66% 升至 75%[③]。2013 年，使用 Knewton 的用户数量达到了 78 万人次，建议服务总数为 2 000 万次。2014 年，在 Knewton 成立 6 周年之际，公司投资 51 亿美元继续提高技术领先地位。截至 2014 年 5 月，全球 120 个国家中共计 25 万间教室、超过 400 万学生在使用 Knewton（见图 6–6）。

四、学习分析和大数据技术对数字教材与电子书包发展的启示

传统意义上的数字教材与电子书包强调内容的呈现，而从本报告前述章节可知，在当前信息技术日益发展的情况下，数字教材与电子书包正朝着综合性的学

① 彭薇．闵行用“大数据”串起学生成长轨迹[N/OL]．解放日报，2014-11-21[2015-11-30]．http://newspaper.jfdaily.com/jfrb/html/2014-11/21/content_39563.htm.

② 维基百科．Knewton[EB/OL]．[2015-08-15]．http://zh.wikipedia.org/zh/Knewton.

③ E 之家．自适应技术很火，Knewton 是怎么玩的[EB/OL]．[2015-11-30]．http://www.aieln.com/news/2015/13685.html.

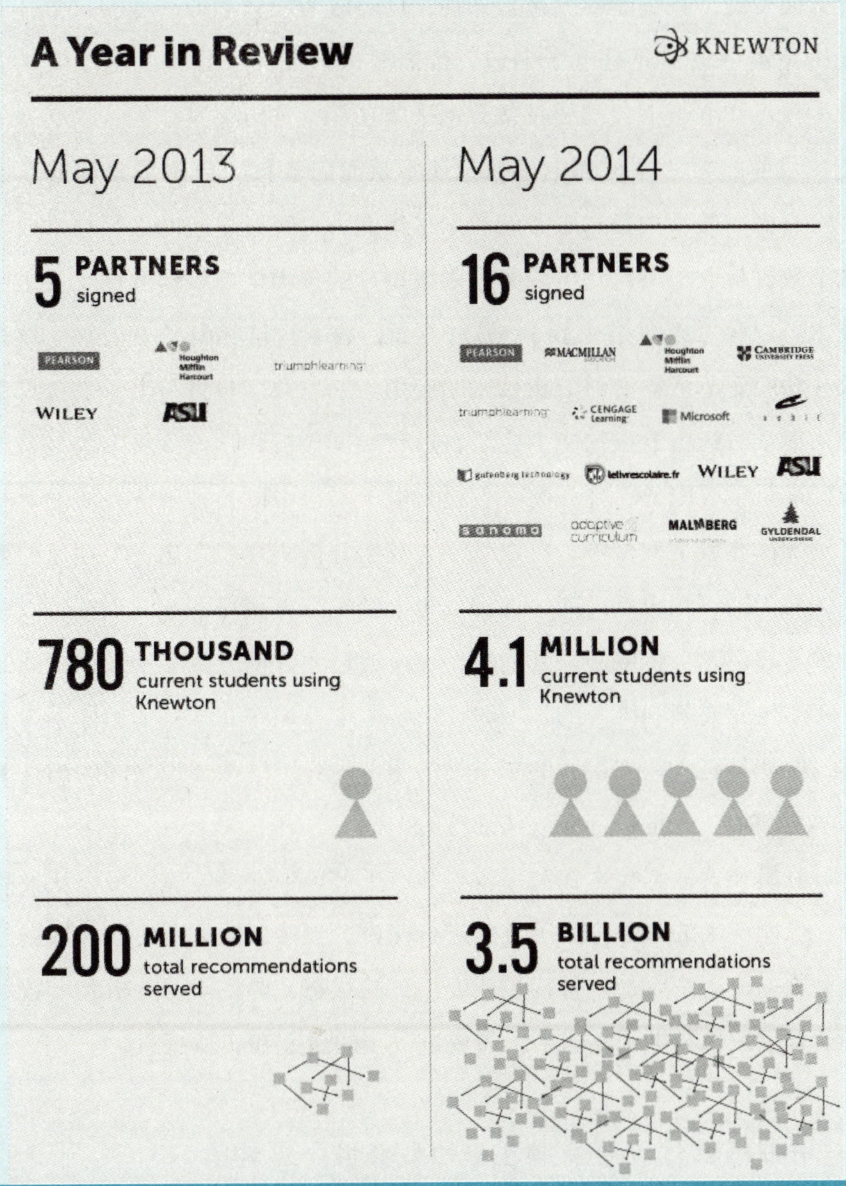

图 6-6　2013—2014 年 Knewton 回顾①

① Knewton. Six Years of Knewton[EB/OL]. [2015-12-14]. https://www.knewton.com/resources/blog/knerds/six-years-of-knewton/.

习环境方向发展，在智能性上越来越强，已经成为智慧学习环境的重要分支。

无论是数字教材还是电子书包，都需要进行面向大数据的功能变革。一方面，数字教材和电子书包都要具备数据采集功能，并应将其作为一项必备的基础性功能。目前的数字教材和电子书包还不是面向教育大数据采集和服务而设计的，并没有面向教育大数据服务的数据采集能力。经过适当的底层技术改造增强后，数字教材与电子书包将可以实时采集用户的各类学习经历数据（关于数据采集的技术可以参考本章第三节）。另一方面，数字教材和电子书包基于教育大数据的服务功能变革依赖学习分析技术的应用。一旦数字教材与电子书包具备了时时刻刻采集学习经历数据的能力之后，后台数据分析和学习分析系统就可以基于这些数据进行学习服务，并在数字教材和电子书包中以各种服务模块的形式呈现出来。例如：在数字教材中，可以基于大数据分析实现动态化、个性化的教材内容编制，对于同一知识点、同一课程，每个学生都将获得系统（当然可以有老师来进行额外的定制）生成的动态内容；也可通过大数据分析实现知识之间的长程连接，在学生完成某一内容的学习时，向学生推荐那些在学科知识体系中看似相距较远，但却具有大数据层面的相关性的学习内容（这些知识之间的内在关联往往不是学科性的，而是教育性或认知性的）。

学习分析和大数据技术在数字教材和电子书包中的具体应用可以从大数据分析对象、可能产生的服务应用等方面进行探讨。当然，以下所述的大数据分析对象和典型服务应用都仅是一种构想或处于试验状态，要将学习分析和大数据技术真正用于数字教材和电子书包，仍需要进一步的研究和实践探索。

（一）数字教材与电子书包中的大数据分析对象

学习分析和大数据技术可以将数字教材和电子书包中学生的学习行为数据、学习活动中的联通性数据以及数字教育资源的存储、使用数据作为分析对象。相关数据的分析结果可对学生的学习情况进行诊断，拓展学生的认知范围，以及优化数字资源的存储、访问方式。

学习者的学习过程记录着学习活动的全部信息，可用于分析学习者的学习能力、学习效果等，是全面掌握学习者的学习现状并进行有效干预的关键所在。例如，利用这些信息可进行如下分析：（1）依据学习者有效登录时间和登录比值来分析学习者的学习意愿；（2）依据回应时间分析学习者的学习专心度；（3）依据学习相关比率来分析学生利用线上讨论区进行闲聊而非学习的情况。总之，这类分析可以根据具体情况和需求确定各种变量和模型，从而从多方面、多维度了解学生的情况。

联通主义是一种经由混沌、网络、复杂性与自我组织等理论探索的原理的整体。联通主义表达了一种"关系中学"（learning by relationships）和"分布式认知"（distributed cognition）的观念。联通主义认为，学习是一个过程，这种过程发生在模糊不清的环境中，学习（被定义为动态的知识）可存在于学习者自身之外（在一种组织或数据库的范围内）。因此，对不同专业知识系列进行连接也是一种学习方式，这种连接能够使学习者学到比现有知识体系更多、更重要的东西。在这一理念下，将当前的各种社交应用整合到个人学习空间已经成为学习环境设计的一个重要方向，而在此环境中，学习活动的联通性数据将成为学习分析的一个重要对象。

此外，数字教材与电子书包中需要大量的数字资源，海量数字资源的存储与访问成为关键。当前教育领域海量资源的存储和整合，大多是为了消除"信息孤岛"而建立大规模数据中心，将资源存储在分布式文件系统中。这种方式尽管实现了资源在物理层次的整合，但由于没有考虑教育领域资源之间特有的语义关联性，因此无法对数字资源按照知识特征、用户访问特征和认知依赖关系进行组织和调度，而这也就造成了海量资源的存储组织模式与访问效率之间的矛盾。因此，将数字资源的存储和访问数据（包括资源存储时所携带的元数据）作为分析对象，可以形成资源之间的语义关联，从而优化海量数字资源的存储、组织和访问模式。

（二）学习分析和大数据技术在数字教材与电子书包中的典型服务模式

1. 动态知识图谱

知识图谱是一种智能化的知识管理工具，能够将知识管理活动中的主体、资源及相互关系链接起来形成一种动态可变的网络结构。知识图谱的定义虽然各不相同，但其共同点是：（1）知识图谱能以可视化的方式展现知识的结构和内在关系；（2）知识图谱是一个导航工具或智能化的模型，它揭示了知识的来源，提供给用户一个人机交互的平台，方便知识的交流和共享。因此，知识图谱能够改变数字教材和电子书包中的内容结构，并为学生提供更为智能的服务。然而，由于电子书包系统具有大量的数字资源和不断变化的学习过程记录，因此采用传统理论技术构建知识图谱比较困难。此种情况下，可应用学习分析和大数据技术，根据海量数字资源以及个人学习情况动态变化来构建动态知识图谱，从而提供更好的学习服务。知识图谱技术的详细内容会在下一节中进行全面介绍。

2. 学习分析系统

未来的数字教材与电子书包可加入学习分析（子）系统，用于提高它们的“智能性”。学习分析系统主要通过对大数据进行学习分析来提供服务。一般来说，在学生使用数字教材和电子书包时，可对学生的学习数据进行动态和静态分析。当学生在数字化学习环境中学习时，学习分析系统能够根据其所在的学习活动状态，动态地捕捉其需求。例如，某个学生在某个知识点上停留的时间明显比其他学生的长，系统可判断该学生对此知识点要么非常感兴趣，要么存在理解困难（也有可能表示离开学习环境），相应的就在后台快速进行分析，给出一组相关的辅助资源并进行适当教学干预。静态分析指在个人学习环境中对于大量学生在一天、一周、一月、一年等长时间内完成的学习活动记录的分析。通过静态学习分析，学生、教师可以调整学习策略（教学策略），提高学习绩效，而教育研究者和教育机构也可以通过分析结果进行教学研究和决策支持研究。一个完整的学习分析系统架构如图 6-7 所示。

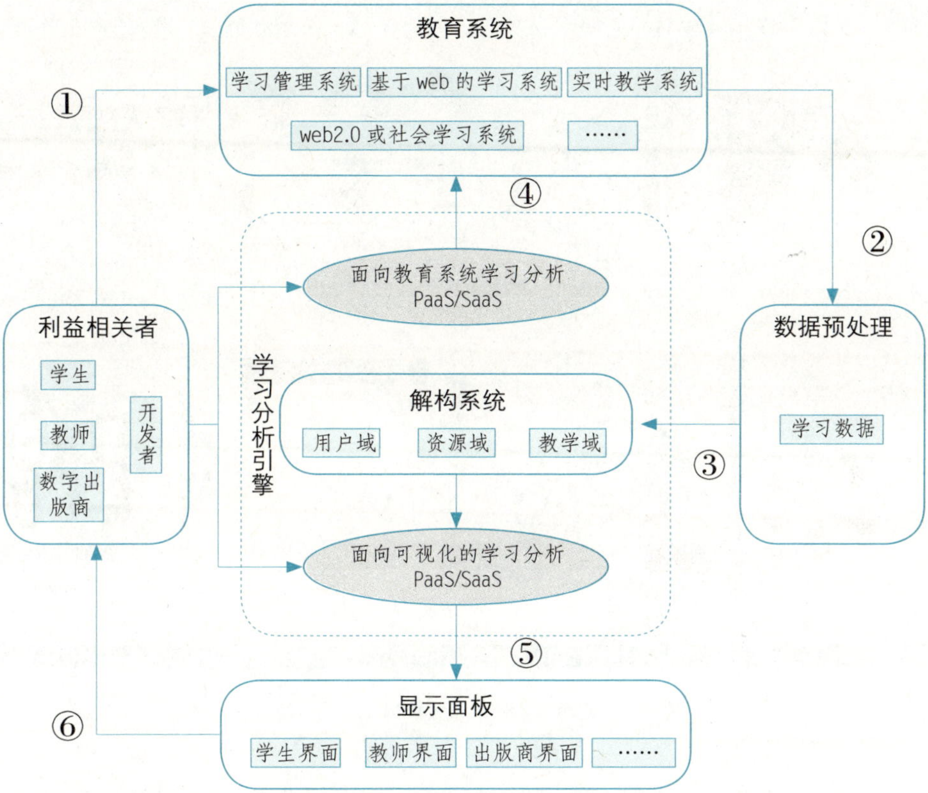

图 6-7　学习分析系统架构

在实际教学工作中，教师关心的是学生的学习状态，以及如何提高学生学习的效果。借助学习分析系统，教师得以分析每个学生的学习状态，能够实施针对每个人的个性化的辅导和干预。教师在教学过程中，利用学习分析系统的大数据分析结果来关注学生的学习社交网络建立情况、个性化学习资源的获取和学习情况，以及对学生个人学习状态进行跟踪和调整等。通过这些方式，教师的教学效率可得到大幅度提高，一些智慧教学方法和教学模式也能够得到落实。

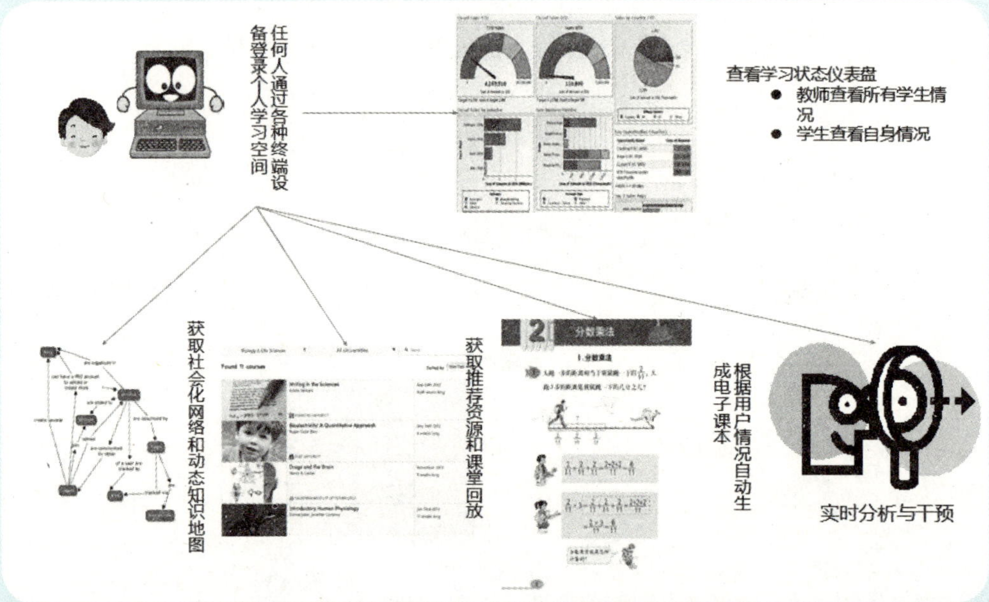

图 6-8 应用学习分析和大数据技术的一种教学场景

在学生使用数字教材和电子书包的学习成长过程中，会积累大量的结构性、非结构性数据，如每一次考试的成绩、学习的速度、在哪方面有特长、曾经获得过哪些奖励、参加过哪些社会活动等，这些数据在电子档案中将一目了然。另外，学生在微博、微信、QQ 等网络社交活动中也会留下大量的信息，成长轨迹非常清晰。这些东西构成了一个关于学生个人的数据集，通过对数据集进行分析，可以在一定程度上知道某个学生多方面的发展情况。例如：高校招生可以通过这些过程化的数据来判断、选择适合自己学校的学生；学生的过程性数据还可以显示这个学生是更适合做医生还是工程师，更应该从哪个方向努力，从事什么工作，这对学生尤为重要。

第三节　学习经验数据采集技术——Tin Can API技术

如上节所述，学习分析和大数据技术为教育信息化的发展带来了新的机遇，而教育大数据应用的实现首先依赖于对来源广泛的教育数据的获取。在这些有待获取的海量教育数据中，学习经历数据承载着学习者在学习过程中的学习行为、学习活动、学习进程和与之交互的学习环境等教育信息，蕴含着丰富的学习分析价值。随着相关学习技术的迅速发展，学习经历的跟踪在技术层面已得以实现，但学习经历的复杂性、多样性和数据劣构性等特点阻碍了该技术的广泛应用。2014 年，由美国“高级分布式学习”组织发布了新一代的 E-Learning 标准 Tin Can API（也称为 Experience API 或 xAPI）。Tin Can API 规范为破解这一难题提供了可行途径。①

设计 Tin Can API 是为了存储和记录学习经验。Tin Can API 可以跟踪学习经验，包括传统的考试分数或完成进度记录，以及学习者行动的记录，如读了一篇文章或观看了一段视频。该技术用于支持现有的 SCORM 及 SCORM 无法支持的应用，如移动学习和暂时离线状态下接触的内容。

一、Tin Can API 技术的特征

（一）技术生态

根据官方解释，Tin Can API 的设计哲学是：当今社会，学习不再局限于学习管理系统（Learning Management System，LMS），而是无处不在，随时发生的。因此，必须有一个既能保持独立，又能根据需要而整合的记录系统，该系统能

① 顾小清，郑隆威，简菁．获取教育大数据：基于 xAPI 规范对学习经历数据的获取与共享[J]．现代远程教育研究，2014(5)：13-23．

很好地适应大数据和云环境。为此 Tin Can API 中设计了一个名为学习记录库（Learning Record Store，LRS）的关键系统（见图 6-9）。[①] 简单来看，Tin Can API 实际上是一个数据服务，通过该服务的客户端 API 接口，开发者将学习过程数据通过称为声明（statement）的数据形式发送给 LRS。围绕这样的核心思想，Tin Can API 已经形成了相对完备的技术生态。现今，Tin Can API 客户端软件库已被推出，支持各种常见的编程语言和环境。

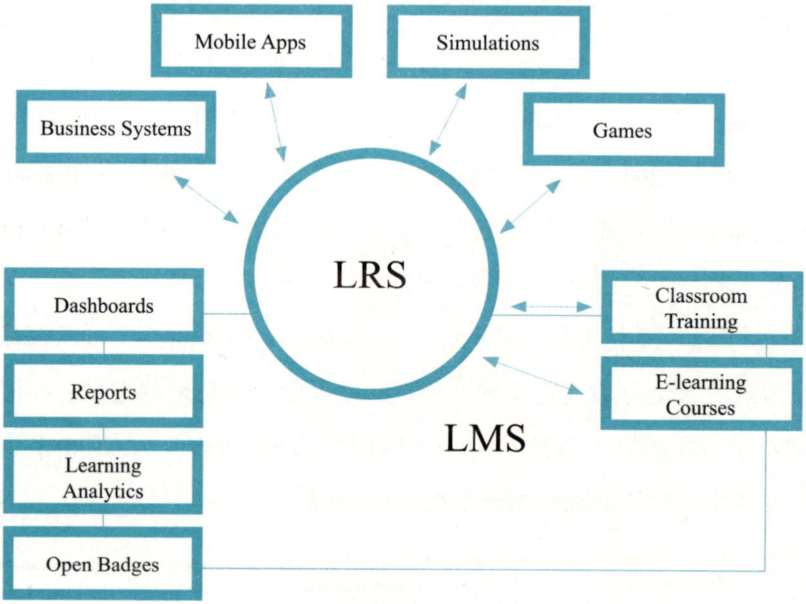

图 6-9　LRS 与 LMS 的关系图

（二）运作机制

Tin Can API 技术利用“活动流”（Activity Stream）来描述学习经历。活动流规范是开源网络基金会（Open Web Foundation）名下的一个项目，由众多网络服务商（包括 Facebook、Twitter、Google）支持和维护，定义了基于 JSON 格式和 XML 格式的 Atom 发布协议（Atom Publishing Protocol）。此外，该项目还初步定

① Rustici Software. Ecosystem–Tin Can API[EB/OL]. [2015-12-10]. http://tincanapi.com/ecosystem/.

义了一些动词和活动，以辅助人们利用流来对交互行为进行建模。[①]

Tin Can API 技术的运作机制包括以下三方面的特点。

（1）人们可以在与他人、内容或更多对象的交互中随时随地进行学习。这些行为可以被标记为一个事件，并能够被 Tin Can API 记录。

（2）当一个活动需要被记录的时候，应用会以“主、谓、宾”的形式发出安全声明到 LRS。

（3）LRS 记录所有的声明，还可以与其他的 LRS 共享这些声明。一个 LRS 可以单独存在，也可以存在于 LMS 之中。[②]

使用 Tin Can API 的简化描述如图 6-10 所示。

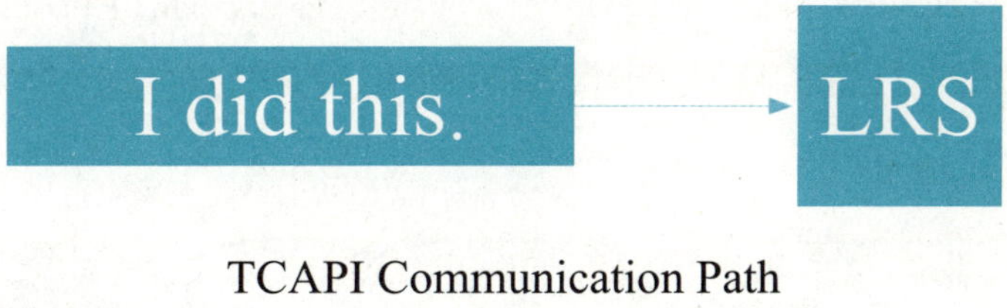

图6-10　Tin Can API 记录数据的简化原理[③]

二、Tin Can API技术的应用案例

（一）MediaTechnics：BookOnPublish 多媒体数字出版系统

在过去的十五年中，BookOnPublish 多媒体数字出版系统被用于制作创新的多媒体和互动式数字教科书，其中就包括畅销书《New Perspectives on Computer Concepts》的七个数字版本。对于学生和老师而言，多媒体教材已经十分普遍

① 顾小清，郑隆威，简菁．获取教育大数据：基于 xAPI 规范对学习经历数据的获取与共享[J]．现代远程教育研究，2014(5)：13-23.

② Rustici Software. Overview-Tin Can API[EB/OL]. [2015-10-12]. http://tincanapi.com/overview/.

③ Rustici Software. SCORM-Project Tin Can: Phase 3-SCORM[EB/OL]. [2015-12-20]. http://scorm.com/tincanoverview/.

和有效，但在实际使用中，将结果返回给基于 SCORM 的 LMS 时总是有点问题。Tin Can API 技术能够解决这个问题，因为它允许 LMS/LRS 系统接受外部活动，包括搭载在服务器、Mac 端、PC 端或基于 Android 或 iOS 系统的平板电脑或智能手机上的由 BookOnPublish 提供的内容。①

目前，MediaTechnics 公司已经将 Tin Can API 加入到自己项目中，使学生的成绩可以直接被发送到 Tin Can LRS 中②。

（二）使用 Tin Can API 技术在 ePub 3.0 中收集学习经历数据

图 6-11 和图 6-12 给出了在 ePub 3.0 中应用 Tin Can API 记录学生学习经历数据的示例③。学生在阅读过程中会对一些词句进行标注，标注内容包括同意观点、理解、不理解等（见图 6-11）。此时，ePub 3.0 后台使用 Tin Can API 源源不断地记

图 6-11　学生在阅读过程中进行标注的示意图

① Rustici Software. Use Cases-Tin Can API[EB/OL]. [2015-12-20]. http://tincanapi.com/use-cases/.

② MediaTechnics Corporation. MediaTechnics Corporation Instructor's Resource Site [EB/OL]. [2014-11-14]. http://www.mediatechnics.net/web/irc/.

③ Vimeo. mLearnCon 2014-ePub3 Experience xAPI Demo[Z/OL]. [2015-12-20]. https://vimeo.com/100840802.

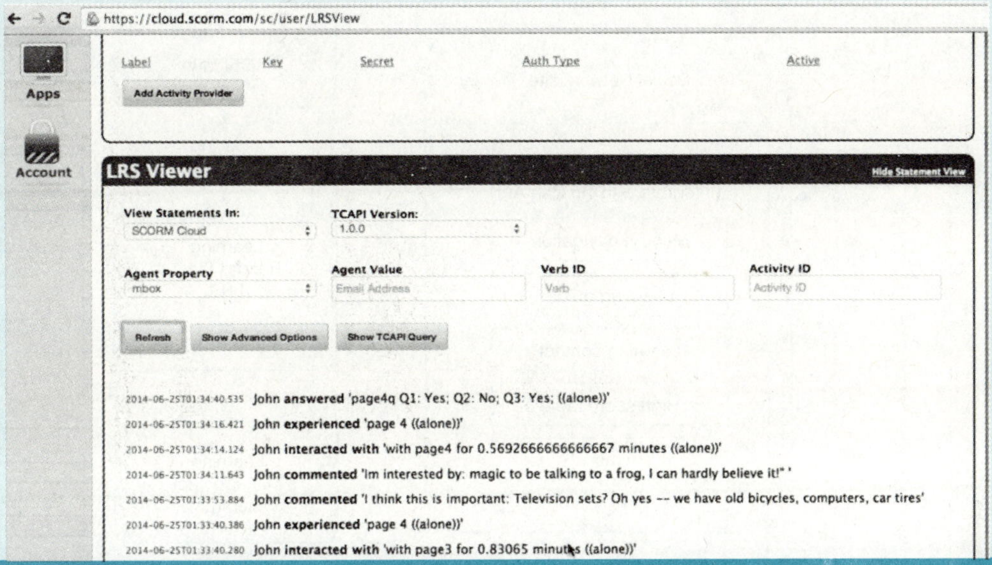

图 6–12　ePub 3.0 使用 Tin Can API 收集的学习经历数据

录学生的学习经历数据，这些数据都是一条条的主谓宾语句（见图 6–12）。这些时时刻刻记录的数据是教育大数据的关键来源，是进行大规模学习分析的基础。

（三）基于 Tin Can API 增强的学习应用

一些研究者开始将 Tin Can API 应用于开发各种增强的学习应用，这些应用能够比以前更全面地记录学生学习的行为数据，通过这些数据能够深入洞察学习行为，从而为实现更好的学习支持提供基础。Hamzah 等人尝试在社会化网络 Facebook 中设计学习应用数据的采集模型（见图 6–13）[①]。他们在 Facebook 中开发了一款学习应用，该应用集成 Tin Can API 数据采集功能，并将数据保存到 LRS 用于数据分析和增强学习关系系统的能力。

① HAMZAH F W, AMIR W M, ALI N H, et al. The use of Tin Can API for web usage mining in E-learning applications on the social network[C]//2015 IEEE Symposium on Computer Applications & Industrial Electronics (ISCAIE), April 12–14, 2015, Langkawi. Washington, D. C.: IEEE, 2015：113–118.

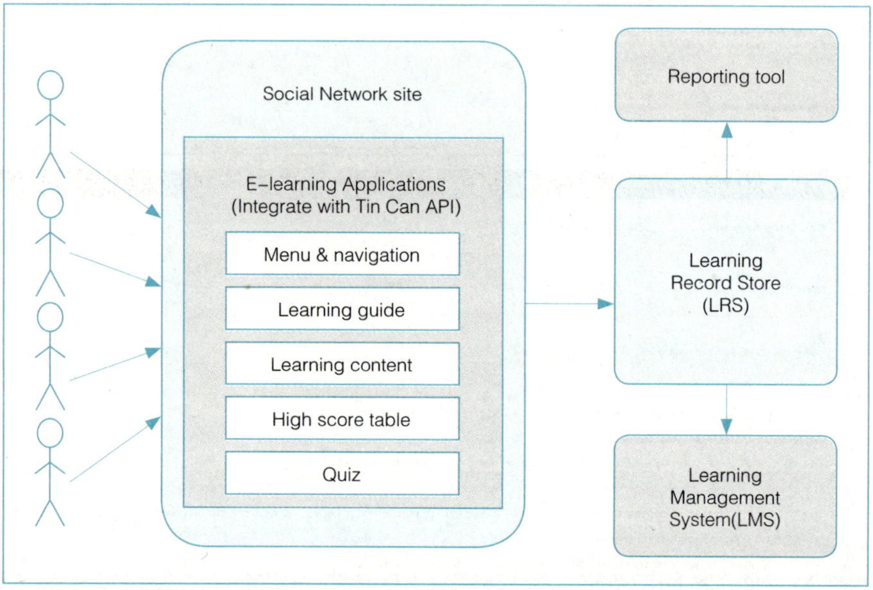

图 6-13 基于 Tin Can API 的学习应用数据采集模型

三、Tin Can API 技术对数字教材与电子书包发展的启示

教育大数据和学习分析赖以生存的数据是未来学习支持服务的关键。传统的数字教材和电子书包不能完备地记录学习过程，而采用 Tin Can API 技术，可以做到这一点。在制作包含 Tin Can API 技术的数字教材的过程中，如需调用已有的 SCORM 资源，则可以采用 Tin Can API 技术生态中的 SCORM Engine、SCORM Driver 等转化工具来对其进行转化。

在基于 Tin Can API 技术设计数字教材内容和电子书包系统时，设计者需要注意以下五个方面的问题①。

（1）电子书包服务平台的设计不仅要关注内容，而且要记录、分析、评测用户所产生的活动，这样才能准确了解用户需求，建立用户模型。

① 赵兴龙．Tin Can API：新一代 E-Learning 标准解读及启示[J]．中国远程教育（资讯），2014(8)：103-104．

（2）数字教材与电子书包的设计应充分考虑“激活”LRS。如图 6–14 所示，LRS 不能死死绑定在 LMS 中，而且只能和 LMS 进行通信。LRS 应可以独立存在，独立产生处理数据，并与 LMS 及其他的 LRS 进行通信，这样才能更好地将用户经验在不同的系统中进行移植。

（3）以数字教材为核心的数字资源开发不能仅仅关注资源开发技术本身，更要关注附着在资源上面的活动。关注用户使用资源的活动，能为资源开发提供新的视角和途径。例如，慕课资源、翻转课堂相关资源的开发更要关注用户的活动，而不是仅仅停留在资源技术本身。

（4）Tin Can API 丰富了大数据背景下数字资源评价的层次。大数据背景下的数字资源评价不但关注资源本身，更要关注用户在资源应用中的活动，可将用户的实际使用行为记录下来并作为资源评价的元素。

（5）有了数据积累不等于实现了应用目标。在数字教材和电子书包的设计中，“采集大数据”本身不是设计的最终目标，而是为了能够进行具体的学习分析或资源评价。因此，学习经验数据的采集技术与上一节中的学习分析和大数据技术是相辅相成的。

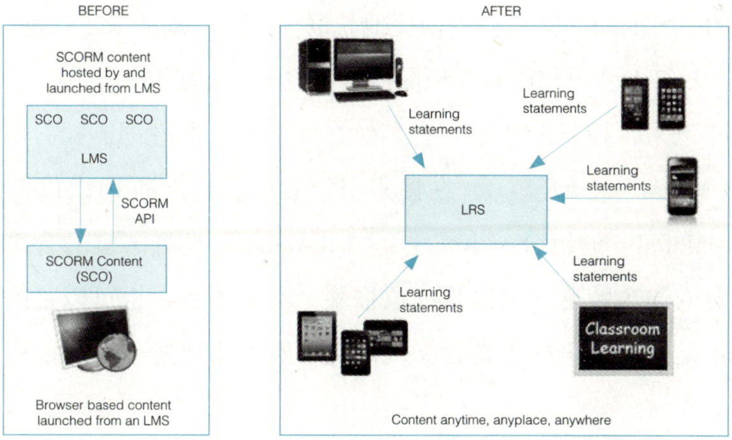

图 6–14　Tin Can API 中 LRS 带来的效果[①]

① Михаил Тресер. Tin Can API—замена устаревшему стандарту SCORM-часть 1[EB/OL]. [2015-10-16]. https://habrahabr.ru/post/156067/.

第四节 知识图谱技术

一、知识图谱技术概述

对于知识图谱，当前有不同的解释。一种是 Mapping Knowledge Domain，也被称为科学知识图谱，在图书情报界则被称为知识域可视化或知识领域映射地图，是显示知识发展进程与结构关系的一系列各种不同的图形。该技术用可视化技术描述知识资源及其载体，挖掘、分析、构建、绘制和显示知识及它们之间的相互联系。[①]另一种是 Knowledge Graph，该技术因 Google、微软、百度等企业公开开展的以提高搜索体验为目的的研究而为人所知。本节主要介绍后者。

知识图谱本质上是一种语义网络，结点代表实体（entity）或者概念（concept），边代表实体或概念之间的各种语义关系。知识图谱被用来构建宏大的知识网络，包含世间事物以及它们之间的联系。搜索公司以图文并茂的方式展现知识的方方面面，让人们更便捷地获取信息，找到所求。百度、Google、微软、Facebook 等大公司都已有知识图谱搜索技术，并已开始应用。

40多年以来，搜索的本质一直是对查询词进行关键词匹配。例如，对于查询词“Taj Mahal”（泰姬陵），在搜索引擎看来，这个查询词仅仅是两个单词“Taj”和“Mahal”的组合。事实上，“Taj Mahal”具有丰富的含义，可以是世界上最壮美的纪念陵墓，可以是一位格莱美奖获得者，也可以是附近的一家印度餐馆。正是由于词语的丰富含义，研究者致力于研发一个智能模型——知识

① 百度百科．知识图谱[EB/OL]．[2015-12-20]．http://baike.baidu.com/link?url=6_G4iYVgf0al9v_0hbYBcYjPDeEeuhB_4LeBTdXz0yESQ8vmKUhy7oWi2ABrPb30J440W-MMXvw0rzZL22hfCK#1.

图谱，以此来理解现实世界中的每一个实体以及它们之间的相互关系。简而言之，知识图谱就是针对所有事物、人物和地点，如地标性建筑、名人、城市、球队、大楼、电影、艺术品等，构建它们之间的关系网络。因此，搜索引擎开始从针对字符的搜索转变为针对事物和语义的搜索。早期的知识图谱智能搜索是建立在诸如 Freebase、维基百科、美国中央情报局出版的《世界概况》等著名公开数据源之上，其涉猎范围囊括了 5 亿多个对象实体以及 350 亿条关于这些对象实体的关系网络。最近，百度等公司又通过机器学习和数据挖掘方法，从索引的网页中自动发现新的实体和实体关系，从而扩大、完善了知识图谱。[①]当建立了庞大有效的知识图谱之后，搜索引擎结合个人用户和群体用户的检索历史信息就能够不断提高用户对检索结果的满意度，这包括进度、偏好性与深度。

二、知识图谱技术的应用案例

（一）百度语义搜索

百度是当前国内影响力最大的搜索引擎。目前百度搜索中的知识图谱技术应用已取得初步成效。例如，我们在百度搜索中输入“第三个字是马字的成语”，搜索引擎并不是只给出包含“第三个字是马字的成语”文本的网页，而是首先对这句话的语义进行分析，然后给出与输入语句的语义（而非字符）最相关的内容。如图 6-15 所示，百度的搜索功能已经能够分析出“第三个字是马字的成语”的语义，并且优先将符合语义要求的成语作为搜索结果给出。同时，右侧所显示的内容也是以与“马”有关的成语为主，这同样是基于对输入内容的语义分析而给出的关联知识内容。

① 张静，唐杰．下一代搜索引擎的焦点：知识图谱[J]．中国计算机学会通讯，2013，9（4）：64-68.

图 6-15 百度语义搜索（搜索词为“第三个字是马字的成语”）

图 6-16 和图 6-17 是另外两个实际的百度搜索案例。在图 6-16 所示的案例中，输入的搜索词是一个数学算式的语言表达，搜索结果表明系统完成了对算式的语义分析，并给出了计算结果。图 6-17 所示的案例中的搜索词则是一个询问地理位置的语句，在搜索过程中同样由系统解析了用户输入内容的语义，并通过在线地图功能给出了应答。

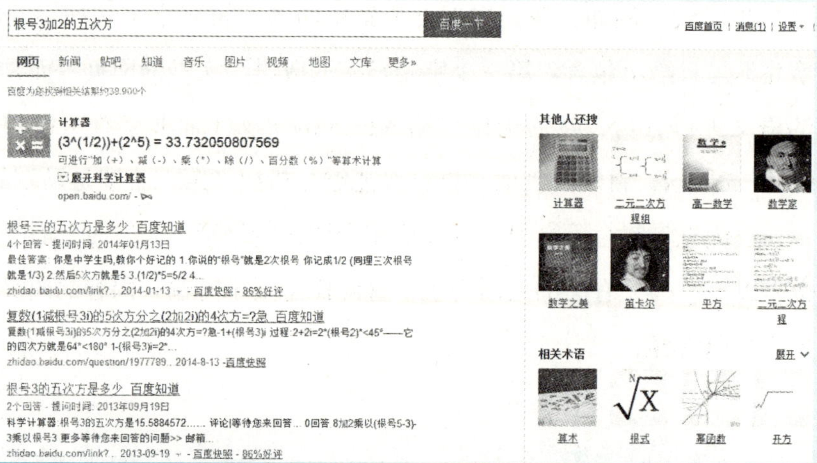

图 6-16 百度语义搜索（搜索词为“根号 3 加 2 的五次方”）

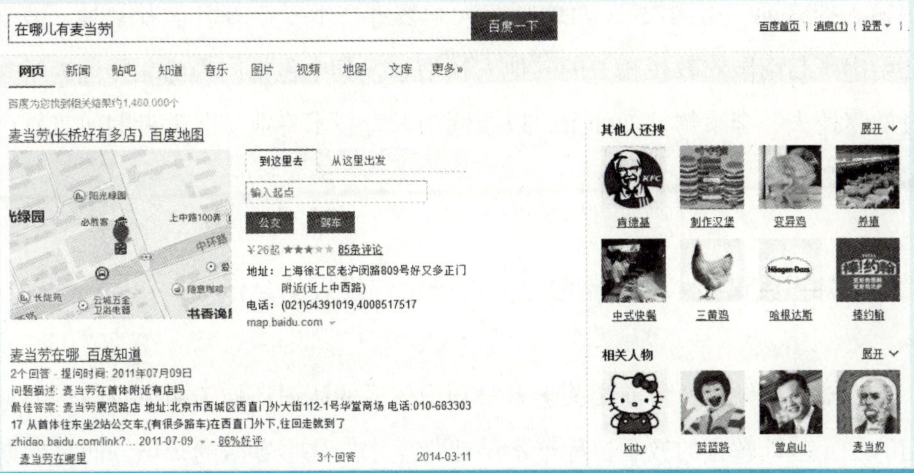

图 6–17　百度语义搜索（搜索词为“在哪儿有麦当劳”）

（二）百度关联搜索

百度的关联搜索也是一项日趋成熟的知识图谱应用功能，其目的在于通过知识（文本的语义）之间的联系，从一个搜索结果扩展到其他相关的搜索结果。考虑到每个知识信息都不是孤立存在的，知识之间的关联也是知识的组成部分，关联搜索功能显然可以使用户获得的知识更为全面。如图 6–18 所示，当我们在百

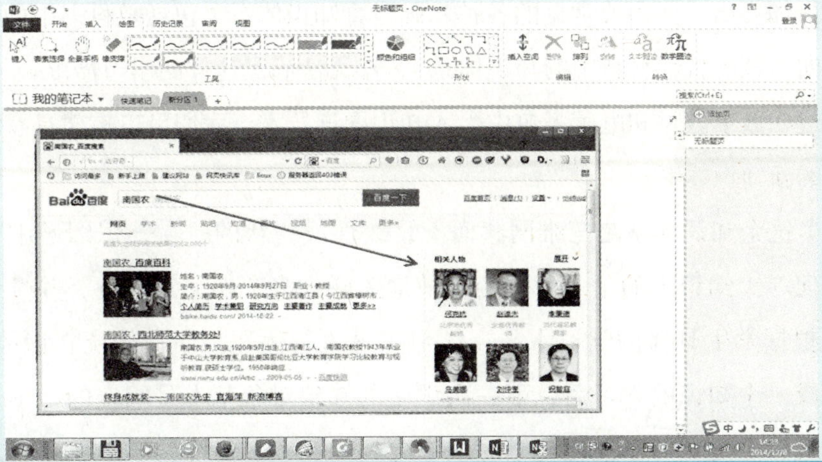

图 6–18　百度关联搜索（搜索词为“南国农”）

度中输入搜索词“南国农”（西北师范大学教育技术专业著名学者）时，搜索引擎还给出了与南国农教授相关的其他人物信息，其中包括同为西北师范大学知名学者的赵逵夫、李秉德、刘仲奎，以及同为教育技术专业知名学者的何克抗、乌美娜、祝智庭等。

三、知识图谱技术对数字教材与电子书包发展的启示

在基础教育领域，目前相关学者对知识体系的认识还处于初级阶段。但毫无疑问的是，基础教育的教学目标绝不是让学生掌握许多零散的知识，而是预期学生在头脑中能够建立各学科的知识体系，甚至构建出跨学科的知识关联。在数字教材和电子书包中，知识图谱技术的引用将有助于学生提高学习效率，以及更好地构建知识体系。

在电子书包系统中，需要以数字教材为中心构建面向学生的知识体系。从智慧教育的视角来看，这个知识体系并不是一成不变的。电子书包系统中的知识体系应能够满足学生进行个性化学习、泛在学习和无缝学习的要求。与传统的学习过程不同的是，如果以泛在学习和无缝学习作为发展目标，那么学生学习的个性化将会更加突出。而当前常见的各种基础教育知识体系（包括教科书中的知识体系和面向考试的教辅材料中的知识体系），却无法满足这样的学习需求。

通过在数字教材和电子书包中引入知识图谱技术，我们可以构建具有以下两个特点的新知识体系。

（1）这个知识体系是三维网状而不是线性或树状的。在知识图谱中，学生完成任何一个知识点的学习后都会发散地关联到多个相关知识点，并且这种关联可以根据学生具体的学习水平、学习兴趣进行优选。而在传统知识体系中，学生完成一个知识的学习后，下一次学习的知识对象基本是固定的。学习路径的发散或固定是学习个性化与学习效率之间的竞争。传统教学中采用固定学习路径是为了使学习效率得到最优，发散的学习路径虽然体现因材施教的理念但

却容易失控，导致学习低效。而知识图谱技术带来的变革恰恰是学习的个性化与学习效率的结合。

（2）这个知识体系是动态的。知识图谱的构成建立在对大数据的动态分析之上，并随着社会知识总量的增加、学习环境的不同、学生学习行为的变化、教学方法和目标的调整而不断更新。通过这种动态更新，基于知识图谱的各种服务能够更好地满足因学生处在不同地区、不同年龄段、不同学业水平、不同发展阶段而产生的需求差异。这对于建立“人人皆学、处处能学、时时可学”的现代学习型社会是十分必要的。

尽管知识图谱在数字教材和电子书包中有着光明的应用前景，但如何构建出前面所论述的新知识体系仍是当前研究与实践中的难点。曾经有观点认为，由于课程标准所规定的学习内容是有限的，因此学生所学习的知识点也是一个有限集合。对这种有限集合来说，数字教材的设计者可以先通过传统方式构建出一个基础知识体系，以穷尽知识点之间的联系，然后再通过大数据的相关技术构建知识图谱。而随着相关研究的不断深入，越来越多的研究人员发现，尽管基础教育课程标准所限定的知识内容有限，但实际操作中并不能因此而采用传统方式构建出完善的知识体系。这一新观点的提出有两个原因。

一是知识粒度的细化会导致知识点数量的暴增。例如，在生物学科中，显微镜是课程标准规定的一个知识点。然而我们将显微镜这个知识点细化后就会发现，显微镜的物理结构包括目镜、物镜、反光镜、载物台、通光孔、转换器等十几个部件，显微镜的操作又可分为亮度调节、固定装片、粗调对焦、细调对焦等多个步骤（每一个都是程序性知识），显微镜的使用涉及相关原理、使用经验等知识。这里不难发现，课程标准中的一个知识点在经过拆分后已经产生了数量庞大的小知识点，而且这种小知识点的数量会随着知识粒度的细化而增加。尽管从总数上看，由有限的课标知识点细化出的小知识点仍是一个有限集合，但这个有限集合的知识点数量已经远超用传统方式构建完整知识体系的承受范围了。

二是在基础教育中课程标准规定的有限知识实际可以进行无限的扩展。这是因为在基础教育阶段，学生不仅要掌握知识，还需要掌握能力，而能力会形成知识的不断延伸。在教学实践中，我们不难看到许多需要学生解决的问题（包括考试）的知识背景都是学生没有学过的。例如，在物理学科中，磁流体船、水密舱、电磁炮等课程标准中没有的知识均出现在中考、高考的题目中。学生在实际学习中往往需要临时获取知识，并运用相关能力解决问题。这就使得基础教育中实际的知识范围没有边界。

目前，相关的研究还存在一些争议，不过现实是，还没有设计开发出能够符合我国基础教育课程要求的知识图谱，这方面仍需要再进行深入的研究。

第五节　感知技术

感知技术，通俗地讲就是让计算机能够“知道”用户的情境状态、动作状态、表情状态，从而据此为用户提供合适的、优化的服务。因此，感知技术的涵盖面可以非常广阔。本节以情境感知技术和体感技术为代表阐述感知技术的特性及应用情况。

一、情境感知技术概述

情境感知（Context Awareness）是什么？其实我们每个人在跟他人交流的时候，彼此都在感知对方的情境，包括情绪状况、现在的工作状况、财务状况、学习状况等。我们常说一个人特别善于“察言观色”，因而能够跟他人很好地相处和交流。在当今社会，人机交互的使用越来越频繁，人们自然就会想到让计算机设备能够感知我们的情境，像人一样容易相处，并且得到它们的支持。

情境感知在智能空间、环绕计算、普适计算、个性化推荐和学习领域具有重要地位，是提高用户体验的重要技术。目前普遍认可的情境定义是由 Dey 提出的，即情境是指任何可以用来刻画实体情形特征的信息，实体可以是人、位置或是与用户和应用交互相关的物理的或虚拟的对象，包括用户和应用本身。而情境感知是指一个系统利用情境为用户的任务或活动提供相关的信息或服务。情境感知技术源于普适计算（Ubiquitous Computing）的研究，最早由 Schilit 于 1994 年提出，简单地说就是通过传感器及其相关的技术使计算机设备能够“感知”到当前的情境。

众所周知，用户研究和用户体验设计的一个难点在于了解用户使用产品的情境和环境。现在流行的做法是通过实地研究去了解用户情境，这种做法最大的问题在于成本过高，且样本量一般不大，如果要获取大样本的数据会耗费大量资源。情境感知技术的应用可以通过传感器获得关于用户所处环境的相关信息，从而进一步了解用户的行为动机等，尤其是对于移动互联网产品而言，手机的传感器技术对其用户研究具有重大意义。另外，对于用户体验设计来说，情境感知技术一个更加重要的应用方向是所谓的“主动服务设计”，即计算机（特别是可移动计算机）可以通过情境感知自适应地改变，特别在用户界面方面，为用户提供推送式服务，如手机的铃声模式根据情境自适应变更为会议还是户外。

情境感知技术也是情境学习的关键技术之一。在智慧学习环境中，情境信息将包含位置、社会化状态、学习活动、学习目标等。例如，学习情境的识别就是个性化学习资源推送、学习伙伴联接以及学习活动建议的前提①。

二、体感技术概述

体感技术的特点在于人们可以很直接地使用肢体动作与周边的装置或环境进行交互，而无须使用任何复杂的控制设备便可身临其境地与内容进行互动。依照体感方式与原理的不同，体感技术可主要分为惯性感测、光学感测和惯性及光学

① 张永和，肖广德，胡永斌，等．智慧学习环境中的学习情景识别——让学习环境有效服务学习者[J]．开放教育研究，2012，18(1)：85-89.

联合感测三大类。举例来说，当使用者站在一台电视前方时，若有某个体感设备可以侦测用户的手部动作，那么上挥、下挥、左挥及右挥就可以通过信号转换来控制电视节目的快进、倒进、暂停/播放和终止等。在有些电子游戏中，设计者将用户的动作直接对应于游戏角色的反应，这样便可让人们得到身临其境的游戏体验。其他关于体感技术的应用还包括 3D 虚拟现实、空间鼠标、游戏手柄、运动监测、健康医疗照护等，在未来都有很大的市场。体感技术中的典型代表有 Kinect 和 Leap Motion。

Kinect 是由微软开发，应用于 Xbox 360 和 Xbox One 主机的周边设备。Kinect 让玩家不需要手持或踩踏控制器，而是使用语音指令或手势来操作 Xbox 360 和 Xbox One 的系统界面；它也能捕捉玩家全身上下的动作，让玩家用身体来进行游戏和学习，带给他们“免控制器的游戏与娱乐体验”。Kinect 感应器是一个外形类似网

图 6-19 Kinect 体感体育[①]

① IT168 网．体感时代来临！ E3 展后体感游戏走向分析[EB/OL]．[2015-08-31]．http://digi.it.sohu.com/20100625/n273066048.shtml.

络摄影机的装置。Kinect 有三个镜头，中间的镜头是 RGB 彩色摄影机，左右两边的镜头则分别为红外线发射器和红外线 CMOS 摄影机所构成的 3D 结构光深度感应器。Kinect 还搭配了追焦技术，底座马达会随着对焦物体的移动而转动。另外，Kinect 还内建了阵列式麦克风，由多组麦克风同时收音，比对后消除杂音。①

Leap Motion 是 2013 年由美国 Leap Motion 公司发布的一款体感设备，2014 年开始在我国销售，是当前美国科技界最为流行的体感设备之一。与微软的 Kinect 不同，Leap Motion 的体积仅有普通优盘大小，支持用户在 1 立方米的近距离空间灵活操控，灵敏度是 Kinect 的 200 倍，可以精确到 1 毫米的手势运动。Leap Motion 因高精度、高跟踪率、近距离追踪等特点，受到了军事、娱乐等多个领域的青睐。例如：NASA 利用 Leap Motion 远程控制运动机器车 Athlete Rover，玩家将 Leap Motion 与全息投影技术相结合实现“地球的翻转”。

图 6-20　Leap Motion 远端操作机械手臂②

① 张诗潮．基于 Kinect 的手语教学系统设计研究[D]．上海：华东师范大学，2014．
② Youtube．Leap Motion 远端操作机械手臂[Z/OL]．[2015-08-31]．https://www.youtube.com/watch?v=e1VMGgZIHzA．

三、感知技术的应用案例

（一）基于位置感知的泛在学习

iKnow 英语辅助学习软件是利用位置服务技术和情境知识建模方法设计开发的（见图 6-21）。与其他学习软件的不同之处在于，该软件弱化了学习资源建设本身，突出了情境感知和社会关系网络功能，以“实际问题求解”为向导，其中的知识地图内容就是围绕学习者位置情境和实时学习需求而构建的。iKnow 英语辅助学习软件的主要功能有情境感知微学习、学伴、个性化知识推送、英语知识的共享交流等。

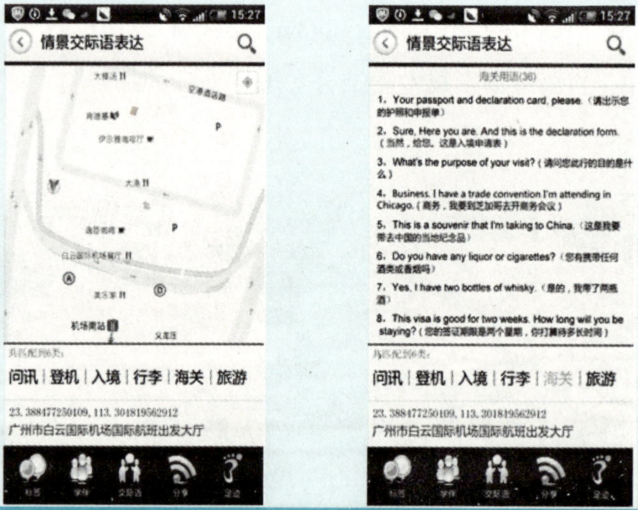

图 6-21 iKnow 英语辅助学习软件

2014 年度教育部人文社会科学研究项目“微学习环境下基于位置的个人知识服务研究”提出了一个情境感知微学习流程（见图 6-22）[①]。在这个流程中，项目研究者基于知识本体构建、情境信息分类等技术，实现了支持位置情境感知

① 廖宏建，曲哲．基于 LBS 的情境感知微学习系统设计与应用[J]．现代教育技术，2014，24(8)：92-99．

和语义查询的微学习系统原型，较好地满足了用户在具体生活情境中需即时获得英语交际表达语的需求。

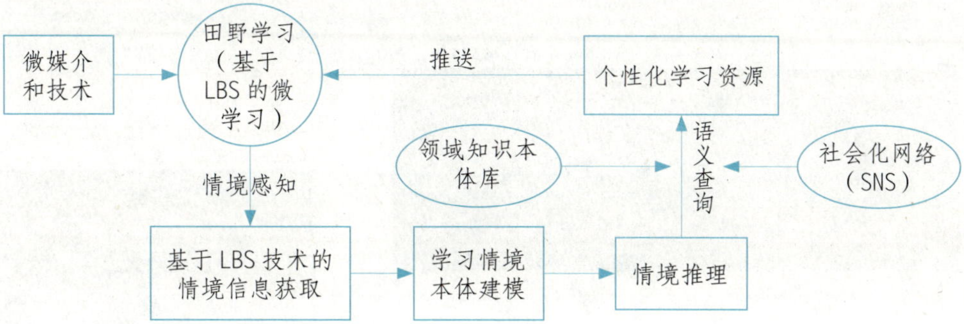

图6-22 情境感知微学习流程

（二）残障辅助输入

2014年，英特尔发布了针对残障人士开发的交互系统工具包——辅助情境感知工具包（Assistive Context Aware Toolkit，ACAT），为全球300万四肢瘫痪和运动神经元病病人的计算机输入提供很好的解决方案。该技术最初是为物理学家霍金定制开发的，随着技术的成熟，英特尔将其封装成开源工具包，以供开发者使用。这个工具包根据文字输入的情境，结合人体面部表情识别，提供高效的文字输入功能，演示效果如图6-23所示。

（三）应用于幼儿教育

近日，一股将体感技术应用于教学的产业热潮日渐兴起。在2015年的国际消费类电子产品展览会上，我国体感产品厂商新节奏智能科技有限公司展出了大量的体感产品。该公司推出的体感教育产品以体验式学习理论和自身认知理论为基础，采用体感操控技术、3D技术和增强现实技术，将学生在学前教育和小学教育阶段无法直接体验但又十分重要的知识和实践用接近真实的三维场景呈现出来。在数十所幼儿园的大量课堂教学实践表明，“N-show体感教育产品”适合于幼儿园、小学等教育机构的辅助教学，能够帮助老师以一种直观、互动、有趣的

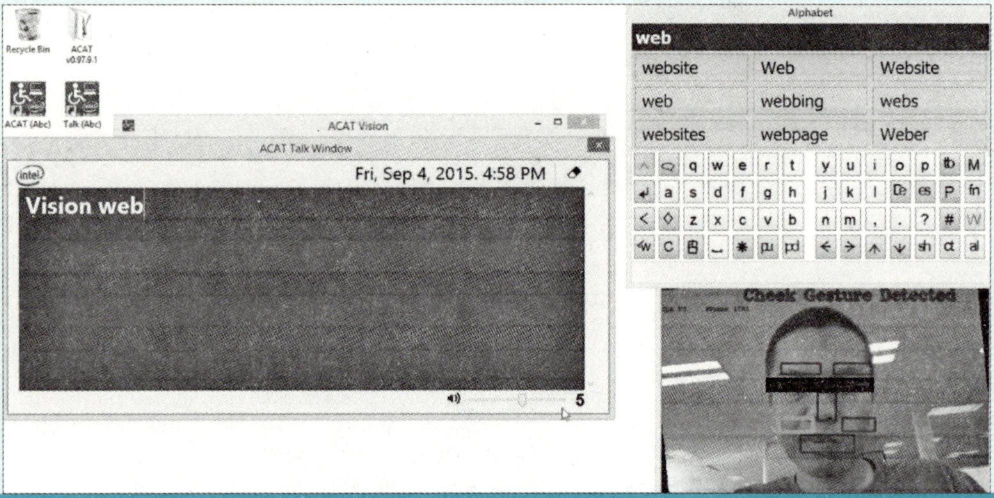

图 6–23 辅助情境感知工具包演示效果①

方式，讲解传统教材教具难以表达的科学、安全、思维逻辑等知识，提高孩子学习的兴趣和专注度。例如："N-show 体感教育"中的《遇上陌生人》课程，以 3D 技术模拟出各种真实的三维场景，教导孩子识别和拒绝各种拐骗小孩的伎俩，增强自我保护意识；《乘坐手扶梯》《安全过马路》《地震》《火灾》等安全知识课程，则让孩子以第一人称方式，通过情景式、沉浸式的互动体验，学习安全常识和灾难应急的方法。近百名 4～12 岁儿童接受了 N-show 体感安全课程的学习和测试，结果表明体感教育方式比传统教育方式更能加深孩子对安全知识的记忆，提高孩子的安全意识，增强孩子的自我保护能力。②

体感教育产品将体感技术和教育内容完美结合，通过所有孩子都喜欢的游戏方式传播知识，极大地提高了孩子的学习兴趣，启发了孩子的心智，使孩子的科

① Intel. ACAT demo[Z/OL]. [2015-10-16]. https://01.org/sites/default/files/documentation/acat_vision_webcam_trigger.mp4.

② 新节奏智能科技. 体感教育[EB/OL]. [2015-10-16]. http://www.nshow.cn/about-product-edu.jsp#238dh.

学知识、行为习惯和身体素质得到均衡发展。这种全新的情景式、沉浸式、交互式的学习方式，突破了传统教育方式和教学工具的局限，通过寓教于乐的形式激发学生的潜力，让学生真正成为教学中的主体。其他厂商也推出了类似产品。例如，《HEYHA 安全课》（见图 6-24）通过系列体感安全课程培养幼儿的安全意识和安全行为习惯，锻炼他们的自我保护能力。该课程内容来自于与幼儿生活息息相关的方方面面，目前包括《如何安全过马路》《一起去滑冰》《小心井盖》和《快来刷刷牙》四个部分。课程以朗朗上口的儿歌形式将课程中的知识点展现给幼儿，并通过相关的体感游戏加以巩固，使幼儿在游戏的同时增加了对安全知识内容的了解与掌握。很多意外伤害来自于幼儿的好奇心，该课程的学习既能让幼儿树立起安全意识，又不抑制幼儿的好奇心，有利于减少和避免儿童意外伤害的发生。①

图 6-24　《HEYHA 安全课》示意图

① 嘿哈科技. HEYHA 安全课课堂版[EB/OL]. [2015-10-16]. http://www.heyha.com/html/product/pm1/as1/23.html.

（四）应用于特殊教育

当前，国内的手语教学存在一些需要克服的困难。首先是差异性，手语分成自然类手语和文法类手语两大类。自然类手语是聋人根据该地区的表达习惯，约定俗成的一种大家都认可的手势表达方式；文法类手语又称为中国手语，是我国推行的一种统一的手势语言。然而当前的手语教学带有明显的地方性（方言、方音性），中国手语作为一种手语界的“普通话”，其表达方式还没有普及到全国，各个地区会用各种不同的手语表达方式来描述同一种事物，甚至在教师教学时也会出现姿势多样、不到位等问题。其次是教学的单调性，目前手语教学主要依靠教师亲手表达或录像教学的方式来进行，但是这种授课方式在手语学习的方便性、教学信息的反馈，以及人力和物力需求方面存在各种各样的不足。

具有交互特性的智能化的手语教学系统是解决上述问题的有效手段。2014年，华东师范大学祝智庭教授课题组创建了一个基于 Kinect 的手语录入和识别系统。在该系统中，教师可以通过 Kinect 对部分手语进行实时录入，并且组建手语学习活动，发送给学生进行学习。学生在 Kinect 前展示手势信息（见图 6–25），

图 6–25　通过 Kinect 展示手势信息

计算机可读取识别学生的姿势并给以反馈信息，协助教师进行手语学习活动的数据分析，以更好地促进手语教学。[①]

四、感知技术对数字教材与电子书包发展的启示

在数字教材和电子书包中加入具有感知能力的教辅资源，将极大地提高学习体验。从情境感知技术来看，目前的学习以学生主动学习为导向，但主动学习往往不能在合适的情境下开展，效果也不佳。例如，对于英语学习，现今有大量的背单词软件和口语软件，如知米听力、百词斩、扇贝单词等，它们以辅助用户记单词或熟悉口语为主要功能，利用联想记忆、图片记忆、记忆周期等各种技巧来提高单词记忆效果，但相对来说，这种学习方式和内容还是较为缺少现实感。相关学者研究发现，情境认知已成为一种能提供有意义学习并促进知识向真实生活情境转化的重要学习理论[②]，前文所述的基于位置感知的英语学习软件就是走情境感知支持学习的技术路线，为用户提供了完全不一样的学习体验。

另一方面，2010 年至 2015 年的《新媒体联盟地平线报告》连续多年将“基于游戏的学习”（game-based learning）列为未来二至三年内的重要技术，而体感技术天然具有使学生沉浸和参与情境的技术基础，是开发基于互动游戏的教学资源的关键技术。基于体感技术开发基于游戏的互动教育软件是未来的发展趋势。未来的电子书包可以嵌入类似 Leap Motion 的微型体感技术，从而支持在电子书包中部署具有体感交互能力的学习资源和应用。这在技术上都是可行的，如惠普已经推出了嵌入 Leap Motion 的键盘，而在商业模式上，也有 App Store 作为借鉴，其典型模式如图 6-26 所示。

① 张诗潮．基于 Kinect 的手语教学系统设计研究[D]．上海：华东师范大学，2014．
② 高文．情境学习与情境认知[J]．教育发展研究，2001(8)：30-35．

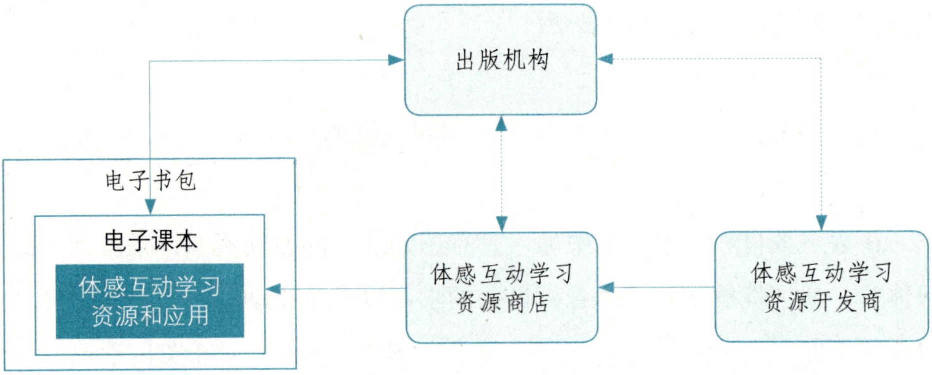

图 6-26 数字教材（电子课本）与电子书包中体感互动资源应用模式

第七章 研究总结与展望

第一节 研究总结

一、综述

本报告第二章至第五章，对数字教材与电子书包的发展现状进行了较为全面的梳理，第六章探讨了当前已有的未来可能应用于数字教材或电子书包的数字教育新技术。从总体上看，随着移动互联网技术和产品的快速发展，数字教材与电子书包已具备高速发展的基础，愈发被出版和教育信息化企业、教育行政管理单位、教育科研单位及广大中小学校重视，各类产品和各类应用实验或试点也层出不穷。与2002年前后的昙花一现相比，当前数字教材与电子书包呈现出良好的发展趋势。但与快速发展相对应的，数字教材与电子书包的发展瓶颈也是比较明显的。可以认为，当前数字教材与电子书包的发展正处于从起始阶段到重点攻坚阶段的过渡期，数字教材、数字资源和电子书包终端中存在的部分发展瓶颈和需要重点攻坚的问题已逐渐清晰，而电子书包学习服务等方面则还处于起步尝试的阶段。基于当前的实际发展水平，对发展瓶颈的重点、难点进行攻关，应该成为数字教材与电子书包各项工作的主要目标。

当前，数字教材与电子书包的发展在产品、应用、理念、技术等多个方面已取得了一定成果。在产品研发方面，数字教材与电子书包的各类产品研发势头迅猛，众多企业已研发形成数十种数字教材与电子书包产品，整体上呈现出百花齐放的局面。已经形成的各种产品各具特点，体现了产品研发企业对数字教材或电子书包终端、学习服务平台的独到思考。这些基于产品的思考、设计以及不同的产品形态，将成为未来数字教材与电子书包改进升级的重要基础。基于已开发的各类产品，相应的教学应用实验也在多地开展，目前全国进行数字教材或电子书包实验的学校已超过千所。这一方面表现出教育研究、管理机构和中小学校对数字教材与电子书包成为教育信息化发展方向的认同，另一方面也体现了产品研发企业对产品实用性的重视。通过大量实验的开展，一些成果和问题逐渐显现出来，为将来数字教材与电子书包的进一步发展提供了依据。

在理念方面，相关的学者和企业都已经开始重视技术、教育、出版等领域的融合问题。目前已有来自各领域的研究者从教育理论、出版模式、技术实现、产品设计与开发等不同方面研究数字教材与电子书包，并取得了相当数量的有价值的成果，其中部分成果已体现出了多领域融合的特点。在技术方面，各种已经成熟的移动互联网技术纷纷被应用于产品开发中，并衍生出了部分针对基础教育学生或学习特点的新技术专利。数字教材等内容资源的技术升级方向也趋于明显，HTML5、ePub 3.0 等更适用于移动互联网的技术被越来越多地应用于内容资源开发。大数据、知识图谱、虚拟现实、增强现实、人工智能等新技术开始进入教育领域的视野，相关技术储备已开始进行，并有可能在不久的将来应用于数字教材或电子书包产品中。

在取得成绩的同时，当前数字教材与电子书包的发展也存在一些比较明显的问题。首先，与数字教材、电子书包相关的理论研究欠缺，特别是在相关的教育信息技术理论与课程、教学理论的综合研究方面存在较大空白。理论研究的不足也导致了各类产品的设计、开发缺少理论指导，易走弯路。其次，尽管当前在数字教材与电子书包的产品研发和应用实验中已经开始强调技术与课程、教学深度融合的重要性，但在实践工作中，体现深度融合的创新性工作尚未出现。当前数字教材与电子书包的研究与实践仍主要是以技术为导向，多数产品的研发过程中虽有教育方面的内容或设计，但未能与技术形成深度融合。最后，数字教材与电子书包在教学实验中尚未体现明显的效用，未能实现某学习环节效率的明显提升，或某些学习效果的显著提高。当前所进行的各类应用实验也缺乏对学习效果的测量，或对学生整体技术素养的实证性研究。此外，从产业角度看，无论是数字教材还是电子书包，都缺少清晰的业态模式，可持续的产业发展趋势也尚未形成。

二、数字教材的发展现状与存在的问题

本报告第二章、第五章的相关研究表明，我国基础教育阶段的数字教材从本世纪初到现在已发展了十余年，当前数字教材的研究与实践已从起步阶段逐渐向攻坚阶段过渡。数字教材产品的富媒体化、数字教材的技术和出版标准研制，以及数字教材中显现的技术与教育、技术与出版的初步融合是前一阶段数字教材研究和实践发展的主要成果。当前已有许多出版单位和信息技术企业在尝试进行数字教材的设计与开发，并形成了多种类型的数字教材产品，本报告中所列举的三种数字教材类型和十一个数字教材产品案例是其中的典型代表。在研发产品的基础上，各数字教材设计、开发单位也在积极进行数字教材应用实验，已开展的实验总体上具有一定规模。目前与数字教材有关的技术研究和技术标准研究取得了一定成果，HTML5、ePub 3.0 等新技术被引入到数字教材的设计开发中，基于这些技术，一些具有创新价值的新标准也已形成。从研究者角度看，教育、出版、信息技术等领域的研究人员均开始关注数字教材，正在逐渐形成综合性的研究者群体。各类研究产出的成果也从早期以数字教材开发技术类为主，逐渐发展为围绕数字教材设计开发、出版模式、教育应用等方向的多元状态。这些情况都表明，数字教材目前已超越了起步阶段水平，开始进入一个新的发展阶段。

但另一方面，数字教材与电子书包目前处于“开发实践在前，理论研究滞后；教学实验在前，有效应用滞后；产品推广在前，产业发展滞后”的状况，还存在诸多明显的问题与不足，其中较为典型的包括与数字教材有关的理论研究缺失、数字教材中技术与教育的融合层次较浅、缺少系统规划的应用实验、没有形

成有效的教学应用模式等。从研究角度看，以数字教材为对象的理论研究仍是空白，特别是针对教育、技术、出版融合的理论研究少有人触及。传统教科书的编写、出版、应用是以课程论、教学论等为基础，已经形成了教科书理论体系，这些理论对实践有重要的指导作用。而在数字教材方面，理论研究的不足导致了各类产品设计、开发缺乏必要的理论基础和理论指导，进而使产品的教育性、实用性等方面容易产生缺陷。从产品设计和开发角度看，现有的数字教材案例中普遍存在技术和媒体的应用与学科课程、教学之间缺少融合的问题。尽管现有的数字教材标准化研究已取得一些研究成果，但其对开发具有实用性的数字教材的指导性尚有不足。数字教材中技术和媒体手段的引入改变了教材内容的呈现方式和教材使用时的交互方式，但这种改变是否基于技术、媒体与课程、教学的深度融合，是数字教材能否有效（包括效率和效果）应用的关键。尽管当前学者已开始从教育、出版、技术、产业等多个角度研究数字教材，但主流的研究方向仍是技术导向的，融合性研究和设计仍然缺乏。从应用实验角度看，目前的数字教材应用实验普遍处于较低水平，甚至很多实验只是“产品试用”。从实验的设计、实施、结果等方面看，少有实验能达到实证水平。实验水平较低，加之前文所述的理论研究和融合设计不足等问题的存在，易导致数字教材的实际应用效果不佳。

三、数字资源的发展现状与存在的问题

国内数字化教育资源的研究与开发由来已久。经过多年的积累，教育领域内的数字资源总体数量已达到了一定规模，数字资源已成为基础教育教学资源体系的重要组成部分。可以认为，最初的数字资源建设、积累阶段已经过去，基本满足基础教育教学需要的数字资源体系已初步建成。[①]整体上看，基础教育数字资

① 规划编制专家组.《教育信息化十年发展规划（2011—2020年）》解读[M]. 北京：人民教育出版社，2012：15-21.

源的发展已由“重建设”逐渐转向“重应用”的新阶段。

2013—2015年，国家教育行政部门主导了多项数字资源建设项目，进一步开发、汇聚了大量数字资源。各地的“三通两平台”工程也进入到了“优质资源班班通”的全覆盖推进阶段。除了资源建设外，各类教育资源公共服务平台的建设也初具规模。国家教育资源公共服务平台已上线运营，各省的省级教育资源公共服务平台、企业提供的各类教育资源公共服务平台也都逐步建成，投入使用。“教学点数字教育资源全覆盖”项目有效促进了教育公平。在研究领域，用于教育的数字资源标准体系研究已基本完成，相关标准也已颁布实施，并对数字资源、资源库、资源平台的建设起到一定的指导作用。2014年各地的“一师一优课、一课一名师”项目的相继启动，标志着当前数字资源的关注重点开始从建设转向教学应用。

正如《教育信息化十年发展规划（2011—2020年）》所说，尽管当前基础教育阶段的数字资源建设已取得了非常可观的成绩，但仍面临一些突出问题，距离教育信息化的发展目标也尚有差距[①]。首先，数字资源整体上还存在“三多三少”的问题，即：数字化的资源多，但真正可利于提高教学的优质数字资源少；基于传统教学模式的资源（如文本、图片、简易电子书等）多，但适合信息化环境下教学应用的（多媒体、交互性等）资源少；适合个别应用（个别课堂、个别学科、个别教师）的资源多，而配套新课标、系统开发、适合普遍化应用的基础性数字资源少[②]。其次，数字资源的建设、准入和保障机制在创新方面还面临挑战。2013—2015年，多种新机制被应用于数字资源项目，如本报告中所提及的重点资源建设、征集、汇聚项目等，但新机制的效果还不够明显。最后，数字资源的建设与应用当前面临着学习环境从固定（如PC）到移动（如平板电脑）的变革。过去十余年积累的数字资源主要是应用于PC、电子白板等固定设备的资源，而

① 规划编制专家组.《教育信息化十年发展规划（2011—2020年）》解读[M]. 北京：人民教育出版社，2012：24-27.

② 王志刚. 优质数字教育资源：学与教变革的基础[J]. 中国电化教育，2014(11)：7-9.

近年来随着电子书包的兴起，移动数字学习终端和移动互联网对数字资源提出了新的要求，过去开发和积累的数字资源无论在技术还是应用方式上都面临革新，这也使未来的数字资源建设面临挑战。

四、电子书包终端的发展现状与存在的问题

继2010年iPad兴起后，平板电脑作为一种实用性较强的移动式数字智能终端开始被人们普遍接受，并成为主流的移动数字设备之一。随后几年，平板电脑发展迅猛，各项硬件及iOS、Android、Windows等操作系统都在不断升级。目前，我国市场上已经产生了各种规格（包括不同的屏幕尺寸、操作系统、性能和附属功能）的平板电脑。教育行业内多数的学者、教师和管理人员也认为，平板电脑可能是电子书包终端的首选硬件类型。

2013年以来，相当数量的硬件厂商开始尝试将平板电脑作为电子书包终端产品引入基础教育领域。部分平板电脑厂商开始面向基础教育课程、教学、教师和学生的特点，在平板电脑中集成各类教学资源或教学应用软件。少数厂商甚至尝试针对未成年人的生理、心理特点，研发出满足教育教学特有需求的电子书包终端功能，如本报告第四章中所提到的E人E本的原笔迹书写、101同学派的屏幕亮度自动调整等。关于电子书包终端的一些宏观研究也在近年出现，主要集中在电子书包终端标准化、电子书包终端在数字化教学环境中的一般作用或实用价值探讨等方面。电子书包终端除了其固有的平板电脑身份外，也开始作为一种教学仪器或教学工具被纳入基础教育研究范畴中。截至2015年，一些学校或地区教育信息化管理机构也在尝试在课堂教学或课外学习中使用电子书包终端，实验范围正在逐步扩大。总体来看，平板电脑的出现使电子书包在终端硬件方面产生了飞跃，加之平板电脑在日常生活中被人们普遍接受和应用，因此人们对这类电子书包终端有所期望。但相对于数字教材、数字资源，平板电脑作为电子书包终端进入教育领域的时间较短，需要研究和提升的地方也相对较多。

电子书包终端的研究与实践，目前还是以技术方面的探索为主，较为缺乏基于课程、教学层面的深入思考，距离达到软、硬件技术与教育教学的融合阶段尚有一定距离。当前电子书包的类型较多，不同类型间的软、硬件功能与性能差别较大，尚没有形成一套公认的、适用于基础教育的电子书包终端软、硬件功能配置或性能参数。电子书包终端的标准化研究也主要偏重技术，还未能深入融合教育教学。电子书包终端作为一种硬件工具，本身对教与学活动没有支撑作用，必须通过集成各类学习资源、教学应用来实现其价值。而目前关于电子书包终端中到底应该集成什么样的资源或教学应用的研究尚有不足，未形成令人信服的结论。电子书包在对学生视力的影响、使用的安全性与合理性、对深度学习的支持，以及性价比等方面也还存在一些争议。虽然目前已有不少学校尝试采用学生人手一台电子书包终端的形式进行各类教学策略、教学模式的创新实验，但总体来看实验效果不明显，新教学模式也没有被普遍接受，只能说这方面的研究和尝试仍应继续深入和探索。

五、电子书包学习服务与电子书包产业的发展现状与存在的问题

基于第五章的研究，当前电子书包学习服务的发展仍处于起步阶段。与数字教材、数字资源和电子书包终端相比，电子书包学习服务在理论研究、产品研发和应用实践等方面的成熟度都比较低。当前的电子书包学习服务模式主要以电子书包终端和电子书包学习服务平台为基础，提供以数字教材为代表的各类数字化内容服务和具有某类学习功能的软件应用（包含一些软硬件结合的情况）服务。电子书包学习服务平台以校内的电子书包教学系统为主，以部分地区建有的区域级学习服务平台为补充。基于对已有电子书包学习服务案例的分析，目前电子书包学习服务平台提供的内容服务及功能服务繁多，支持的教学应用模式也各有不同，其中多数产品正处于试用实验阶段，基于学习服务的电子书包应用模式仍在探索中。此外，关于电子书包服务的标准化研究也处于起步阶段，目前的主要成

果是形成了电子书包学习服务的基本框架，并对电子书包学习服务的类型和应用场景做了分类。

由于电子书包学习服务整体处于起步阶段，并且其发展水平受到数字教材、数字资源和电子书包终端发展的制约，因此相比之下电子书包学习服务存在的问题也较多，且很多问题在短期内也不易得到解决。从电子书包学习服务的研究和开发角度看，目前能够见到的学习服务类型很多，但却缺少系统性。学习服务的使用目的不清晰，实用效果也缺乏验证。各种电子书包学习服务平台设计还缺少理论指导。

电子书包终端和电子书包学习服务平台的功能设计本身也具有许多难点，一方面功能不足必然无法充分支持教学应用，另一方面功能过多则会增加应用难度。现有的各类电子书包学习服务平台普遍追求功能全面，但对于教师和学生来说，这反而增加了使用和操作的难度，尤其是使得教师的备课效率有所降低。如何寻求功能全面与使用便捷两者之间的平衡点，哪些功能是必需且重要的，甚至能否研制出具有定制功能的电子书包服务平台等，都仍需要进一步研究与尝试。在实用方面，多数电子书包学习服务模式没有进入常态化应用阶段，虽有少量实验尝试常态应用某些电子书包学习服务功能，但实用效果并不明显。在集成整合方面，电子书包终端、电子书包学习服务平台与数字教材等内容资源由于彼此之间的关联互动方式尚不明确，无法形成一个有效的整体服务。在标准化研究方面，电子书包学习服务平台与电子书包终端、内容资源的标准对接接口尚欠缺研究，这导致了多数学习服务平台只能有效支持特定电子书包终端和特定内容资源，无疑给实际应用带来了一些不便。

在电子书包产业发展方面，由于目前电子书包在基础教育中的应用仍处于试点阶段，并且没有产生显著的实用效益，因此电子书包产业的整体发展仍处于起步阶段。从基础教育市场的采购情况来看，尽管从 2013 年到 2015 年，电子书包试点的范围有所扩大，学校和学生数量都有明显的增加，但由于数字教材、电子书包终端、电子书包学习服务等层面存在的各种问题，短期内电子书包的应用仍无法从试点走向普及，这也就意味着当前电子书包的产业发展仍未脱离以试点学校市场为主的起步阶段。同时，由于电子书包系统自身的复杂性，其商业模式中涉及内容、硬件、软件、平台等诸多方面和诸多利益相关者，因此当前的电子书包产业并没有形成一个相对清晰的商业模式。相比之下，尽管数字教材的市场规模目前较传统的教科书、教辅材料还有很大差距，但数字教材作为一种基础教育核心数字资源还是具有比较清晰的商业模式的，即以传统教科书的商业模式为样本。由于目前数字教材在研发、应用方面还有若干难点尚未突破，因此产业发展受到了一定限制。但是，一旦能够通过相关研究、开发和应用实践突破这些难点，那么数字教材产业发展的前景还是比较乐观的。

六、数字教育新技术的发展现状与存在的问题

本报告第六章选择了四类可能应用于数字教材与电子书包的新技术进行了分析（这里所说的“新技术”是相对当前数字教材与电子书包已有技术而言，对其他行业来说不一定是新技术）。信息技术在近三十年始终处于高速发展态势，大数据技术、知识图谱、体感技术等技术已发展到相对成熟的阶段，在许多行业得到应用，并已形成显著的效益。Tin Can API 技术标准是因应当前互联网特点而出现的新一代教育信息化技术，虽然并未像其他技术一样已成功应用于其他行业，但从实用角度看，Tin Can API 技术未来在教育领域中应用的方式和效果却更为明显。总体而言，教育领域对新技术的采用往往滞后于其他行业，通常是一项技术在其他行业已形成了成熟应用之后，才被引入到教育领域。但即使如此，考虑到当前整个社会的发展速度超越了以往任何时代，因此对新技术的关注仍是有必要的。

从《新媒体联盟地平线报告》等研究的结论上看，新技术应用于教育领域并产生实际效果的情况远低于信息技术（包括教育信息技术）领域专家的预判。有相当多的新技术被专家认为早该对教育产生巨大影响，但实际上却还远未达到应

用状态。与这一现象相一致，当前在数字教材与电子书包中引入各类新技术的尝试也相对较少。新技术引入的关键仍是技术与教育的融合问题。新技术在教育领域产生效益的方式并不显然，以大数据分析为例，在互联网传媒领域，大数据分析可以一定程度上（或者说从概率上）判断用户对新闻、商品、娱乐等信息的喜好，并成为订制内容传播的依据，这一依据的可靠度高于传统的传播效果判断方式。但在基础教育领域，类似上述方式得到的基于学生在线学习行为和在线测验成绩的大数据分析结果并不具有足够的准确性，与教师的主观经验判断相比，大数据分析结果的可靠性较低。类似的情况在许多新技术被引入基础教育领域后都可能出现。此外，多数在其他行业中可以直接应用的技术，在教育领域由于教育信息高度复杂，必须进行改进后才能有效使用，而改进方式则依赖于技术与具体的课程、教学的融合。可见，尽管本报告选择进行分析的四类新技术都与教育相关，但真正要将它们应用于数字教材与电子书包，还需要做多方面的研究工作。

第二节　研究展望

一、数字教材与电子书包的发展趋势

通过对近年来数字教材与电子书包研究与实践的发展状况和现存问题所进行的分析，我们可以总结出数字教材与电子书包未来发展的一些趋势。总体来说，伴随整个社会中移动互联网的发展，数字教材与电子书包将成为教育现代化发展的重要方向。教育学基本原理认为，教育受社会的政治、经济、科技、文化条件制约，而又反作用于政治、经济、科技、文化。当社会整体步入移动互联网时代后，教育也不可避免地要向这个方面前进。具体而言，从现有的发展状况和问题来看，数字教材与电子书包在未来数年需要着重于五个方面的发展：数字教材与电子书包的研究将逐步综合与深化，数字教材与电子书包应用中将更多地体现教

育与技术的融合，相关的管理将更加规范化与标准化，一些新技术将被引入数字教材与电子书包的设计、开发中并产生实用效果，电子书包的产业将逐渐形成清晰的业态模式。以下将对这五个方面进行一些简要探讨。

在数字教材与电子书包的研究方面，目前多个角度的宏观研究已在开展，但综合研究与深层次研究尚未形成。未来的相关研究工作将基于综合研究和深层次研究，形成更具理论高度、系统性和实用性的一系列新成果。在学科领域方面，围绕教育、出版、计算机技术、软件工程等多个专业，将由各领域专业研究人员与跨领域复合研究人员共同促成综合性的研究成果。在应用研究方面，将整合开展数字内容资源研究、电子书包终端与服务研究，以及教学应用研究，通过综合研究将当前较为分散的研究工作结合在一起，形成更具系统性、实用性的研究成果。深层次研究则需要在综合研究的基础上，深入细节、深入理论，特别是对现阶段数字教材与电子书包发展中存在的重点问题的攻坚研究，将对教育信息化和数字出版行业产生重要影响。

在数字教材与电子书包的产品开发与教学应用方面，技术与教育的融合性仍有待提高。基于综合研究的成果，未来数字教材与电子书包需要在产品设计中更多地体现技术与课程、教学的融合特点。与现在讨论的浅层次的宏观融合不同，未来信息技术与教育的融合将主要表现在课程融合方面。在基础教育领域中，一则课程对教学有约束与指导作用，二则不同学科课程的知识内容与教学方式各具特点，对信息技术的需求也不一样。因此，信息技术与教育的深度融合首先需要建立在技术与各学科课程的融合上。具体而言，就是在把握各学科的课程目标的基础上，对课程内容进行深入分析，逐一设计课程内容与信息技术的结合方式。甚至可以认为，在数字教材与电子书包的产品中，信息技术能否与课程实现深度融合，是产品能否具有实用价值的关键。

从教育管理层面看，数字化内容资源与移动学习设备进入中小学校还缺乏必要的管理依据，数字教材与电子书包的标准化研究对实践的指导意义尚显不足。当我们在中小学校教育中引入数字教材或电子书包以后，教学（或课程）的内容、师生的教学活动行为、信息技术对学生学习结果及身心发展的影响、教学管理的方式等都可能发生转变。面对这些转变，为了能够保障学校教学活动的正常秩序，相关管理者或管理单位需要探索制定出新的管理办法。同时，为了让数字教材或电子书包能够真正对学生的学习和身心发展起到积极的作用，尽量避免产生负面影响，还应该建立一系列的数字教材与电子书包审定、评估、准入机制。在标准化研究方面，需要将标准的研制重心从技术层面转到课程与教学应用的层面上来，并使其对未来数字教材与电子书包的产品开发、教学应用、教育管理更具指导价值。

技术进步是教育变革的动力之一，这对于数字教材或电子书包来说就显得更为重要，其发展必然会不断引进新技术。与当前的新技术引入模式不同的是，未来数字教材与电子书包引入新技术的思路将越来越注重融合理念。例如：通过系统、深入地分析教学需求，形成技术的改进需求；通过技术改进，使各类新技术更适应中小学的教学实践；通过新技术手段，解决当前数字教材与电子书包发展所遇到的各种应用问题。

站在数字出版的角度，电子书包作为基础教育学习资源数字出版的一种重要模式，最终仍要形成一种新的数字教育出版业态。相对而言，数字教材作为一种课程内容资源，只要能够确实起到教学效果，那么要形成产业模式是较为容易的。而对于电子书包来说，由于其涉及内容、硬件、平台、服务，以及价格、应用、管理等诸多方面，新业态模式的形成则会有一个较为复杂的过程，也可能需要较长时间。

二、电子书包产业的发展机遇

本报告所探讨的数字教材与电子书包的当前发展状况和发展趋势，预示了未来几年中电子书包产业的发展机遇。从大环境看，互联网正在对社会各个领域产生重大影响。当今时代，以信息技术为核心的新一轮科技革命正在孕育兴起，互联网日益成为创新驱动发展的先导力量，深刻改变着人们的生产生活，有力推动着社会发展[①]。将互联网的新技术、新成果与社会各个领域进行深度融合的“互联网+”，已成为当前最受瞩目的经济发展热点之一，也已在零售、交通、金融、通信、传媒等领域呈现出革命性影响。随着互联网与各行业的融合发展成为一项重要的国家战略，“互联网+”的进程会进一步加速，未来几年互联网在公共服务领域的作用将会显著增强。基础教育作为公共服务的重要组成部分，通过引入互联网进而加大现代化发展步伐也必然是大势所趋。在这种大环境下，数字教材与电子书包必然会获得前所未有的发展机遇。

在教育领域，尽管当前政府机关、相关企业、教研机构和中小学校都充分重视互联网即将对基础教育带来的变革，但正如传说中的“乔布斯之问”那样[②]，互联网与基础教育的融合难度远大于其他行业。多数行业中，只需要引入互联网思维和技术，改变原有的信息流，就可以实现融合与变革。而在教育行业，教育信息本身的复杂性以及学习者对教育信息（主要是知识信息）的预期认知深度，要远超于其他行业。这就意味着，互联网与教育的融合既是挑战也是机遇。尽管在以数字教材与电子书包为代表的各种教育信息化产品中，信息技术与教育的有效融合方式尚待进一步发掘，无论研究还是产品研发确实都面临挑战，但从教育发展来看，信息技术与教育深度融合的大趋势不可阻挡，由信息技术引发的教育变革将使我国的基础教育有机会实现“弯道超车”，缩短与发达国家基础教育的差距，甚至引领全球的教育发展。

近年来我国的中小学生总数维持在1.8亿左右，由数字教材与电子书包引发的教育变革不仅具有巨大的社会效益，同时也蕴含着可观的市场潜力，有可能成为出版产业和信息化产业新的经济增长爆发点。如本章中多次提及的，数字教材

① 新华网．习近平致首届世界互联网大会贺词全文[EB/OL]．[2015-10-16]．http://news.xinhuanet.com/live/2014-11/19/c_127228771.htm．

② 桑新民，李曙华，谢阳斌．“乔布斯之问”的文化战略解读——在线课程新潮流的深层思考[J]．开放教育研究，2013，19(3)：30-41．

与电子书包的产业发展是必然趋势，而产业的发展速度与发展水平则取决于未来数字教材与电子书包在基础教育中的实用效果。一旦具有较好实用效果的数字教材与电子书包产品及应用模式产生出来，与基础教育相关的各类产业即会面临重整。一方面是部分传统的课程资源和学习工具会淡出市场，另一方面是新的市场格局会逐渐形成，数字教材与电子书包可能形成多层次的产业模式。在未来，以数字教材为代表的基础性资源与基础性教育信息化服务很可能由国家提供，数字教材作为信息化学习环境中承载国家意志的基础性数字教育资源，极有可能被纳入教科书范畴，形成类似纸质教科书的业态模式。在统一标准的前提下，各类电子书包终端（主要指各类不同性能与价位的电子书包终端）将成为一种常见的学习工具走入家庭和课堂，学生基于电子书包还能购买各类个性化学习服务。而相应的，由于市场格局的改变，部分传统学习资源和学习工具的市场则可能受到强力的挑战。

三、数字教材与电子书包的发展重点

基于前面的讨论和分析，本报告从理论探索、标准研究、内容研发、技术创新和应用实验五个方面，提出了未来几年数字教材与电子书包的重点发展方向。基于当前的发展阶段特点和已有的研究实践基础，本报告认为数字教材理论体系研究、规范数字教材管理模式、数字教育资源体系建设、电子书包技术创新和数字教材与电子书包的教学应用模式探索五个方面，将有望在未来几年取得突破，并为数字教材与电子书包进入下一个发展阶段提供重要支持。

（一）数字教材理论体系研究

各教科书出版单位的数字教材研发工作在当前均面临瓶颈，数字教材的发展在整体上呈现出“实践先行、理论滞后”的局面。与纸质教科书的编写开发不同，数字教材的研发并没有成功案例可参考，容易在研发方向上产生困惑。因此，研究形成数字教材的理论体系并使其对研发实践进行必要的指导，是一项十分重要的工作。

令人可喜的是，数字教材的理论研究工作已具有了一定的基础。首先，当前部分学者已经开始对数字教材进行理论层面的研究探讨，并且形成了初步的研究成果；其次，课程论、教学论和教科书编写理论（教材论）都是相对成熟的理论，存在许多可被数字教材理论研究直接借鉴的地方；最后，已有的各种数字教材产品在教学应用方面虽未能取得显著成效，但作为理论研究的分析案例仍是具有价值的。对数字教材来说，理论与实践两个层面共同推进、相辅相成，是较为理想的发展方式。鉴于当前理论研究滞后的现状，加强理论研究、弥补现存短板是一个比较明显的重点研究方向。

在研究形成数字教材理论体系时，需要以多领域的融合作为研究工作的核心理念。数字教材的本质是教育资源，但又具有信息技术和出版的属性。数字教材的理论研究应立足于课程、教学理论，结合各学科的具体情况融合信息技术，并将出版传播理论中有关的原理、概念也纳入数字教材理论体系中。同时，数字教材的理论研究应坚持理论与实践相结合的思路，避免出现理论研究与实践工作脱节的情况。理论与实践应相互参考与补充，共同推进数字教材的整体发展。

（二）规范数字教材管理模式

基础教育在社会主义现代化建设中具有重要的战略地位，是科教兴国的奠基工程，对提高中华民族素质、培养各级各类人才、促进社会主义现代化建设具有全局性、基础性和先导性作用。因此，在信息化环境中，基础教育的数字教育资源建设不能脱离必要的管理。由于基础教育阶段的学生年龄小、自主判断能力较弱、易受外界信息影响，因此在数字教材内容如何保证教育性和科学性、如何反映课程中的国家意志和教育方针等方面均亟须建立相应的管理机制。

数字教材作为数字教育资源体系中的核心资源，理应列入管理范围，但数字教材自身内容与技术的复杂性却使得管理工作难以开展。纸质教科书和纸质教辅的内容都被印在纸面上，即见即得。数字教材的内容则由于其技术特点，往往是需要基于用户操作来呈现，即内容与交互相关联。目前，限于技术原因，审定工作只能对固定呈现的内容来进行，而对于交互型内容，由于输入、输出的关系复杂，审定者难以通过穷尽所有交互行为的方式对内容进行审查。数字教材若只有固定呈现内容而无交互，就成了本报告第二章中所说的静态媒体数字教材。这类数字教材由于只有阅读功能而缺乏教学功能，在实践中已被广泛认为是一种不太实用的数字教材类型。不难看出，数字教材是否具有交互性，在审定和实用之间存在着矛盾，而这也就带来了管理方面的问题。

为解决具有交互性的数字教材的可管理问题，需要在标准化研究的基础上规范数字教材的交互设置，使内容审查者可以通过交互规则了解数字教材中基于交互行为的内容是否正确。当前数字教材的标准化研究工作刚刚起步，信息技术领域和出版领域从各自专业的角度研究了数字教材标准，但已有标准尚未涉及数字教材管理中的关键问题。未来数字教材的标准化研究，除了侧重于进一步规范数字教材的定义、信息模型、元数据，还需要在内容与质量方面集中攻关交互性资源的格式与结构规范。本报告第六章探讨过的 Tin Can API 技术标准是一个值得尝试的研究方向。

（三）数字教育资源体系建设

传统的教学资源体系是以课程标准（或教学大纲）为导向，以教科书为核心建立的。各类教参、教辅、学习工具书等辅助性课程资源和考试用书、课外读物等拓展性课程资源均是围绕教科书编写开发的，并形成了具有层次性的资源体系。经过多年的教学实践，这样的教学资源体系已被证明是具有实效的。反观信息化环境中的数字教育资源，虽然它们经过近年的建设已达到相当可观的总量，但资源体系却一直没有形成。

较早时候的数字资源建设，以由碎片化资源构成的资源数据库的建设为重点，近年来由于资源库的应用效率不高，资源建设则逐渐转向数字教材的设计与开发方面。实践表明，缺少体系性的数字资源的实用价值并不高，这主要体现在资源与课程之间的关联不明确，易使师生产生“信息迷航”。近年来数字教材研发的兴起，从本质上看是为了尝试一种与课程结合的数字资源体系的建设思路，解决已有数字资源的应用效率问题。

从现有的实践经验与研究成果来看，围绕数字教材建立数字教育资源体系是一条可行的道路。数字教材本身是依据课程标准系统编制、开发的基础性教学资源，既反映课程标准的各方面要求，又可直接用于教学。在教学实践中，数字教材理应对教学的基本进程、基本内容、基本要求和基本方法有明确的指导性。基于数字教材，其他各类数字资源以数字教参、数字教辅、数字工具书、数字拓展资源等形式，对教与学过程中的其他需求进行补充。通过这种建设方式，数字教育资源体系的实用性将得到大幅度提高。

在建立中小学数字教育资源体系方面，未来应研究和尝试的重点仍在数字教材上。数字教材作为资源体系的核心，能够真正在信息化教学环境中起到类似传统教科书在教学中的作用，是建立数字教育资源体系的关键。当今信息技术的发展水平使资源之间的关联互通、综合应用已不存在技术难点，数字教材的研发一旦取得创新性突破，或许就能够快速盘活其他各类资源的研发与应用。

（四）电子书包技术创新

尽管目前电子书包终端与学习服务所采用的技术还普遍缺少教学针对性，但未来几年电子书包很有可能在技术创新方面取得突破。当前在电子书包应用过程中，用户能够明显感到存在一些需要进行技术优化的地方。例如，电子书包一般都会包含基于自适应评测技术的诊断系统，但这些诊断系统往往只能给出学生的做题过程及结果的数据统计，既无法对这些数据进行有效分析，也很难对学生的真实学业情况给出一个准确的评估。这一实例说明了当前电子书包中的自适应评测技术有待优化。

在电子书包中，无论何种新技术被引用进来，都应充分考虑基础教育课程、教学、教师、学生的特点。甚至可以认为，很少有技术是直接应用于电子书包后就能发挥实际效果的。对于电子书包来说，除了上述的自适应评测技术外，当前还存在若干需要进一步研究的新技术。本报告第六章中提及的知识图谱对基础教育来说是一项非常实用的技术。在基础教育阶段，知识之间的关联对于学生建构知识体系和解构各类问题都非常重要，但与本报告所介绍的百度搜索等应用中运用大数据方法构建知识图谱不同的是，基础教育阶段的知识图谱需要基于对学科课程和学科知识体系的分析研究来建立。电子书包所装载的学习内容以及学生的学习记录与纸质教科书、教辅相比稳定性较差，有时会因感染病毒、系统崩溃、操作不当等问题而丢失，这对学生的学习进程和学习效率影响较大。与之相应的，电子书包中应引入一种数据同步技术，将学生学习时的关键生成性数据进行同步的网络备份，通过这种方式消除学生使用电子书包的顾虑。

此外，近年来 HTML5 等新技术在移动互联网领域发展迅猛，如何将这些技术应用到数字教材或电子书包中，还有待深入研究。

（五）数字教材与电子书包的教学应用模式探索

尽管当前数字教材与电子书包的实验已在国内多地开展，覆盖的学校已超过千所，但从实验过程与结果来看，这些实验绝大多数都停留在“产品试用实验”的层次上，与真正意义上的教学应用还有较大差距。从教育研究的角度看，未来的数字教材与电子书包应用实验，应逐渐从“产品试用实验”转向规范、严谨的教学实验。开展实证性的数字教材与电子书包应用实验，既有助于对相关产品的内容、功能进行深入分析，又可产生更具可信度的实验结果，从而总结出有效的信息环境下的教学应用模式。

开展数字教材与电子书包的教学应用实验需要基于相关理论的指导，并在实验设计时正确使用各种研究方法。数字教材与电子书包的应用实验在开始前，需要组织各方面的专家对教学应用模式做初步的分析。在实验中，应通过设立实验班与对比班的方式控制教学因素变量，记录课堂教学过程，进行必要的行为分析。同时，应通过对各学科课程内容的分析编制前后测验卷，通过对学生的测验和对师生的访谈等方法获取真实的学习效果和应用反馈信息。在数据处理方面，也需要按照教育统计方法分析实验班与对比班在学习效果、学习效率、学习行为、学习心理等方面的差异，得出相对客观的实验结论。

一般来说，数字教材或电子书包在开展实证性教学应用实验方面具有自身的优势。在数据收集方面，数字教材与电子书包通常都具有学生学习行为的采集和记录功能（或功能接口），所得到的数据能够支持实证分析。随着数字教材与电子书包实验范围的扩大，参与实验的教师和学生人数的增多，所得到的实验结果也将更为可靠。总之，数字教材与电子书包有效应用模式的探索和总结，将会是今后几年基础教育信息化工作的一个重点。

参考文献

（一）专著

1. 规划编制专家组.《教育信息化十年发展规划（2011—2020 年）》解读[M]. 北京：人民教育出版社，2012.
2. 杨旭，汤海京，丁刚毅. 据科学导论[M]. 北京：北京理工大学出版社，2014.

（二）标准

1. 全国新闻出版标准化技术委员会. 电子书内容版权保护通用规范：CY/T 115—2015[S]. 北京：中国书籍出版社，2015.
2. 全国新闻出版标准化技术委员会. 电子书内容术语：CY/T 96—2013[S]. 北京：中国书籍出版社，2014.
3. 全国信息技术标注化技术委员会. 信息技术 学习、教育和培训 学习对象分类代码：GB/T 28825—2012[S]. 北京：中国标准出版社，2013.
4. 中华人民共和国教育部. 信息技术 学习、教育和培训 测试试题信息模型：GB/T 29802—2013[S]. 北京：中国标准出版社，2014.
5. 中华人民共和国教育部. 信息技术 学习、教育和培训 内容包装：GB/T 26222—2010[S]. 北京：中国标准出版社，2011.
6. 中华人民共和国教育部. 信息技术 学习、教育和培训 学习对象元数据：GB/T 21365—2008[S]. 北京：中国标准出版社，2008.
7. 中华人民共和国信息产业部. 电子图书阅读器通用规范：GB/T 18787—2002[S]. 北京：中国标准出版社，2002.

（三）期刊

1. BRUDNER H J. Computer-managed instruction[J]. Science，1968，162(3857)：970-976.
2. DEY A K，ABOWD G D，SALBER D. A conceptual framework and a toolkit for supporting the rapid prototyping of context-aware applications [J]. Human-computer interaction，2001，16(2)：97-166.
3. WAYMAN J C. Involving teachers in data-driven decision making: using computer data systems to support teacher inquiry and reflection [J]. Journal of education for students placed at risk，2005，10(3)：295-308.
4. 陈桄，龚朝花，黄荣怀. 电子教材：概念、功能与关键技术问题 [J]. 开放教育研究，2012，18(2)：28-32.
5. 陈洁. 数字出版赢利模式研究报告 [J]. 求索，2009(7)：44-49.
6. 杜占元. 杜占元副部长在教育资源建设与共享座谈会上的讲话 [J]. 中国电化教育，2011(10)：1-3.
7. 杜占元. 今明两年教育信息化重点工作的说明——杜占元副部长在全国教育信息化工作电视电话会议上的讲话 [J]. 中国教育信息化，2012(22)：3-4.
8. 冯翔，吴永和，祝智庭. 智慧学习体验设计 [J]. 中国电化教育，2013(12)：14-19.
9. 傅伟，葛鑫，屈劲，等. 电子课本数字版权管理方案设计与技术验证 [J]. 现代远程教育研究，2014(1)：72-78.
10. 傅伟，顾小清. 兼容与超越：电子课本的内容包装设计 [J]. 远程教育杂志，2013(2)：80-87.
11. 高文. 情境学习与情境认知 [J]. 教育发展研究，2001(8)：30-35.
12. 高志丽. 电子书包将成为学习的主要工具 [J]. 出版参考，2010(7)：11.
13. 龚朝花，陈桄. 电子教材：产生、发展及其研究的关键问题 [J]. 中国电化教育，2012(9)：89-94.

14. 顾静．我的课堂我做主——小学英语课堂转型之Ipad教学实践初探［J］．课程教育研究，2013(20)：84-85.

15. 顾小清，傅伟，齐贵超．连接阅读与学习：电子课本的信息模型设计［J］．华东师范大学学报（自然科学版），2012(2)：81-90.

16. 顾小清，林仕丽，袁海军．教育数据30年：从 CMI 到 DDDM［J］．电化教育研究，2010(9)：55-63.

17. 顾小清，张进良，蔡慧英．学习分析：正在浮现中的数据技术［J］．远程教育杂志，2012(1)：18-25.

18. 顾小清，郑隆威，简菁．获取教育大数据：基于 xAPI 规范对学习经历数据的获取与共享［J］．现代远程教育研究，2014(5)：13-23.

19. 胡畔，王冬青，许骏，等．数字教材的形态特征与功能模型［J］．现代远程教育研究，2014(2)：93-98+106.

20. 胡铁生，詹春青．中小学优质“微课”资源开发的区域实践与启示［J］．中国教育信息化，2012(22)：65-69.

21. 黄荣怀，杨俊锋，胡永斌．从数字学习环境到智慧学习环境——学习环境的变革与趋势［J］．开放教育研究，2012，18(1)：75-84.

22. 康合太．中小学新课程网络资源构建探究［J］．课程·教材·教法，2008，28(10)：15-18.

23. 康合太，沙沙．数字教材的理论探索与实践——以第二代“人教数字教材”为例［J］．课程·教材·教法，2014，34(11)：33-39.

24. 康合太，沙沙．数字教材建设的探索与实践——以第二代“人教数字教材”为例［J］．中国电化教育，2014(11)：80-84+100.

25. 李林，王冬，覃文圣，等．论电子教材取代纸质教材发展趋势的必然性［J］．中国信息界，2011(5)：42-44.

26. 李小春．iPad教学观摩课引起的思考［J］．中国现代教育装备，2012

（12）：17-18.

27. 李晓明. MOOC：是橱窗？还是店堂？[J]. 中国大学教学，2014（5）：15-18+11.

28. 李勇. 电子书包应用的误区与发展方向[J]. 中小学信息技术教育，2014（6）：27-30.

29. 廖宏建，曲哲. 基于 LBS 的情境感知微学习系统设计与应用[J]. 现代教育技术，2014，24（8）：92-99.

30. 林君芬，李慧勤，黄海晖. 交互式数字教材：数字化教学资源的新形式[J]. 教育信息技术，2013（6）：3-7.

31. 刘春林. 美国数字教科书出版概览（上）——数字教科书挑战美国 K12 学校[J]. 中小学信息技术教育，2013（5）：81-83.

32. 刘翠航. 美中小学电子教科书的使用现状及分析——加利福尼亚州电子教科书政策引发的争议[J]. 课程·教材·教法，2011，31（4）：104-106.

33. 陆璟. 大数据及其在教育中的应用[J]. 上海教育科研，2013（9）：5-8+22.

34. 吕永林，宇正华. 关于网络教材设计的几点思考[J]. 现代远程教育研究，2002（1）：25-27+63.

35. 毛小红. 德国中小学教材出版业现状与发展困境[J]. 中国出版，2014（3）：59-63.

36. 牛瑞雪. 我国数字教科书的研究现状、不足与展望[J]. 课程·教材·教法，2014，34（8）：19-25.

37. 期刊编辑部. 外研社网络教材捐赠仪式在黑龙江省隆重举行[J]. 山东师范大学外国语学院学报（基础英语教育），2011（2）：117.

38. 期刊编辑部. 香港开试“电子书包计划”[J]. 出版经济，2002（10）：50.

39. 期刊编辑部. 香港拟在中小学中推广电子教科书[J]. 印刷技术，2012

（11）：3.

40. 钱冬明，管珏琪，郭玮. 电子书包终端技术规范设计研究［J］. 华东师范大学学报（自然科学版），2012（2）：91-98.

41. 仇勇平. 电子书包：建设数字化课程环境［J］. 上海教育，2011（Z2）：40-41.

42. 屈志君. 智慧教育现状分析［J］. 电脑知识与技术，2014，10（32）：7674-7676+7685.

43. 桑新民，李曙华，谢阳斌. "乔布斯之问"的文化战略解读——在线课程新潮流的深层思考［J］. 开放教育研究，2013，19（3）：30-41.

44. 沙沙. 我国基础教育数字教材中插图的演进［J］. 科技与出版，2013（12）：83-85.

45. 施勇勤，张凤杰，马畅. 数字版权保护技术的概念、类型及其在出版领域的应用［J］. 科技与出版，2012（3）：57-59.

46. 宋杰青. 数字教材：教育信息化的重要手段之一——兼谈中小学数字教材的研发［J］. 中小学信息技术教育，2014（3）：25-26.

47. 孙立会，李芒. 日本电子教科书研究的现状及启示［J］. 课程·教材·教法，2013，33（8）：111-117.

48. 王安琳，毕海滨. 德国教育出版及数字化管窥［J］. 现代出版，2012（2）：67-69.

49. 王晓波，牟艳娜，李奕，等. 慕课——多元在线教育形态的创新与发展［J］. 中小学信息技术教育，2014（2）：27-30.

50. 王欣. 为学生减负　汉王电子书包［J］. 个人电脑，2009（5）：44.

51. 王志刚. 优质数字教育资源：学与教变革的基础［J］. 中国电化教育，2014（11）：7-9.

52. 吴砥，彭娴，张家琼，等. 教育云服务标准体系研究［J］. 开放教育研究，2015，21（5）：92-100.

53. 吴永和，马晓玲，杨飞．电子课本出版与生态发展的阐释与研究——基于标准研究、产业发展与教育创新的视角［J］．远程教育杂志，2013(1)：17−28.

54. 吴永和，杨飞，熊莉莉．电子课本的术语、特性和功能分析［J］．现代教育技术，2013，23(4)：5−11.

55. 吴永和，祝智庭，何超．电子课本与电子书包技术标准体系框架的研究［J］．华东师范大学学报（自然科学版），2012(2)：70−80.

56. 夏莹．谈数字出版对中小学教材出版的影响［J］．辽宁师专学报（社会科学版），2014(5)：139−140.

57. 项国雄．从传统教材到电子教材［J］．信息技术教育，2005(5)：8−10.

58. 新华网．首部网络教材登陆湖南［J］．科技与出版，2009(9)：71.

59. 徐新逸，赖婷铃．国际经验对台湾电子教科书发展之启示［J］．教科书研究，2013(2)：1−31.

60. 许哲，顾小清．电子课本国际标准的发展与追踪调研［J］．现代远程教育研究，2014(1)：62−71.

61. 杨青．初中英语网络教材的需求分析及编辑思路——以人教版《英语（新目标）》网络教材的开发调研为例［J］．课程·教材·教法，2011，31(10)：64−69.

62. 杨青．数字教材是整合电子书包内容的核心［J］．出版参考，2014(22)：12−14.

63. 杨中毅，杨力元．知识产权的保护范围及侵权界定［J］．甘肃科学学报，2003，15(3)：126−128.

64. 翟春春．图书馆知识产权保护若干法律问题探讨［J］．江苏警官学院学报，2005，20(3)：77−80.

65. 张洪艳．探索教材数字化道路［J］．出版参考，2010(19)：8−10.

66. 张静，唐杰．下一代搜索引擎的焦点：知识图谱［J］．中国计算机学会通讯，2013，9(4)：64-68.

67. 张永和，肖广德，胡永斌，等. 智慧学习环境中的学习情景识别——让学习环境有效服务学习者［J］. 开放教育研究，2012，18(1)：85-89.

68. 张玉敏. 知识产权的概念和法律特征［J］. 现代法学，2001，23(5)：103-110.

69. 赵文璞，郁梅馨. 基于数字教材的教学应用系统设计与应用——以优课数字化教学应用系统为例［J］. 教育信息技术，2013(6)：8-12.

70. 赵兴龙. Tin Can API：新一代 E-Learning 标准解读及启示［J］. 中国远程教育（资讯），2014(8)：103-104.

71. 赵兴龙. 创新评价体系 加速教育变革 中央电化教育馆和英特尔公司共同启动“教育大数据分析研究”项目［J］. 中国电化教育，2015(12)：143.

72. 赵志明. 重新定义教科书——数字教科书的形态特点与发展［J］. 课程·教材·教法，2014，34(3)：38-42.

73. 赵志明，吕蕾. 论数字教科书知识选择的“国家定义”与“个人定义”［J］. 湖南师范大学教育科学学报，2014，13(2)：63-67.

74. 中国电化教育杂志社. 全国基础教育数字化学习与管理创新研讨会在京召开［J］. 中国电化教育，2008(8)：68.

75. 中国教育信息化期刊. 中国省级教育信息综合网站月度排行榜［J］. 中国教育信息化，2014(15)：93.

76. 周汶霏，郭莉. 教材出版数字化生存与发展［J］. 中国出版，2014(24)：32-34.

77. 祝智庭，贺斌. 智慧教育：教育信息化的新境界［J］. 电化教育研究，2012(12)：5-13.

78. 祝智庭，郁晓华. 电子书包系统及其功能建模［J］. 电化教育研究，2011(4)：24-27+34.

（四）学位论文

1. 傅伟. 电子课本模型构建与技术验证［D］. 上海：华东师范大学，2013.
2. 龚朝花. 中小学电子教材的教学适用性研究［D］. 北京：北京师范大学，2013.
3. 张诗潮. 基于 Kinect 的手语教学系统设计研究［D］. 上海：华东师范大学，2014.

（五）报告

1. Organization for Economic Co-operation and Development. Giving knowledge for free: the emergence of open educational resources［R］. Paris：OECD, 2007.
2. 方志华，杨国扬，刘宇阴，等. 中小学电子教科书政策推展之评估整合研究［R］. 台北："教育部"，台北市立教育大学，教育研究院，2012.
3. 全国信息技术标准化技术委员会，教育部教育信息化技术标准委员会，电子课本与电子书包标准专题组. 电子课本与电子书包标准体系研究报告（技术白皮书）V2. 0［R］. 上海：电子课本与电子书包标准专题组，2012.

（六）会议

1. ABOWD G D，DEY A K，BROWN P J，et al. Towards a better understarding of context and context-awareness[C]//the 1st International Symposium on Handheld and Ubiquitous Computing (HUC 1999)，September 27-29，1999，Karlsruhe. Berlin: Springer，1999：304-307.
2. HAMZAH F W，AMIR W M，ALI N H，et al. The use of Tin Can

API for web usage mining in E-learning applications on the social network [C]//2015 IEEE Symposium on Computer Applications & Industrial Electronics (ISCAIE), April 12-14, 2015, Langkawi. Washington, D.C. : IEEE, 2015 : 113-118.

（七）报纸

1. 方民. 电子书包进校园 利弊引热议[N]. 云南日报，2012-04-27(8).
2. 潘若濛. 深圳多所学校试点“电子书包”[N]. 深圳特区报，2012-12-10(A14).
3. 王鹤鸣. “学龙”电子书包提升学生学习兴趣[N]. 科技日报，2012-12-04(7).
4. 赵岚. 南海建设云计算智能教育服务体系　三年内中小学生或都有“电子书包”[N]. 佛山日报，2011-11-27(1).

（八）电子资源

1. Apple Inc. Apple 教育应用案例[EB/OL].[2015-08-18]. http://www.apple.com/cn/education/real-stories/rdfz/#video-rdfz.
2. Apple Inc. iPad Pro 产品介绍[EB/OL].[2016-06-06]. http://www.apple.com/cn/ipad-pro/.
3. E之家. 自适应技术很火，Knewton是怎么玩的[EB/OL].[2015-11-30]. http://www.aieln.com/news/2015/13685.html.
4. IT168网. 体感时代来临！E3展后体感游戏走向分析[EB/OL].[2015-08-31]. http://digi.it.sohu.com/20100625/n273066048.shtml.
5. IT之家. 英特尔教育PC/平板设计出炉[EB/OL].[2016-06-

08]. http://www.ithome.com/html/win8/70870. htm.

6. Knewton. Six Years of Knewton [EB/OL]. [2015-12-14]. https://www.knewton.com/resources/blog/knerds/six-years-of-knewton/.

7. MediaTechnics Corporation. MediaTechnics Corporation Instructor's Resource Site [EB/OL]. [2014-11-14]. http://www.mediatechnics.net/web/irc/.

8. PicSays. 大数据，让商业的车轮不停前行 [EB/OL]. [2013-05-10]. http://picsays.com/2013/01/09/ibm-big-data/.

9. Rustici Software. SCORM-Project Tin Can: Phase 3-SCORM [EB/OL]. [2015-12-20]. http://scorm.com/tincanoverview/.

10. Rustici Software. Ecosystem-Tin Can API [EB/OL]. [2015-12-10]. http://tincanapi.com/ecosystem/.

11. Rustici Software. Overview-Tin Can API [EB/OL]. [2015-10-12]. http://tincanapi.com/overview/.

12. Rustici Software. Use Cases-Tin Can API [EB/OL]. [2015-12-20]. http://tincanapi.com/use-cases/.

13. SIEMENS G. Learning and Knowledge Analytics-Knewton-the future of education? [EB/OL]. [2011-04-14]. http://www.learninganalytics.net/?p=126.

14. www.businessvalue.com.cn. 存储介质与容器变迁 [EB/OL]. [2015-11-05]. http://photocdn.sohu.com/20121009/Img354527259.jpg.

15. 百度百科. 知识图谱 [EB/OL]. [2015-12-20]. http://baike.baidu.com/link?url=6_G4iYVgfOa19v_0hbYBcYjPDeEeuhB_4LeBTdXzOyESQ8vmKUhy7oWi2ABrPb3OJ440W-MMXvwOrzZL22hfCK#1.

16. 百度深度学习研究院. 商品图像检索 [EB/OL]. [2015-08-15]. http://idl.baidu.com/IDL-news-12.html.

17. 北京方正阿帕比技术有限公司. CEBX 成为我国《数字阅读终端内容呈现格式》行业标准的技术基础［EB/OL］.［2015-03-03］. http://newspaper.apabi.com/news/1/2013/0329/653.html.

18. 北京壹人壹本信息科技有限公司. E 人 E 本-T9［EB/OL］.［2016-06-27］. http://www.eben.cn/businesstablet/t9.

19. 大庆网. 黑龙江省大庆市中小学将逐步推广电子书包［EB/OL］.［2016-06-08］. http://www.ceiea.com/html/201507/201507021003145468.shtml.

20. 东北师大理想软件股份有限公司. 学科教学工具［EB/OL］.［2015-09-10］. http://www.dsideal.com:7777/xkjxgj/index.shtml.

21. 广东省教育技术中心. 广东省教育厅关于公布"粤教云"示范应用第一批试验区名单的通知［EB/OL］.［2015-07-28］. http://www.gdhed.edu.cn/business/htmlfiles/gdjyt/tzgg/201405/476904.html.

22. 国家教育资源公共服务平台. 教学点数字教育资源全覆盖［EB/OL］.［2015-09-10］. http://jxd.eduyun.cn/cms/.

23. 国家新闻出版广电总局，财政部. 关于推动新闻出版业数字化转型升级的指导意见［EB/OL］.［2015-07-09］. http://www.gov.cn/xinwen/2014-04/30/content_2669106.html.

24. 嘿哈科技. HEYHA 安全课课堂版［EB/OL］.［2015-10-16］. http://www.heyha.com/html/product/pm1/as1/23.html.

25. 环球网. 三星 Galaxy Tab A with S Pen 主打"神笔教育"［EB/OL］.［2015-08-18］. http://finance.huanqiu.com/roll/2015-07/6937014.html.

26. 吉林市教育局. 吉林市两所小学首批开展"电子书包"教学试点工作［EB/OL］.［2016-06-08］. http://www.ceiea.com/html/201512/201512161111307912.shtml.

27. 教育部教育管理信息中心. 中国微课大赛［EB/OL］.［2015-07-

23]. http://dasai.cnweike.cn/.

28. 教育信息化推进办公室. 国家教育资源公共服务平台开通[EB/OL].[2016-05-18]. http://www.moe.edu.cn/publicfiles/business/htmlfiles/moe/s5889/201301/146438.html.

29. 联想集团. Yoga 2 pro 产品介绍[EB/OL].[2016-06-06]. http://appserver.lenovo.com.cn/Lenovo_Product_Detail.aspx?CategoryCode=A21B07C10&gdsid=A2100022903.

30. 闵行区教育局. 数字化教学典型案例集[EB/OL].[2015-07-28]. http://e5.mhedu.sh.cn.

31. 宁波市学校装备管理与电化教育中心. 关于征求教育装备数字化四项标准(征求意见稿)意见的通知[EB/OL].[2015-03-03]. http://www.nbedu.gov.cn/zwgk/article/show_article.asp?ArticleID=45655.

32. 诺亚教育网. 优学派[EB/OL].[2016-05-17]. http://www. noahedu.com/brand/index.html.

33. 青岛财经日报. 山东青岛：电子书包革新传统课堂教育[EB/OL].[2016-06-08]. http://www.edu.cn/xxh/xy/jj/201505/t20150528_1263924.shtml.

34. 清华同方知好乐教育科技(北京)有限公司. 动画教具[EB/OL].[2015-09-10]. http://www.tfedu. net/gywm_sanjiyemian_donghuajiaoju.html.

35. 全国基础外语教育研究培训中心.《中国中小学英语网络教学模式研究》课题组参加成都研讨会并在分论坛发言[EB/OL].[2015-09-03]. http://www.beiwaionline.com/keti/gzdt/webinfo/1376038411909299.htm.

36. 全球政务网. 美国智库建议政府支持数据驱动型创新[EB/OL].[2015-11-05]. http://www.govinfo.so/news_info.php?id=29383.

37. 人大附中西山学校. 1对1学习项目[EB/OL].[2015-08-18]. http://

www.rdfzxsxx. cn/domain/110.

38. 人大附中西山学校. 人大附中西山学校艺术团简介［EB/OL］.［2015-08-18］. http://www.rdfzxsxx.cn/Page/401.

39. 人民网. 习近平：推动媒体融合发展要遵循新闻传播规律［EB/OL］.［2015-07-09］. http://media.people.com.cn/n/2014/0818/c120837-25489622.html.

40. 人民网. 云电子书包国际标准推进工作组在合肥成立［EB/OL］.［2015-03-03］. http://money.163.com/13/1202/10/9F3773N400254TI5.html#from=keyscan.

41. 人民邮电报社. 山东省首批"电子书包"在烟台推广［EB/OL］.［2016-06-08］. http://sd.jfeng.com/news/fengguanqilu/detail_2015_11/05/4524003_0.shtml.

42. 赛迪网. 英特尔发布最新款教育平板电脑和学生PC［EB/OL］.［2016-06-08］. http://www.ccidnet.com/2014/0124/5339511.shtml.

43. 三星（中国）投资有限公司. Galaxy Tab A with S Pen 9. 7［EB/OL］.［2016-05-27］. http://www.samsung.com/cn/business/business-products/mobile-phones/tab/SM-P555CZWACHN?subsubtype=galaxy-tab-a.

44. 上海市教育委员会. 上海市中长期教育改革和发展规划纲要（2010—2020年）［EB/OL］.［2015-07-20］. http://www.shmec.gov.cn/html/xxgk/201009/ 301122010002.php.

45. 沈阳网. 辽宁：沈阳大东区小学生尝鲜"电子书包"［EB/OL］.［2016-06-08］. http://www.caigou.com.cn/news/20141024185.shtml.

46. 四川省质量技术监督局.《公共用纺织产品基本安全技术规范 第1部分：医疗场所用》等23项地方标准备案申报目录［EB/OL］.［2016-06-27］. http://www.sczj.gov.cn/xxgk/tzgg_1/2011_gg/201405/t20140519_184712.html.

47. 台湾“教育部”.“教育部”办理数位学习教材与课程认证审查及认证申请须知［EB/OL］.［2015-07-22］. http://ace.moe.edu.tw/files/download/mat/003.pdf.

48. 腾讯. 诺亚舟全国首发“电子书包”企业标准［EB/OL］.［2016-06-30］. http://digi.tech.qq.com/a/20120615/001551.htm.

49. 网龙华渔教育. 101同学派［EB/OL］.［2016-05-17］. http://pad. 101. com/.

50. 维基百科. Knewton［EB/OL］.［2015-08-15］. http://zh.wikipedia.org/zh/Knewton.

51. 香港特别行政区教育局. 第二期“电子教科书市场开拓计划”（新闻公报）［EB/OL］.［2015-07-22］. http://www. edb. gov. hk/sc/curriculum-development/resource-support/textbook-info/emads/key-events. html.

52. 香港特别行政区教育局. 电子教科书市场开拓计划遴选、素质保证和检讨督导委员会召开首次会议［EB/OL］.［2015-07-22］. http://www.info.gov.hk/gia/general/201206/05/P201206050499.htm.

53. 新华网. 授权发布：国家“十二五”时期文化改革发展规划纲要［EB/OL］.［2015-07-05］. http://news.xinhuanet.com/politics/2012-02/16/c_111529579.htm.

54. 新华网. 习近平致首届世界互联网大会贺词全文［EB/OL］.［2015-10-16］. http://news.xinhuanet.com/live/2014-11/19/c_127228771.htm.

55. 新节奏智能科技. 体感教育［EB/OL］.［2015-10-16］. http://www.nshow.cn/about-product-edu.jsp#238dh.

56. 新闻公报. 立法会十二题：电子教科书市场开拓计划［EB/OL］.［2015-07-22］. http://www.info.gov.hk/gia/general/201311/13/P201311130349.htm.

57. 姚红. 凤凰集团的幸福转型——《出版商务周报》专访凤凰出版传媒集团、凤凰出版传媒股份公司董事长陈海燕［EB/OL］.［2015-07-22］. http://www.ppm.cn/Html/Article/1227/.

58. 耀琪. 背“电子书包”上学忧大于喜［EB/OL］.［2015-09-10］. http://www.chinadaily.com.cn/hqgj/jryw/2012-09-14/content_7011324.html.

59. 优学派智慧教育平台. 教学工具［EB/OL］.［2016-09-02］. http://www.anoah.com/index.php?r=site/tools.

60. 枣尚. 枣尚无纸化教育［EB/OL］.［2015-03-03］. http://www.eduzao.com/.

61. 中共中央办公厅，国务院办公厅. 2006—2020年国家信息化发展战略［EB/OL］.［2015-07-22］. http://www.gov.cn/gongbao/content/2006/content_315999.htm.

62. 中国共产党新闻网. 习近平主持召开中央网络安全和信息化领导小组第一次会议［EB/OL］.［2015-07-05］. http://cpc.people.com.cn/n/2014/0227/c64094-24486402.html.

63. 中国教育新闻网. 联想·知好乐电子书包智能化学习系统发布［EB/OL］.［2016-06-06］. http://www.jyb.cn/zhuangbei/szxy/201406/t20140624_587451.html.

64. 中国教育装备采购网. 上海虹口区启动基础教育电子书包项目［EB/OL］.［2015-09-10］. http://www.caigou.com.cn/news/2011052535.shtml.

65. 中国教育装备网. 山西启动首家基础教育电子书包项目［EB/OL］.［2016-06-08］. http://www.ceiea.com/html/201303/201303120938261574.shtml.

66. 中国知网. 百科“终端”［EB/OL］.［2015-03-03］. http://epub.cnki.net/KNS/brief/result.aspx?dbprefix=CRPD.

67. 中华人民共和国国务院. 国家中长期科学和技术发展规划纲要（2006—2020年）［EB/OL］.［2015-07-09］. http://www.most.gov.cn/mostinfo/xinxifenlei/gjkjgh/200811/t20081129_65774.htm.

68. 中华人民共和国国务院. 国务院关于第六批取消和调整行政审批项目

的决定[EB/OL].[2015-07-25]. http://www.gov.cn/zwgk/2012-10/10/content_2240096.htm.

69. 中华人民共和国国务院. 国务院关于积极推进“互联网+”行动的指导意见[EB/OL].[2015-12-28]. http://www.gov.cn/zhengce/content/2015-07/04/content_10002.htm.

70. 中华人民共和国国务院. 国务院关于印发促进大数据发展行动纲要的通知[EB/OL].[2015-12-28]. http://www.gov.cn/zhengce/content/2015-09/05/content_10137.htm.

71. 中华人民共和国教育部. 2013年教育信息化工作要点[EB/OL].[2015-07-05]. http://www.ict.edu.cn/news/n2/n20130424_4165.shtml.

72. 中华人民共和国教育部. 2014年11月教育信息化工作月报[EB/OL].[2015-09-10]. http://www.moe.edu.cn/publicfiles/business/htmlfiles/moe/s6381/201412/182427.html.

73. 中华人民共和国教育部. 2014年教育信息化工作要点[EB/OL].[2015-07-05]. http://www.moe.gov.cn/srcsite/A16/s7062/201403/t20140314_165870.html.

74. 中华人民共和国教育部. 关于《中小学教材选用管理办法(征求意见稿)》公开征求意见的公告[EB/OL].[2015-10-16]. http://www.moe.gov.cn/jyb_xwfb/s248/201303/t20130326_149309.html.

75. 中华人民共和国教育部. 关于开展优质数字教育资源集中展示活动的通知[EB/OL].[2016-05-30]. http://www.moe.edu.cn/publicfiles/business/htmlfiles/moe/s5892/201309/157411.html.

76. 中华人民共和国教育部. 关于印发《国家教育资源公共服务平台教育资源审查办法(暂行)》的通知[EB/OL].[2015-09-09]. http://www.moe.edu.cn/publicfiles/business/htmlfiles/moe/s5892/201310/158327.html.

77. 中华人民共和国教育部. 关于做好2013年度基础教育优质数字资源建设工作的通知［EB/OL］.［2016-05-30］. http://www.moe.edu.cn/publicfiles/business/htmlfiles/moe/A26_gggs/201311/159269.html.

78. 中华人民共和国教育部. 国家中长期教育改革和发展规划纲要（2010—2020 年 ）［EB/OL］.［2015-07-05］. http://www.moe.edu.cn/publicfiles/business/htmlfiles/moe/moe_838/201008/93704.html.

79. 中华人民共和国教育部. 教育部办公厅关于开展2013年度优质数字教育资源征集活动的通知［EB/OL］.［2016-05-30］. http://www.eduyun.cn/ns/ntongzhitonggao/20130924/1742.html.

80. 中华人民共和国教育部. 教育部办公厅关于开展2014年度“一师一优课、一课一名师”活动的通知［EB/OL］.［2015-09-10］. http://www.ncet.edu.cn/zhuzhan/ztzg/20140708/1781.html.

81. 中华人民共和国教育部. 教育部办公厅征求对《关于“十三五”期间全面深入推进教育信息化工作的指导意见（征求意见稿）》意见［EB/OL］.［2015-12-28］. http://www.moe.gov.cn/srcsite/A16/s3342/201509/t20150907_206045.html.

82. 中华人民共和国教育部. 教育部关于印发《中小学教科书选用管理暂行办法》的通知［EB/OL］.［2015-10-16］. http://www.moe.gov.cn/srcsite/A26/moe_714/201410/t20141009_176575.html.

83. 中华人民共和国教育部. 农村中小学现代远程教育工程教育资源［EB/OL］.［2016-05-18］. http://ipsm.hner.cn/xxpd/tjxx/shang/yw/4/07/23/23_1/index.html.

84. 中华人民共和国教育部. 全国6.36万个教学点实现数字教育资源全覆盖［EB/OL］.［2016-05-30］. http://www.moe.edu.cn/publicfiles/business/htmlfiles/moe/s5987/201412/182212.html.

85. 中华人民共和国教育部. 中小学教材编写审定管理暂行办

法［EB/OL］.［2015-10-16］. http://www.gov.cn/fwxx/bw/jyb/content_2267198.htm.

86. 中华人民共和国新闻出版总署. 关于加快我国数字出版产业发展的若干意见［EB/OL］.［2015-07-05］. http://www.gapp.gov.cn/contents/1832/113636.html.

87. 中华人民共和国新闻出版总署. 中华人民共和国新闻出版总署新闻出版业"十二五"时期发展规划［EB/OL］.［2015-03-03］. http://www.gov.cn/gongbao/content/2011/content_1987387.htm.

88. 中央电化教育馆. 杜占元副部长在2014年全国电化教育馆馆长会议上的讲话［EB/OL］.［2016-05-30］. http://www.ncet.edu.cn/zhuzhan/ldjh123/ 20140521/1697.html.

89. 中央电化教育馆. 杜占元在2015年全国电化教育馆馆长会议的讲话［EB/OL］.［2015-09-10］. http://www.ncet.edu.cn/zhuzhan/ldjh123/20150428/2563. html.

90. 中央电化教育馆. 杜占元在2016年全国电化教育馆馆长会议上的讲话［EB/OL］.［2016-05-30］. http://www.ncet.edu.cn/zhuzhan/ldjh123/20160426/3520.html.

91. 中央电化教育馆. 国家教育资源公共服务平台及数字资源中心建设情况［EB/OL］.［2016-05-18］. http://wenku.baidu.com/link?url=9YrTnguBKelRWa6YW1HMDYDXbXwIxfwmQd8KNpcuOiMq4tj-vyO5YAxkN1KtazwRYSB6GR0EMouAQrmHKyAmt7xU3PxF2M_z-vr_VO1n0d3.

92. 中央电化教育馆. 国家教育资源公共服务平台开放API接口规范［EB/OL］.［2015-07-24］. http://www.eduyun.cn/u/cms/news/201401/171031211dwr.docx.

93. 中央电化教育馆. 中央电化教育馆关于"教育云规模化应用示范"项

目汇聚基础教育英语学习工具软件的通知［EB/OL］.［2016-05-30］. http://www.ncet.edu.cn/tztgao1/2413.jhtml.

94. 中央电化教育馆. 中央电化教育馆关于公布“2013年优质数字教育资源汇聚工作”资源提供者资质审核首批通过单位名单的通知［EB/OL］.［2016-05-30］. http://www.eduyun.cn/ns/ntongzhitonggao/20140117/3310.html.

95. 中央电化教育馆. 中央电化教育馆关于公布“2013年度优质数字教育资源征集”基础教育（中小学、特殊教育）资源评审结果的通知［EB/OL］.［2016-05-30］. http://www.eduyun.cn/ns/ntongzhitonggao/20140704/5321.html.

96. 中央电化教育馆. 中央电化教育馆关于公布“网络条件下促进小学生能读会写”项目2013年作品评审结果的通知［EB/OL］.［2016-05-30］. http://www.ncet.edu.cn/zhuzhan/ztzg/20131226/1389.html.

97. 中央电化教育馆. 中央电化教育馆关于公布2014年度“一师一优课、一课一名师”活动部级“优课”名单的通知［EB/OL］.［2016-05-09］. http://www.ncet.edu.cn/zhuzhan/ztzg/20160321/3420.html.

98. 中央电化教育馆. 中央电化教育馆关于公布中国教育发展基金会-戴尔“互联创未来”项目2013年作品评比结果的通知［EB/OL］.［2016-05-30］. http://www.ncet.edu.cn/zhuzhan/ztzg/20131226/1388.html.

99. 中央电化教育馆. 中央电化教育馆关于下发《国家数字教育资源共建共享联盟章程》等相关文件的通知［EB/OL］.［2016-05-30］. http://news.eduyun.cn/ns/ntongzhitonggao/20130723/346.html.

100. Михаил Тресер. Tin Can API—замена устаревшему стандарту SCORM-часть 1［EB/OL］.［2015-10-16］. https://habrahabr.ru/post/156067/.

101. 彭薇. 闵行用“大数据”串起学生成长轨迹［N/OL］. 解放日

报，2014-11-21［2015-11-30］. http://newspaper.jfdaily.com/jfrb/html/2014-11/21/content_39563.htm.

102. IBM. 大数据在现实世界中的应用分析报告［R/OL］.［2015-11-05］. https://www.ibm.com/services/forms/signup. do?source=swg-CN_BA-DemandGen&S_PKG=ov10867.

103. ZDC互联网消费调研中心. 2015—2016年中国笔记本电脑市场研究年度报告［R/OL］.［2016-06-08］. http://zdc.zol.com.cn/562/5620127_all.html.

104. ZDC互联网消费调研中心. 2015—2016年中国平板电脑市场研究年度报告［R/OL］.［2016-06-08］. http://zdc.zol.com.cn/560/5608786_all.html#p5609112.

105. 工信部电信研究院. 大数据白皮书［R/OL］.［2014-12-05］. http://www.catr.cn/kxyj/qwfb/bps/201405/P020140512339458774820.pdf.

106. 中国电子技术标准化研究院. 大数据标准化白皮书［R/OL］.［2015-11-05］. http://www.cesi.cn/uploads/soft/141205/19-141205094T7.pdf.

107. 中国互联网络信息中心. 2014年中国青少年上网行为研究报告［R/OL］.［2015-12-28］. http://www.cnnic.net.cn/hlwfzyj/hlwxzbg/qsnbg/201506/P020150603434893070975.pdf.

108. 中国互联网络信息中心. 第36次中国互联网发展状况统计报告［R/OL］.［2015-12-28］. http://www.cnnic.net.cn/hlwfzyj/hlwxzbg/hlwtjbg/201507/P020150723549500667087.pdf.

109. 全国信息技术标准化技术委员会教育技术分技术委员会. 基础教育教学资源元数据应用规范：CELTS-42［S/OL］.［2015-09-10］. http://www.celtsc.edu.cn/content/jxzyl/40288b88391ed5fd01391edce34f0012.html.

110. 全国信息技术标准化技术委员会教育技术分技术委员会. 教育资源建设技术规范：CELTS-41［S/OL］.［2015-09-10］. http://www.celtsc.

edu.cn/content/jxzyl/40288b88391ed5fd01391edbb05d000e.html.

111. Intel. ACAT demo [Z/OL]. [2015-10-16]. https://01.org/sites/default/files/documentation/acat_vision_webcam_trigger.mp4.

112. Vimeo. mLearnCon 2014-ePub3 Experience xAPI Demo [Z/OL]. [2015-12-20]. https://vimeo.com/100840802.

113. Youtube. Leap Motion 远端操作机械手臂 [Z/OL]. [2015-08-31]. https://www.youtube.com/watch?v=e1VMGgZIHzA.

附 录

2013—2015 年数字教材与电子书包发展大事记

1. 2013 年 2 月 28 日，原国家新闻出版总署发布《数字阅读终端内容呈现格式》行业标准，建议全国各省、自治区等地的新闻出版局等有关出版单位在出版数字阅读终端内容时采用该标准，早日解决数字阅读终端内容格式纷乱的现象。
2. 2013 年 3 月 14 日，教育部办公厅发布《教育部办公厅关于印发〈2013 年教育信息化工作要点〉的通知》。《要点》将“促进基础教育领域优质数字教育资源建设与应用”列为重点工作，明确提出“全面启动第二代‘人教数字教材’等数字产品的研发，2013 年秋季推出部分学科试用性产品”的具体要求。
3. 2013 年 6 月 27 日，国家工业和信息化部发布《互联网行业“十二五”发展规划》。《规划》提出实施“云计算应用示范工程”，明确提出“在电子政务和教育、医疗、交通等公共服务领域推动云计算应用”的具体要求。
4. 2013 年 6 月 28 日，全国电子课本与电子书包标准专题组第七次全体工作会议召开。会议讨论了已经完成国家标准立项的两项标准，以及在 CELTSC 立项的八项新标准研究工作进展。
5. 2013 年 7 月 8—9 日，《2012—2013 中国数字出版产业年度报告》于第五届中国数字出版博览会期间公布。《报告》显示，2012 年国内数字出版总产出达到 1 935.49 亿元，比 2011 年整体增长 40.47%。中国数字出版在保持高速增长的同时，产品形态、商业模式、运营渠道、产业环境等都有了新的变化。
6. 2013 年 10 月 9 日，上海市教育委员会发布《上海市教育委员会关于印发

〈上海教育信息化重点工作（2013—2015 年）〉的通知》。《工作》提出“推进中小学数字化课程环境建设与学习评价方式转变”的要求，明确提出“启动中小学教材数字化工程，逐步把 1 500 种中小学教材数字化，并逐步推出多媒体版电子教材和互动性电子教材”的具体要求。

7. 2013 年 11 月 12 日，十八届中央委员会第三次全体会议通过《中共中央关于全面深化改革若干重大问题的决定》。《决定》提出“深化教育领域综合改革”的总体要求，明确提出“构建利用信息化手段扩大优质教育资源覆盖面的有效机制，逐步缩小区域、城乡、校际差距”的具体要求。

8. 2013 年 11 月 28—29 日，教育信息化暨电子课本与电子书包标准及应用国际论坛召开。会议主题是共探电子课本与电子书包标准及应用的研究与发展之路，一体化推进“标准研制—产业发展—教育应用”发展模式。

9. 2013 年 11 月 29 日，经国家工业和信息化部批准，“云电子书包国际标准推进工作组”正式成立。工作组将通过建立标准体系解决云电子书包产业硬件开发、软件设计、资源共享交流、人机互动平台和后台操作应用规范等瓶颈问题，促进产业做大做强，推动产业国际化进程。

10. 2013 年 11 月 30 日，全国电子课本与电子书包标准专题组第八次全体工作会议召开。会议重点讨论《电子课本与电子书包术语规范》《电子书包终端规范》《虚拟学具分类规范》《虚拟学具标准规范》等八项标准申报国家标准立项的情况，以及其他标准的工作进展情况。

11. 2014 年 3 月 12 日，教育部办公厅发布《教育部办公厅关于印发〈 2014年教育信息化工作要点〉的通知》。《要点》将“全面推进基础教育数字教育资源开发与应用”列为重点工作，明确提出“鼓励企业以符合新课标的义务教育阶段教材为重点，系统开发配套的基础性数字教育资源，逐步实现基础性数字教育资源的全覆盖，形成基础性数字教育资源持续开发应用的新机制”的具体要求。

12. 2014 年 3 月 30 日，教育部发布《教育部关于全面深化课程改革落实立德树人根本任务的意见》。《意见》提出“整合和利用优质教育教学资源”的要求，明确提出“大力开发与课程教材配套的基础教育和职业教育优质数字教育资源”的具体要求。

13. 2014 年 4 月 24 日，国家新闻出版广电总局、财政部印发《关于推动新闻出版业数字化转型升级的指导意见》。《意见》支持教育出版转型升级模式探索，重点支持部分以教育出版为主的出版企业开展电子书包应用服务项目。

14. 2014 年 6 月 12—13 日，全国电子课本与电子书包标准专题组第九次全体工作会议暨教育信息化创新应用安徽推介会召开。

15. 2014 年 7 月 9 日，中国新闻出版研究院发布《2013 年新闻出版产业分析报告》。《报告》显示，2013 年我国新闻出版产业主要经济指标平稳增长，产业规模继续扩大，数字出版在全行业营业收入中的占比位列第三位，屈于印刷复制和出版物发行之后。

16. 2014 年 7 月 15—16 日，《2013—2014 中国数字出版产业年度报告》于 2014 中国数字出版年会期间公布。《报告》显示，2013 年我国数字出版全年收入达 2 540.35 亿元，比 2012 年增长 31.25%，保持了快速增长势头。但与此同时，在传统出版产业数字化转型升级、产业融合发展等方面还存在明显不足。

17. 2014 年 11 月 16 日，教育部等单位联合发布《教育部　财政部　国家发展改革委　工业和信息化部　中国人民银行关于印发〈构建利用信息化手段扩大优质教育资源覆盖面有效机制的实施方案〉的通知》。《方案》提出了“通过构建利用信息化手段扩大教育资源覆盖面的有效机制，加快推进教育信息化‘三通两平台’建设与应用，实现各级各类学校宽带网络的全覆盖，优质数字教育资源的共建共享，信息技术与教育教学的全面深度融合，逐步缩小区域、城乡、校际之间的差距，促进教育公平，提高教育质量，支撑学习型社会建设，形成与国家教育现代化发展目标相适应的教育信息化体系”的总体目标，并提出“建立‘基础性资源靠政策、个性化资源靠市场’的资源开发机制，探索‘企业竞争提供、政府评估准入、学校自主选择’的机制，组织、鼓励教材出版企业建设并提供教师备课和学生学习的基础性资源”等重点工作任务。

18. 2014 年 11 月 18 日，“电子书内容系列行业标准”十二项行业标准制定工作全部完成。2011 年 6 月，《电子图书标识》《电子图书质量基本要求》《电子书内容版权保护通用规范》《电子图书版权记录》《电子图书质量检测方法》《电子图书阅读功能要求》《电子书内容平台基本要求》《电子书内容平台服务基本功能》《电子书内容术语》《电子书内容标准体系表》《电子图书元数据》和《电子书内容格式基本要求》十二项标准草案通过原新闻出版总署批准立项，标准研制工作正式启动，其中《电子书内容术语》《电子书内容标准体系表》《电子图书元数据》和《电子书内容格式基本要求》四项标准在 2013 年 11 月由国家新闻出版广电总局发布并实施，其余八项在 2015 年 1 月由国家新闻出版广电总局批准发布并实施。

19. 2015 年 1 月 29 日，国家新闻出版广电总局发布实施《中小学数字教材加工规范》，这是国内首个关于数字教材的行业性标准。

20. 2015 年 2 月 12 日，教育部办公厅发布《教育部办公厅关于印发〈2015 年教育信息化工作要点〉的通知》。《要点》将“全面推进基础教育数字教育资源开发与应用”“完善教育资源云服务体系”“巩固深化教学点数字教育资源全覆盖成果”等作为重点工作。

21. 2015 年 3 月 24 日，教育部发布《全国教育信息化工作专项督导报告》。《报告》显示，在各地政府的大力推动下，教学点数字教育资源全覆盖全面实现，截至 2014 年 11 月底，全国 6.4 万个教学点全面完成了“教学点数字教育资源全覆盖”项目建设任务，实现设备配置、资源配送和教学应用“三到位”，“校校通”和“班班通”建设也取得较大进展。

22. 2015 年 3 月 31 日，国家新闻出版广电总局、财政部印发《关于推动传统出版和新兴出版融合发展的指导意见》。《意见》提出“切实推动传统出版和新兴出版在内容、渠道、平台、经营、管理等方面深度融合”的工作目标，并明确指出“加快发展移动阅读、在线教育、知识服务、按需印刷、电子商务等新业态”的重点任务。

23. 2015 年 5 月 23—25 日，首届国际教育信息化大会举行。会议以“信息技术与未来教育变革”为主题，共同探索教育与信息技术深度融合的有效途径，研讨信息技术在教育领域更加广泛地实施应用。习近平总书记在贺信中发出号召：积极推动信息技术与教育融合创新发展，构建网络化、数字化、个性化、终身化的教育体系，建设“人人皆学、处处能学、时时可学”的学习型社会。会议通过了成果文件《青岛宣言》，为全球教育信息化建设提供了第一份有共识的指南。

24. 2015 年 7 月 4 日，国务院发布《国务院关于积极推进“互联网+”行动的指导意见》。《意见》提出：“探索新型教育服务供给方式。鼓励互联网企业与社会教育机构根据市场需求开发数字教育资源，提供网络化教育服务。鼓励学校利用数字教育资源及教育服务平台，逐步探索网络化教育新模式，扩大优质教育资源覆盖面，促进教育公平。鼓励学校通过与互联网企业合作等方式，对接线上线下教育资源，探索基础教育、职业教育等教育公共服务提供新方式。推动开展学历教育在线课程资源共享，推广大规模在线开放课程等网络学习模式，探索建立网络学习学分认定与学分转换等制度，加快推动高等教育服务模式变革。”

25. 2015 年 7 月 14—16 日，《 2014—2015 中国数字出版产业年度报告》于第六届中国数字出版博览会期间公布。《报告》显示，在政府和企业合力推进下，传统出版与新兴出版融合发展迅速，2014 年我国数字出版收入超过 3 300 亿元，同比增长 33.36%。

26. 2015 年 7 月 15 日，国家新闻出版广电总局发布《 2014 年新闻出版产业分析报告》。《报告》显示，2014 年我国数字出版营业收入增长速度在新闻出版各产业类别中继续名列前茅，总体经济规模超过出版物发行，跃居行业第二。

27. 2015 年 8 月 31 日，国务院印发《促进大数据发展行动纲要》。《纲要》将

“推动形成覆盖全国、协同服务、全网互通的教育资源云服务体系。探索发挥大数据对变革教育方式、促进教育公平、提升教育质量的支撑作用”作为“公共服务大数据工程”内容之一，以促进“加快民生服务普惠化”等任务的实现。

28. 2015 年 9 月 1 日，教育部发布《教育部办公厅关于征求对〈关于“十三五”期间全面深入推进教育信息化工作的指导意见（征求意见稿）〉意见的通知》。《意见》提出了“全面深化‘三通两平台’建设，提升教育信息化应用水平”“坚持融合创新，拓展教育信息化应用广度与深度”“加强分类指导，统筹推动教育信息化全面发展”等指导意见。

29. 2015 年 10 月 29 日，中国共产党第十八届中央委员会第五次全体会议通过了《中共中央关于制定国民经济和社会发展第十三个五年规划的建议》。《建议》在“坚持共享发展，着力增进人民福祉”中提出“推进教育信息化，发展远程教育，扩大优质教育资源覆盖面”等“十三五”时期发展目标。

30. 2015 年 11 月 10 日，2015 年度国家科技支撑计划“学习资源数字出版关键技术与应用示范”项目启动会召开。该项目由人民教育出版社牵头申报，联合多家产学研用单位共同实施，其总体目的在于集成系统化的基础教育学习资源，搭建符合教育教学规律的学习云服务平台，构建电子书包有效应用模式，探索形成数字出版新业态。

31. 2015 年 11 月 19 日，第二次全国教育信息化工作电视电话会议召开。国务院副总理刘延东出席会议并发表了题为“巩固成果 开拓创新 以教育信息化全面推动教育现代化”的重要讲话，讲话中明确将“提升数字教育资源开发与服务供给能力”作为“十三五”教育信息化工作之一。

32. 2015 年 12 月 31 日，国家质量监督检验检疫总局发布《信息技术 电子书 第 1 部分：设备通用规范》《信息技术 电子书 第 3 部分：元数据》《信息技术 电子书 第 4 部分：标识》等三项电子书技术国家标准，这些标准将于 2017 年 1 月 1 日正式实施。